文化政策と地域づくり

英国と日本の事例から

渡部　薫

日本経済評論社

目次

序論　地域再生・活性化と期待される文化の役割

現在、日本国内において地域の再生や活性化が国家的な大きな課題になっている。地方創生の名の下に、国の支援の下、地域の人口減少や産業の縮小を少しでも食い止めるような地域づくりの取り組みが随所で展開されている。そのような地域の再生・活性化を目指した地域づくりの一つの方策として多くの取り組みで文化が活用されている。以前より文化は地域活性化の手段として活用されてきたが、近年は知識経済、さらには文化経済とも言われるように、経済における文化の役割が高まってきており、期待も増大している。そのような状況を背景にして、文化政策が地域再生・活性化の方策と結びついて展開されるようになり、二十一世紀に入ってからは主にヨーロッパ諸国で育まれてきた創造都市の考え方が導入され、その取り組みが試行されるようになってきている。現在では、芸術祭等の文化プロジェクト、あるいはアートプロジェクトと称される数多くの取り組みが地域の期待を背負って行われ、創造都市を標榜した政策を採る自治体も増えている。

しかし、多くのケースでは、文化を活用した地域再生・活性化の方法は、観光客や来街者を呼びよせるための一過性の効果しかもたらさないものとして受け止められている。創造都市についても都市のブランディングとしての側面が強いという批判がある。しかし、創造都市という概念の意味しているところを改めて確認すると、文化の持つ力を活用して都市が直面する環境の変化に対応し都市の変革を図ろうとする主張を見ることができる。

創造都市では、産業構造の変動やグローバルな産業の再編成に伴う、地域経済の構造的な衰退とそれによって生じる社会的な活力の喪失という問題に対応するためには、小手先の対策ではなく地域社会の変革が必要であるという認識に基づき、その一つの重要な方法として文化を用いることで地域に変革の火を起こすことが提案されている。そこでは、芸術や文化に「人々の潜在能力や創造性を引き出す力」(Ebert et al. 1994) を認めているのである。持続可能性という言葉が地域経済についても使われるようになってきているが、これが意味するのは、中央からの支援に依存するのではなく、地方においても自立した地域の運営が必要となってきており、内発的な発展、再生の道を模索すること——それによって地域社会が経済的に持続可能になる——が求められるということである。創造都市は、文化によって地域社会に創造的な力をもたらすことで、そのような内発的な発展、再生の道を模索しようとする戦略なのである。

もちろん、このような地域社会の変化は簡単に実現できるものではなく、また、文化にそこまでの力があるかという疑問が生じてもおかしくはない。ただ、文化には、個別的な利益を超えて人々を引き付ける力があり、ある目的に向けて人々の協働を促すという力があるため、それによって地域に一つの変化の契機をもたらす可能性を見ることができる。その契機をどう捉え、どう活かすことができるかは地域社会の人々の知恵と努力にかかっている。そう考えると、創造都市ではなくても地域の文化プロジェクトにおいても、単なる集客を図るものに過ぎないとして捉えるのではなく、地域社会に変化をもたらす重要な契機として捉え評価することができるのではないか。

本書は、文化に地域にこのような変化の契機をもたらす可能性を看取し、文化政策と総称されている文化を使った政策的取り組み、そしてそれによる地域づくりが地域再生・活性化にどう関わるのか、どう進めればいいのか、その効果・影響をどう見るべきか、そこにはどのような問題が生じるのか等について検討するものである。文化政策に大きく関連する考え方であり実践的な政策・戦略である創造都市も重要な対象として検討に加える。

なお、文化政策といっても行政が関わる——すなわち、直接ではなくても何らかの形で行政が関与する——公共政策に限らず、民間主導の取り組みもそこに公共目的をもった取り組みであれば政策として捉え議論の対象に含める。本書の中で文化政策と並列して記述される、あるいは代替的に取り上げられる文化プロジェクトの多くはそのようなカテゴリーとして捉えられる。文化政策の概念については第Ⅱ章で詳しく論ずる。また、本書のタイトルに含まれているもう一つの言葉である地域づくりは、もともとは都市計画家が使っていたまちの物理的な整備も伴うような活動や計画を意味していたまちづくりという概念が地域という概念に拡張されたものだが、さらに活動内容も拡張されて今では一般的に地域で行われている地域の利益に何らかの形で関わる取り組みを公民問わず包摂している。本書では、その中でも地域再生や活性化を目指した取り組みに焦点を当てて論ずるものである。

本書は、次のような構成で展開される。最初に、第Ⅰ章では、基礎論として文化政策と地域再生・活性化との関係を考察するための基本的な考え方や視点を提示する。まず、文化が社会とどう関わるかについて考察するためのアプローチについて論じ、次に、文化政策の展開においては何が問題となるかを検討するための視点を取り上げる。第Ⅱ章では、本書の中で議論の主要な対象となる文化政策や創造都市について、地域再生との関係を中心に概念的な検討を行う。文化政策の概念の検討から始まり、文化政策やプロジェクトには地域再生・活性化に対してどのような役割が期待されるか、創造都市の概念やそれが現在の地域づくりに意味するところについての検討、そして幸福の実現という視点から創造都市の意義について検討を行う。続く第Ⅲ章では、現実に展開されてきた具体的な文化政策／プロジェクトを取り上げ、それらが地域社会に与える影響の検討を通じて文化と地域再生・活性化の問題を論じる。まず、アートプロジェクトと呼称される国内の文化プロジェクトについて概観し、持続可能性という観点から文化政策が都市再生に与える影響について検討し、さらに、大規模な文化プロジェクトとしてヨーロッパ文化首都を取り上げその経験から何が学べるかについて検討する。第Ⅳ章は、視点を大きく転換し、まず、文化観光と地域づくりの関係を取り上げ、民間の地域づくり活動によって展開される文化観光の持続可能性を支えるメカニズムについて追究し、さらに、文化政策やとりわけ創造都市が関わる重要な産業として創造産業を取り上げ、地方都市において創造産業を育成・振興することに焦点を置いて、その政策のあり方について検討を行う。

第Ⅰ章　基礎論

本章では、文化政策やそれに基づく地域づくりと地域再生・活性化との関係を考察するための基本的な考え方や視点を提示する。まず、議論の基礎として、文化をどう捉えるか、社会との関わりにおいてどう見たらいいかについて検討する。文化は地域づくりに活用されるだけではなく、地域づくりを生み出すような側面があるが、文化はなぜこのように地域づくりに関わるのか、より原理的に文化のもつ社会的な作用について見るものである。そのためのアプローチとして、この問題に関わる重要な概念を取り上げる。最初に、議論の前提として文化概念について検討し、それを踏まえて文化が社会に作用する側面に関わる議論として文化資源論と主に文化経済学で論じられている文化資本論を取り上げる。文化概念の中でも核になる部分である価値については、文化資本概念において論じられる文化的価値を取り上げ論ずる。次に、政策の実施の方法も含めて地域再生・活性化を目指した文化政策やそれに基づく地域づくりの展開にあたって考慮すべき問題について検討する。ここでは、より効果的あるいは適切に政策を展開するためにどのような政策主体を構成したらいいかというガバナンスの問題、比較的見落とされがちだが文化が関わる以上非常に重要な政策の意味的側面が地域社会に対してもつ作用の問題、文化が地域再生・活性化という目的のために使われることに伴う政策の持続可能性の問題を取り上げ論じる。

第一節　文化と社会とのかかわりを論ずるためのアプローチの検討

1　文化概念の考察

文化という言葉は日常的に多くの場面で様々に使われているが、ここでは、多様に定義されている文化概念を整理して、社会との関わりを見る場合どのようにアプローチしたらいいかについて検討するための基礎的な考察を行う(1)。

文化という言葉が意味するものを整理すると次のようになる。すなわち、A、人間の創造的な活動やその所産、B、ある集団の行動ないし関係の様式を示すもの、あるいは価値・規範等、人の思考や行動、社会関係を指示し方向づけるもの、C、シンボルの体系、意味の体系等。

まず、Aは、一般的にも教養的なもの、知的なものを指すために使われる（しばしば、「文化的」、「文化国家」のように形容的に使われる）定義の仕方で、ドイツの哲学や芸術思想で用いられてきたものである。そこでは、M・シェーラーの「理念的な目標を目指す精神によって生み出された所産」という定義に見るように、主に、高度な理念的ないし精神的活動の所産を指していたが（宮島 1993: p. 1291）、現在では、大衆的なポピュラー・カルチャー等も含まれているため、右に示したような定義の方が適切であろう。これに対して、Bは、アメリカの文化人類学やイギリスの社会人類学で形成されてきた理解の仕方である。この理解は、ある社会の生活や行動の仕方を特徴づけているパターンを文化概念によって説明しようとするものである。その意味で、文化を社会構造と密接な関係にあるものとして捉え、両者の関係を追究しようとする視点である。

Cは、現在では、カルチュラル・スタディーズをはじめとして、社会学や文化地理学等の文化研究で基本的な前提となっている捉え方である。これは、人の諸活動や諸々の観念が言葉などのシンボルに依拠しており、そのシンボルが人の何らかの意味が付与されて成り立っていることに対する認識に立ったものである。要するに、文化は第一義的には意味の体系であるが、(2) 意味は外的実体としてのシンボルを通じて表現されるためシンボルの体系として捉えることができるという認識である。なお、この理解は必ずしもBと区別されたものではなく、文化は、シンボルの体系としての固有の形式を持ち、その形式を通じて社会構造との関わりを表現するのである。文化概念の整理を行ったクローバー＝クラックホーンの定義においても、文化の中核的要素は、シンボルによって表現され、習得・伝達される観念ならびにそれに付与された価値にあるとしている（*ibid.*）。

さて、AとBの捉え方は、文化をめぐる対立する視点として論じられている。例えば、英国の文化研究者でありカルチュラル・スタディーズの嚢祖の一人とされるR・ウィリアムズは、文化には「構成する精神」に重点を置く見方と「社会秩序全体」に重点を置く見方があるとしている（Williams 1981）。文化経済学においても、D・スロスビーは、文化概念を精選・集約して、「人類学や社会学の枠組みであり、ある集団に共有される態度や信念、慣習、価値観、風習などを表すもの」（Throsby 2001: 訳上 p. 23）と、「もっと機能的な方向づけを持っており、人間生活における知的・道徳的・芸術的側面を伴って行なわれる人々の活動や、その活動が生み出す生産物を表しているもの」（*ibid.*: p. 23）という二つのカテゴリーに整理している。文化経済学では、この場合後者、すなわちAが研究の主な対象となっており、経済的価値につながるような価値を持つ、または生むものとして文化を捉えている。このような視点は、文化経済学に限らずそれ以外の経済学、経営学、都市政策論等においても用いられている。

Bについては、社会構造との関係について考えてみたい。文化概念についての社会学における代表的な見解を見ると、T・パーソンズは、行為を基礎とした相互作用関係のシステムである社会と対置して、文化を「人間の行動を形づくる要因としての価値、観念、さらにその他のシンボル的に有意味なシステム」（Parsons and Kroeber 1958）として位置づけている。パーソンズによると、文化は人間の行為の仕方がパターン化されたものであるが、パターン化された秩序としての文化は、パーソナリティの動機づけと社会的相互行為過程を規制することになる。そこでは、文化を社会システムの外にあって、行為者の行為を指示・規制あるいは方向づけるものとして見ている。文化は、社会的行為に体現された意味が組織化され、蓄積されたものであるが、ひるがえって新たに構成される意味の解釈枠組みを提供するという形で（徳安 1989）、行為を方向づけ相互行為間の関係を規定しており、その意味で社会構造を基礎づけていると見ることができるのである。

文化についてのこの二つの対立する視点――価値を持つ・生むものとしての文化、社会構造に関わる文化――は、相容れないものではない。ともに人が意味と向き合う中で形成されるものであるという認識に立っている。後者の視点が文化を社会的行為に体現された意味が組織化され、蓄積されたものだと見ているとすると、前者は、文化を人が意味を探求したり、追求したりするような精神的営為を中核にして、その意味を具体的に表現、または実現する活動やその所産として捉えているということになる。その点において文化という概念は、Cの捉え方が示しているように、人が行為を通じて経験する意味に核心があり、意味をめぐって構成されているということができる。

2　文化資源論

文化の社会との関わりを捉える視点として文化資源という概念がある。[3] 一九九〇年代に注目され始め今世紀に変わる頃から文化行政の実務家や研究者を中心に使われるようになっている。文化資源論は、文化を資源として捉えることでそれが顕在化するプロセスを通じて、すなわち文化の「資源化」のプロセスに着目して、そのプロ

セスに関わるアクターの活動や社会との関係を見るところに意義がある。(4)

この資源化という視点については、E・ジンマーマンが重要な議論を導いている。ジンマーマンは、資源を人間の価値観と利用方法によって見出されていく受動的な存在として捉え、重要なことは知識や技術といった人間に備わる資源化の条件であるとし、資源は「ある」というよりも、資源をめぐる人間社会との関わりの中において、人々の意味づけ等による働きかけによって資源に「なる」という視点を提示する（ジンマーマン・ハンカー 1985: pp. 13–20）。では、文化の「資源化」はどう説明されるであろうか。佐藤健二によると、文化の「資源化」とは、文化がある条件において、ある目的にとって、ある機能もしくは効能を持つことによって成立していく一連の過程である。換言すれば、文化資源をめぐる意識化と意味づけのダイナミズムとして把握される（佐藤健二 2007: pp. 46–7）。また、佐藤仁は、資源を「働きかけの対象となる可能性の束」と定義した上で（佐藤仁 2008: pp. 15–6）、その特徴を、①資源とは動的であり、何に資源を見るかは私たちの「見る日」に依存する、②資源とは常に集団を主語とするものであって、その管理や利用には協働が必要になる、③資源とはそこにあるものを見出そうとする態度に動機づけられている、と論ずる。

このように文化は、各行為主体が密接に関わりながら潜在的な文化資源に対して働きかけを行い、資源としての利活用の方向性が見出されることで資源化されるのであるが、そこでは相互作用を通じて行為主体、本書の言葉でいうとアクター間の共通理解／認識と協力的な関係の構築が求められるのである。本書では、文化プロジェクトが協働、そしてさらにはソーシャル・キャピタル形成の契機になるという影響・作用が論じられるが、そこには前述したような文化資源論のいう資源化のプロセスを重ねて見ることができる。文化プロジェクトは、地域に存在する何らかの資源——すでに顕在化されているかどうかを問わず——を文化的に表現する、あるいは、異なる方法で表現／活用することになるため、一つの資源化行動と見ることができるからである。

では、文化は、何がそのような人々の協力関係を伴う資源化のプロセスに関わる活動を引き出すのだろうか。

それは、文化の資源化とは一種の価値の創造といえるプロセスだからではないだろうか。この価値というのは佐藤健二の言葉では機能もしくは効能ということになるが、文化が資源化することで何らかの価値を創造することになると解釈することができるのではないか。新しい価値を創り出し世の中に提供すること自体の喜び、地域の中であれば価値の創造によって地域に新しい魅力をもたらすことに対する誇り、あるいは、その価値から経済的利益を生み出す可能性も考えられる。これらが動機となって、文化の資源化＝価値の創造は、活動を生み出し、そこに人々の協力関係を形成すると考えることができる。こう捉えると、資源化というのは潜在的な資源の中に価値を発見し、その価値を実現する作業であり、プロセスということができるのではないか。この資源の中に見出せる価値というのは文化の場合は文化的価値ということになる。これについては改めて論ずる。

3　文化資本論

文化資本は、文化の経済的役割についての分析的枠組みを提供する概念として彫琢されてきたものである。この概念についての有力な議論を提供している文化経済学者のD・スロスビーによると、文化資本概念は、文化的な財・サービス、行動、その他の現象についての経済的・文化的側面の両方の分析を可能にするような共通の基盤を提供するとみなされる。それに対して本書では、文化のもつ社会に対して作用するはたらきを捉えた概念として見る。文化はストックとして、人々の文化活動に影響を与えるだけでなく、社会的な活動を創出し、推進する原動力としての可能性を持っており、その点において本書全体を通じて貫いている価値の創出という視点と大きく関わってくる。そして、そのような可能性を資本概念によって捉え、論じるのである。なお、このような原動力としての可能性には、主に動機づけとしてはたらく意味的作用が関わってくるが、これについては後述する。

文化資本は、一般的には社会学上の概念としてP・ブルデューが案出したものが知られている。これは個人が有する文化的な性向・能力または資産を指し、これの親族関係内における世代間の継承を通じて階級の再生産、さらには社会構造の再生産を説明しようとするものであり、ここでの議論には結びつかない。それに対して、文化経済学では、前述したスロスビーがこの概念を経済学的にスタンダードな資本概念に近い形で再構成している。スロスビーによると、文化資本の基本的特質は、経済的価値だけではなく文化的価値を生み出すことにある。ここから文化資本は、「それが有する経済的価値に加え、文化的価値を蓄積し、具体化し、供給するはたらきをする資産」（Throsby *op.cit.*: p. 81）として定義されている。

これに対して福原義春と文化資本研究会及び山本哲士は、主に企業活動における文化の意義を取り上げ、文化が価値を生み出し、社会に働きかける側面について文化資本として概念化している。福原らが文化資本概念を取り上げ論じる目的は、経済活動における文化の重要性を主張することにある。「資本とは、資金や財などの物質的な経済活動という面に限られるものではなく、人間にとっての魅力的な価値を外部に生み出していく総合的な活動という面から捉える」（福原他 1999: p. ii）という視点を提示し、文化こそが価値を生み出すものであり、企業経営に生かすべき資本であり、ゆえに、これに向けて積極的に投資を行う必要がある、と主張する。右の文化資本研究会の中心メンバーでもあった山本は、本人独自の議論としては、経済活動を構成する基本的に重要な三つの資本、経済資本、社会関係資本、文化資本の中で、文化資本を、企業の社会的な存在意義を示す社会的な価値の生産を担っているものであるとして捉え、それゆえ経済活動のエネルギーとなる根本的な力であると位置づけ、企業活動の基盤や諸事業内容の総体を動かす中心となる力であり、構造化する力であると主張する。文化を価値の源泉として捉え、価値を生み経済活動を推進する原動力としての役割を文化資本概念によって説明しようとするのである。

以上、文化資本についての先行する議論を概観してきたが、福原や山本の主張は、文化資本を限定的な文化概念にとどめず、産業社会という文脈の中で経済活動を動かす原動力として広い意味に捉え直し、文化に価値の生産の根本的な力を見ようとしており、本書が取る、文化に、社会に対して作用するはたらきや社会的価値の創出という役割を見ようとする視点を支持するものとなっている。スロスビーの文化資本概念は、対象を一般的な文化的事象に限定しており変化の原動力という捉え方も弱いものの、文化的価値という価値概念を中心に構成されており、価値の創出あるいは生産という役割につながる重要な指摘を得ることができる。

これらを踏まえて、文化資本を次のように定義したい。文化資本とは、その属性として見出される文化的価値を通じて、具体的な価値を生み出す原動力となることで社会に作用する文化のはたらきを捉えた概念で、何らかの文化的価値に関わる知的資本や文化的資源のことである。スロスビーと異なり、この定義では経済的価値は文化資本から直接供給されるものではなく、文化的価値を通じて生み出される具体的な価値の一つとして見る。この新たに価値——基本的には社会的価値と捉えられる[5]——を生み出す点にこそ資本概念を使って文化を捉えることの意義があるということができる。文化資本は、属性として持つ文化的価値から社会的価値が創出され、その過程において、あるいは、その社会的価値をめぐって何らかの取り組み・活動が生まれたり、人々の協力関係／協働が形成されたりすることによって、社会に対してはたらきかけるのである。

右の文化資源論との関係では、佐藤健二は、資本と資源という二つの概念を根源において分ける軸は再生産か変革かにある、すなわち、資本によって意味するのは再生産であるとしている（佐藤前掲書）。これは、文化という対象に対する人のはたらきかけの仕方に対する理解としては正しいが、それに限定され社会との関わりにおいてこれらの概念が意味するところに対する考察を欠いている。繰り返しになるが、文化を資本概念でわざわざ捉えようとするのは、文化が何らかの仕方で活用されることにより社会的価値を生み出すことに着目しているからである。社会的な価値の創出を説明するために他にも資本概念が使われているが、文化資本概念は、文化がそれらの概念とどのような関係にあるかを論じるためにも有効である。なお、次節の持続可能性というサブセクションでは、文化、社会の持続可能性を取り上げ、それがどう支えられるかについて文化資本を中心に資本概念間の関係によって論じる。

4　文化的価値

文化に見出される、文化そのものの本質に関わる価値を文化的価値とする。文化資本概念については、ブルデュー以外の議論では、いずれも対象となる文化の持つ可能性、個人や社会に与える作用を、価値という概念を使って説明している。その意味で文化的価値とは、文化資本に属性として見出される、対象となる文化の性質を表す価値を指す。既に論じたように文化とは、人類学的研究の流れの中では、その核心は意味の領域に帰着すると考えられているように（徳安前掲 p. 27）、制度的なものにしても、文化財のようなものにしても、人に意味を問いかけてくるところに中核があり、それを具体化する、あるいはその手段となる何らかの媒体としての実体を伴うものであるということができる。スロスビーの文化的価値の解釈においても、その一つの属性として象徴的価値を挙げ、文化的対象についての意味の本質を表し、個人がその意味を引き出すものと説明している（Throsby *op.cit.*）。文化的価値とは、文化資本の属性として文化の核心となるこの意味の領域に関わるものである。文化的価値のこの意味的なはたらきが社会的活動の形成に対して作用する。すなわち、文化的価値として結晶化された意味に社会的な価値が見出され、それを実体的な社会的価値として具体化するために社会的活動が形成されるのである。

文化的価値のこのようなはたらきは、近似する固有価値の概念についての検討を通じて捉えることができる。固有価値は経済学上の長い歴史をもっており、「金銭的基準や測度では計れない価値で、それが存在すること自体に価値があるもの」（池上惇 2003: pp. 39–40）と論じられている。経済的価値が、それ自体に価値があるのではなく他の何らかの目的を実現する、あるいは必要を満たすための手段的な役割において位置づけられる価値であるのに対して、固有価値は、他の目的に資することではなく、それ自体に価値があることにおいてその意義が捉えられる。すると、経済的価値が経済的利得を目指した活動（経済活動）を動機づけるのに対して、固有価値は、その価値自体が人が意思を傾ける対象になるからこそ、その価値を守ったり、広めたり、具体化したりするような価値志向的な活動を動機づける可能性を持っていると考えることができる。文化的価値は文化の属性として対象となる文化それ自体に現れる固有の価値として捉えられる性質を持つことから、そのはたらきについても固有価値に準拠して考えることができるが、文化的価値の場合はその意味的側面が強いため人に対する意味的はたらきかけ、すなわち動機づけも強いものとなる。

ここで、活動が何らかの価値に関わる意味によって動機づけられると論じたが、新しい活動の形成を動機づけるような意味は文化的価値からそのまま発生するのであろうか。意味とは本来個人の精神活動の中で生まれるものである。したがって、文化的価値が何らかの意味を投げかけたとしても、それに反応、解釈して、新たな意味を生み出すのは個人である。(6) その点において、文化的価値が活動を動機づけ活動の創発を導くにしても、文化的価値に触発されるべき個人がそこからどう意味を生産するかが重要な鍵となることはいうまでもない。ただ、これを個人の資質に帰着させるのではなく、個人に意味を生産させる状況を創り出す文化的価値に着目することによって文化の持つ可能性を論じることが可能になるのであり、また、文化的価値がそのような契機を創り出すことを可能にするような環境を検討する意義があるのである。

経済的価値との関係について、文化資本の項目での説明と重複するが、改めて整理したい。スロスビーは、文化資本は文化的価値だけでなく経済的価値を生み出すと論じている。しかし、ここでは、前述したように経済的価値は文化資本が直接供給する価値とは捉えず、文化資本から生み出される社会的価値の一つとして捉える。経済的価値は、経済資本が介在して文化資本が経済活動に用いられることによって文化的価値から引き出されると考えることができる。文化と経済の両立という重要な問題は、この文化的価値と経済的価値との基本的な関係を

踏まえることが必要である。(7)

第二節　主要な視点

1　ガバナンス

文化政策／プロジェクトを企画・実施し、望ましい効果を生み出すためには、どのような政策主体を構成したらいいかという重要な問題がある。ガバナンスの問題である。ガバナンスは、国家・政府の一元的統治という意味でのガバメントと対比させる概念として、多様なアクターの共同統治的な意味合いを中心とした新しい公益実現的な社会運営のあり方を指している。(8) このようなガバナンスには、望ましい効果の実現を図るという目的を考えれば、政策・プロジェクトをその場限りで終わらせず、生み出した効果を持続させ、社会のために活用するという役割も見る必要がある。行政が関わる文化政策／プロジェクトは、運営主体として形式的には実行委員会のような形式をとっていても実態としては自治体等の行政が運営を主導することが多いが、最近では、行政を含めた多様なアクターが実質的に一種の政策ネットワークという関係を形成して取り組むケースも現れてきている。

では、政策ネットワークとはどのようなものであろうか。多くの議論を整理すると、専門能力や政策策定・実施の能力までを含めた各種資源が官民のアクターに広く分散され、アクター間で資源をめぐる相互依存関係を伴う状況において、当該政策領域における共通する政策目的を達成すべく、関係する多数のアクターが形成している非ヒエラルキー的な、一種のネットワークと言われる関係と集約することができる。(9) この定義の中でキーとなるネットワークと言う概念については、金子郁容によると、次のような特徴を有するとされる（金子 1986)。①固有の意思と主体性のあるユニットがそれぞれの意思で自主的に参加したまとまりであり、②個々のユニットは相互に違いを主張しながら、③相互依存関係の中で結びつき、④その関係の中で意味と価値を創り出す。風間規男は、金子のこのネットワークについての議論に注目して、政策ネットワークを、「すべてのアクターは資源的に自己充足しておらず相互依存関係にある中で、強制に基づく垂直的なヒエラルキー関係よりは水平的な調整関係が見られ、自分の保有する資源を活用し、あるいは離脱をちらつかせる戦略を取ることで、ある種のゲームを展開しているような関係性」（風間 2013: p. 3）として捉える。なお、政策ネットワークも類型化することができるが[10]、ここでは、右の性格が一番明確に現れているイッシュー・ネットワークを取り上げ、政策ネットワークを代表させる形で論じたい。

文化政策／プロジェクトのガバナンスにおいて重要なのは、対象分野における専門知識や人材、各種の情報という資源的要素が行政に必ずしも十分に備わっているとは言えず、むしろ民間の文化関係団体や個人といった様々なアクターに広く分散しており、しかも、そのようなアクター間に見られるネットワークにおいて行政が必ずしも中心的な役割を果たしていないということである。そのため、文化やアートに関係するアクターが文化政策やプロジェクトに関わる政策形成・実施を目的とした政策ネットワークを構成することによって、個々の構成メンバーそれ自体により、あるいは彼らが関わっているネットワークを通じて、政策形成・実施に必要な資源を動員したり、活用したりすることが必要となる。そのとき重要なのは、政策ネットワーク内では、メンバー間において資源の相互依存関係を前提として垂直的ではなく水平的な調整が見られることである。要するに、現代のように機能分化が進み個々のアクターに自律的な行動が求められる社会においては、政府が主導するヒエラルキー的な関係では社会に分散する必要な資源が十分には調達あるいは活用できない、むしろネットワークにおける水平的な関係を前提としたダイナミックな展開においてこそ可能となると考えられるのである。文化や芸術といった分野では、アクターの自律性がとりわけ尊重され、行政では対応できない専門性も強いことから、このような自律的なメンバー間の水平的な関係に基づくネットワークが政策形成・実施において非常に重要な役割を果たすと考えられるのである。

では、そのような水平的な関係を基本とする政策ネットワーク内ではどのような調整や協働の枠組み形成が行われるのであろうか。政策ネットワーク論において影響力のある議論を展開してきたR・A・W・ローズによると、政策ネットワークの基本特性は自己組織的ネットワークと言う言葉に表される（Rhodes 1996）。これが意味するのは、政策ネットワークは自律的であり自治的であるということであり、内部においては自生的調整が行われるということである[11]。自生的な調整がどのように行われるかについては論ずる点も多いが、示唆的なのは、水平的な調整の中では各アクターは自己保有資源を使ったゲーム戦略的な行動をとるという風間の見解である。そこでは、ヒエラルキー的調整のようなネットワークを管理する超越的な主体がいない状況を前提とした場合、個々のアクターは利己的な行動を取ることが想定されている。しかし、公共的な目的を持った政策形成であれば、それに参加するアクターは必ずしも利己的な目的ばかりに基づいて行動すると考えるのは適切ではないのではないか。アクター間の関係には、アクター個々の利益にも結びつきながらも、それを超えて対象となる社会全体に共通する利益に関わる一種の公共圏が存在すると考えてもいいのではないか。これについては後述する。

政策ネットワークによるガバナンスについては構造的問題が指摘されている。何点かあるが、ここでは文化政策／プロジェクトのガバナンスに関係する次の三点にとどめる。まず、第一に、ガバナンスの担い手の関係が現実には必ずしも水平的ではない。第二に、政策ネットワークが政府システムに近いものになっていく傾向、あるいは行政に近づいていく傾向や、他方で、政策ネットワークの事業やその組織が既得権益化し官僚制化する危険性が考えられる。第三に、新たなガバナンスではそれ自体が断片化し流動化する傾向にあり、政策ネットワーク自身の自己統治が求められるがその実現が難しいこと等である[12]。

政策ネットワークによるガバナンスには前述のような構造的な問題はあるが、ヒエラルキーによる調整は弊害

（重要な資源をもっているアクターが自発的あるいは積極的に参加しない等）も多く困難になってきていることは事実である。二点目の指摘などは、政策ネットワーク自体がヒエラルキーに組み込まれる危険性を論じているものである。政策の対象となる社会において複雑さやダイナミックさが増していく中で、ヒエラルキー的調整がますます困難になってきている以上、政策ネットワークの内部における調整者なき調整に頼らざるを得ないという認識が高まってきているのである。風間によると、ネットワークでは、コミュニケーションと信頼と共有された目的に基づくアクター間の自発的な取引を通じて、各アクターが抱いている利害関心は様々であるにもかかわらず集合的な成果を意図的に生み出すことができる（風間前掲論文）。

このような政策ネットワーク内の調整を考えるにおいては、風間のいう共有された目的に着目すると、ネットワーク内において一種の公共圏の存在を想定することが考えられるのではないか。本書で取り上げる文化政策や文化プロジェクトは一種の公共政策である。公共政策を担う政策ネットワークであれば、そこに公共圏の存在を見ることは難しいことではない。公共性や公共圏については多様な定義が可能だが、ここでは次のように考えたい。個別利益を超えて対象となる社会全体に共通する利益に対する関心に基づく、相互主観的な、あるいは活動が準拠するための共同の枠組みで、構成メンバーのコミットを必要とする。このような公共圏を想定すれば、ネットワーク内のアクターは公共的な目的の実現のために各自の個別利益に基づく利己的な行動を抑制することが考えられるので、対象となる政策・プロジェクトの望ましい形での実現という共通する目的のための望ましい協働のあり方を目指して自生的調整が働くと考えることができるのではないか[13]。このような公共圏の存在を前提とすることによって、ヨーロッパの政策ネットワーク論者に見るように、ネットワークに対しては、複雑な状況の中でメンバーたちの持つ知識・アイディア・信念・価値観が果たす役割を重視し、相互学習を通じて価値の共有関係を進め、複雑な状況に応じて柔軟に関係を変化させていく可能性が期待できるのではないか。なお、公共圏については、民間アクター主体の地域づくりにおいては、このような公共圏がベースとなって後述（第Ⅳ章第一節）するような〈場〉やプラットフォームといった地域づくりの枠組みが形成されることになる。

文化政策／プロジェクトのガバナンスについて最後に触れたいのは、それがどのように形成されるかという問題である。通常、地域においては自治体が文化政策の主導権を握っている。国内では健康や福祉などの政策領域と比べて、文化政策においてはＮＰＯなどの民間アクターが参加する形でのガバナンスはほとんど見られない。文化プロジェクトにおいても自治体が大きく関与する場合は自治体主導となる。民間の文化プロジェクトにおいては、とりわけＮＰＯなどのアクターがイニシアティブをとる場合は多様な主体により構成されるガバナンスを見ることができる。ただし、その場合は行政の関わりは非常に小さい。では、文化政策／プロジェクトをめぐるそのような状況において、行政も関与し地域の文化領域の主要なアクターも含まれるようなネットワークによるガバナンスは、どのような条件で、あるいはどのようなプロセスで形成されるのであろうか。文化政策／プロジェクトのガバナンスにおける基礎的だが、現実の状況を考えるとまず第一に検討すべき問題である。

2　意味的側面

地域再生・活性化を目指した文化政策／プロジェクトの中には、地域のプロフィールの向上、ブランド・イメージの構築等、戦略的に対外的な地域のイメージを再構築することを狙ったものがある。しかし、文化政策／プロジェクトは、このようなイメージの提示のケースはもちろん、そうでなくても、その内包された意味を地域の外部だけでなく地域社会内部にも提示しているのである。文化政策／プロジェクトの持つ意味的側面が問題となるのである。

では、文化の持つ意味的側面とは何か、改めて考えてみたい。人々の文化との関わりを文化的経験とすると、それは基本的に対象となる文化の持つ意味を経験する（受容する、消費する）ことである。前節の文化概念をめぐる議論でも論じているが、人類学的研究の中で文化の核心は意味の領域に帰着されると考えられているように、文化とは制度的なものにしても文化財のようなものにしても人に意味を問いかけてくるところに中核があり、それを具体化する、あるいはその手段となる何らかの媒体としての実体を伴うものであるということができる。したがって、人が文化に接することで得られるのは文化の内包する意味を受容し解釈することである。このような意味の受容は個人の問題であるが、それが地域のようなある一定の枠組みにおいて集合化された意味の問題として現れる場合がある。どのような政策やプロジェクトでも何らかの意味を内包しているが、文化に関わる政策やプロジェクトの場合は意味の結晶化として捉えられる文化的価値を抱えているためとりわけ強いメッセージをもっている。現在展開されている文化政策／プロジェクトは、地域を何らかの形でテーマ化していることが多く、それらが内包する地域に対する何らかの明確な意味、すなわち、地域に対する特定の解釈や理念、将来像や地域ブランドに見られる地域の価値づけされたイメージ等を地域社会に提示することになる。

それでは、文化政策／プロジェクトによってこのような意味を突きつけられたとき、地域社会はどのように受けとめ、どのように反応するのであろうか。あるいは、そのような意味は地域社会にどのような影響をもたらすと考えられるのであろうか。地域という枠組みで意味の問題を捉えた場合、問題になるのは地域に対する市民の自己認知である。市民は、その提示された意味を自分たちの地域に関連づけて受容し解釈することになる。そのとき、その提示された意味が地域の市民個々人がそれぞれ地域に対して抱いていた意味とぶつかることがある。その場合、それまでは漠然とした形で抱いていた意味が意識化され、ある程度明確なものになり、ときには具体的な形で表出されることにもなる。地域をめぐって意味を問う動き、すなわち、地域のイメージ、理念、将来像等をめぐって何らかの主張が現れるのである。このような動きが少数の個人や活動主体を超えて広がるとき、地域が主題化されると捉えることができる。

文化政策／プロジェクトに伴う地域アイデンティティ再構築の運動は、そのような動きの一つである。すなわち、地域アイデンティティを地域の持つ固有性による自己確定とすると[14]、文化政策/プロジェクトが提示する地域についての意味によって地域に対するそれまでの意味づけが揺さぶられることになり、地域アイデンティティは不安定なものとなる。そこで、それ自身の定義により地域の自己確定と捉えられる地域アイデンティティは、地域の意味をめぐる自己確定を目指した——地域の意味についての地域内の共通認識を創出しようとする——再構築の運動を伴うことになる。そして、それはしばしば地域の自己主張や自己再構築という形をとる地域づくり活動として現れることになる[15]。第Ⅲ章で取り上げる英国のグラスゴー市の文化政策の事例では、従来の衰退した工業都市というイメージから脱却して新しい文化都市というイメージを打ち出すために市を挙げて開催されたヨーロッパ文化首都という大規模イベントをめぐって大きな論争が巻き起こっている。市民の中には自分たちの都市を労働者の町として規定する人たちが少なからずおり、文化政策のあり方をめぐって市民の間で激しい議論が展開される。それによってかえってグラスゴー市民の地域アイデンティティを活性化することになり、その後の文化政策の修正につながっただけではなく、文化政策に対する市民の協力あるいは市民としての独自の文化活動の展開を導くことになったと言われている。

文化政策/プロジェクトは、以上見てきたように意味的側面において地域社会に大きな影響を与えると考えられる。これは、端的には地域イメージの向上や再構築を意図した政策に見るように、市民の地域に対する自己認識に影響を与え、その結果地域社会の活性化に貢献することにもつながる[16]。しかし、文化政策によって提示された文化に込められた意味は、グラスゴー市の事例にも見るように、必ずしも政策が意図した通りに受け容れられたわけではなく、違和感を示す人たちも多く存在し、その意味を問い直す動きも現れている。ここで一つ問題として考えるべきは、そのような地域に関わる重大な意味がどのようなプロセスによって形成されたかということである。意味形成をめぐる参加の問題である。文化政策/プロジェクトが公共的な性格のものであれば、そこで提示される文化、そして内包される意味は誰のためのものかが問われる。政策形成において市民の意見がどう反映されるべきか、あるいは、どこまで反映されるべきか、そのための手続きはどうあるべきかが問われるのである。次の問題にも関わるが、文化政策の方向づけについては市民の何らかの参加を伴わないままに政策を展開していった場合、地域社会内部の不協和音が増大し、短期的には経済的に成功したとしても長期的な持続可能性を損なうことも考えられるのである。

3　持続可能性

現在、国内では地域社会の縮小が不可避の問題となっているため、地域再生・活性化を含む地域政策を検討するにおいては地域の持続可能性は不可欠な視点となっているが、本書が対象としている文化政策／プロジェクトや創造都市においても同様である。しかし、文化政策、とりわけ文化を手段として活用する地域再生・活性化の政策は、文化を歪めたり、社会的な副作用をもたらしたり、あるいは対象となる文化自体の価値を損なうことになって、むしろ地域の持続可能性を損なうのではないかという問題も指摘されている。

地域再生・活性化を目的とした文化政策／プロジェクトが一定の経済的効果をもっていたとしても、それが与える社会的な影響が負の部分を含んでいて、地域社会に不安定性や不協和音を生み出す場合、当然のことながら政策の持続的な展開が難しいだけでなく、地域社会の発展にもつながらない。経済効果がどこで生まれるか、どのように行きわたるかという問題だけでなく、文化政策は文化という意味に関わるものを対象としているため、前項（意味的側面）で取り上げたように、その提示する文化は誰が享受するのか、どのように市民の意思が反映されているか等の問題が地域社会に大きな影響をもたらす場合がある。また、政策自体が対象とする文化が属性として持つ価値、すなわち文化的価値に負の影響を与えることも考えられる。文化を経済目的のために道具的に利用することで文化自体の価値を損なうことになるのであり、その場合にはそこから生まれる経済的効果にも影

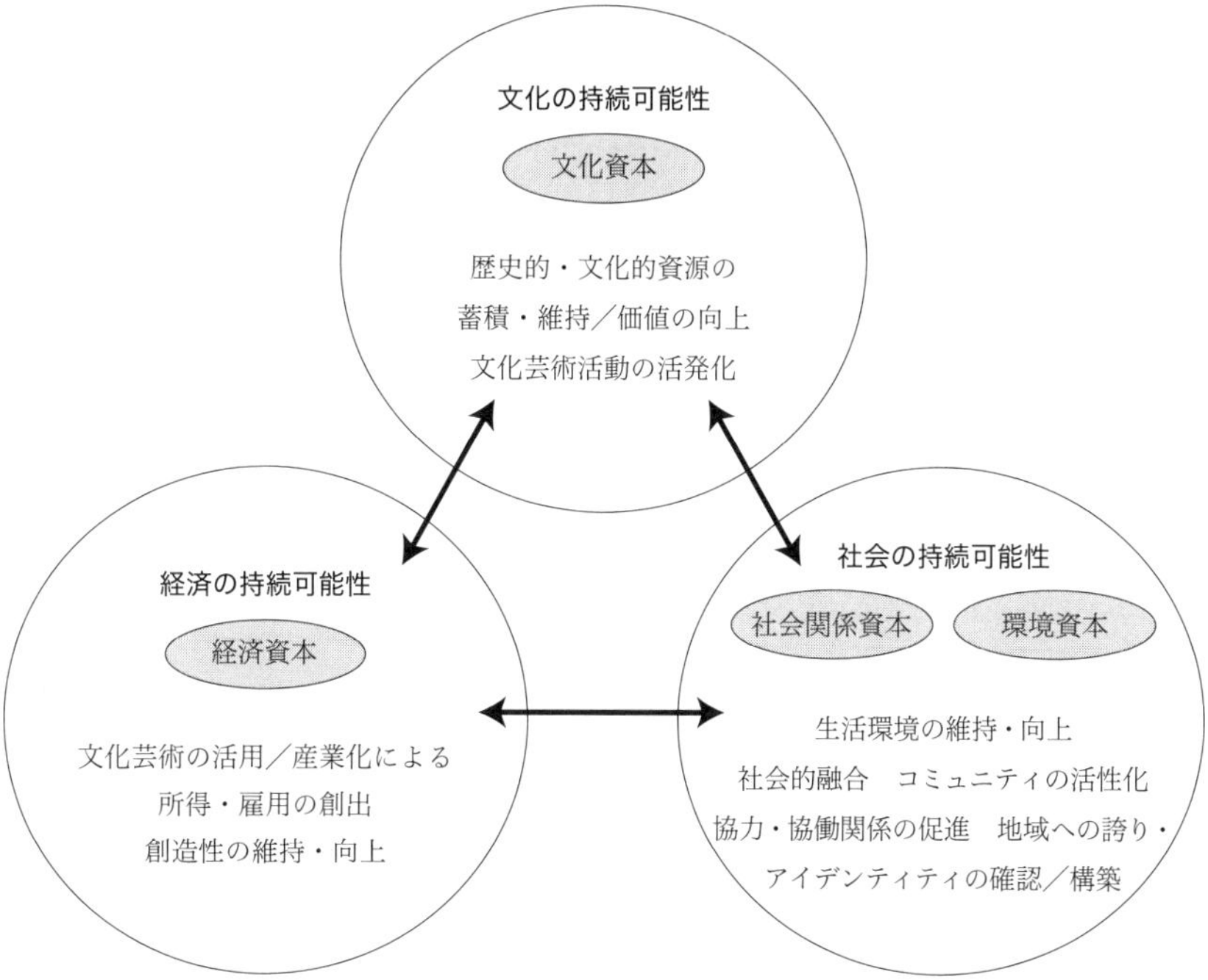

諸富徹（2010）を参考に著者が作成.

図 1-1　文化政策／プロジェクトの展開に関わる持続可能な発展の基本構図

響することになり、政策を続けていくことが困難になる。前節の4項で論じたように、対象となる文化について文化的価値と経済的価値の間で循環的に相互に支え合うような関係、少なくとも文化と経済が両立するような関係が成り立つような政策のあり方を検討する必要があるのである。

この問題を少し視野を広げて考えてみたい。文化の政策的な活用を行う場合において地域社会の持続可能な発展を考えるとき、地域社会全体を一つのシステムとして捉え、前述の議論に即して文化、経済、社会の三つの要素＝サブシステムに焦点を当てることによってそれらの関係について検討することができる。三つのサブシステムそれぞれについて持続可能性を考えると、それらの間では図1－1に示すような相互に支え合う関係が必要である[17]。このような相互関係によって個々のサブシステムの持続可能性は成り立つのであり、それによって地域社会全体の持続可能性も成り立つと考えることができる。

このような関係を、資本概念を使うことにより、すなわち、文化の持続可能性、経済の持続可能性についてはそれぞれ文化資本、経済資本、社会の持続可能性については社会関係資本（ソーシャル・キャピタル）に加えて環境資本に代表させて論じると、政策的介入によって各資本間において一方向的に利用するのではなくお互い支え合う関係が形成された場合、それぞれの持続可能性が実現されると見ることができる(18)。

例えば、経済資本の支えにより文化資本は充実し、それによって高まった文化的価値が経済的価値を高め、そこから経済的利益を向上させることにより今度は経済資本を支えることになる。この議論を、例として地域の文化を活用した文化観光に適用すると、文化資本としての地域の文化から生み出される文化的価値が文化観光の資源になることによって経済的価値を生み出すことになる。ここから得られた利益を地域の文化に再投資すれば、文化と経済の間の循環が形成されることになる。しかし、文化観光が真に持続可能であるためには、社会的な持続可能性との関係についても見る必要がある。観光への活用における地域の文化への関わり方が地域の人々の大きな異議を生み出すことなく、むしろ文化資本の持つ文化的価値を向上させるものであれば、地域の人々に地域に対する誇りやアイデンティティを確認／構築させ、文化資本を支える協力関係（地域づくり活動あるいは文化活動への参加・協力）を生み出す可能性がある。すなわち、文化資本が社会関係資本＝ソーシャル・キャピタルの蓄積を高め、それが今度は文化資本の蓄積につながるという循環をもたらす。また、経済活動としての文化観光が地域の生活環境を損なうことなく経済的利益を地域社会にもたらすことになれば、地域の環境資本を維持あるいは充実させそれによって文化観光を支える形で環境面での持続可能性を実現するだけでなく、地域社会に活力を与えアクター間の相互作用を活発化させることになる。それが彼らのネットワークとして構成される社会関係資本にも影響を及ぼすことになり、これが逆に文化観光という経済活動を支え、経済資本の蓄積に寄与することになる。

このような三つのサブシステム間の持続可能性を支え合うような相互作用関係は、必ずしも自然に形成されるものではない。政策が介入する場合においては、文化の道具的利用がもたらす問題として見たように文化と経済の間に悪循環的な相互作用が生まれる可能性がある。それを避け、文化政策／プロジェクトが地域の再生・活性化に貢献するためには、文化、経済、社会の三者間の関係を踏まえた政策のガバナンスが必要である。そのあり方については既に政策ネットワークについて言及しているが、ここで求められるのは、政策の地域社会への影響を踏まえて、その影響に関わるアクターたちが参加できるような体制と仕組みをもつようなガバナンスということになる。

注

（1）文化概念に関する以下の議論については、拙著『都市の自己革新と文化』（二〇一〇年、日本経済評論社）を引用している。

（2）文化についての文化人類学の代表的な見解として、解釈主義的社会学の影響を受けて解釈人類学を切り開いたC・ギアツは文化について次のような定義を行っている。「文化は、象徴に表現される意味のパターンで、歴史的に伝承されるものであり、人間が生活に関する知識と態度を伝承し、永続させ、発展させるために用いる、象徴的な形式に表現される概念の体系を表している」（Geertz 1973: 訳上 p. 148）。

（3）文化資源については様々な定義がされているが、国立民族博物館・研究センターによる定義を取り上げると、「様々な有形のモノや情報、身体化された知識・技法・ノウハウ、制度化された人的・組織的ネットワークや知的財産など、社会的運用に向けて開発可能な資源とみなされるもの」とされている。ここには、文化を資源として捉え、その上で、社会的運用に向けて開発可能な資源という表現で資源として顕在化するという視点が含意されている。

（4）以下の文化資源についての議論は、多くの部分について竹口弘晃（2013）から示唆を受けている。

（5）社会的価値については明確な定義は確立されてないが、ここでは、個人や企業、あるいは組織としての行政に対する私的あるいは局所的な価値ではなく、広く社会一般に対して意義のある価値として捉える。

（6）スロスビーは、文化的価値を構成要素に分解することを試みており、網羅的ではないとしながら次のような六つの価値を挙げている（Throsby *op.cit.*: pp. 56-7）。(a)美学的価値、(b)精神的価値、(c)社会的価値、(d)歴史的価値、(e)象徴的価値、(f)真正的価値。人が文化から何かを感じ得るというのは基本的には文化の持つ意味的作用のことであり、それを個人がどう解釈するかによって様々な価値が見出されることになる。したがって、スロスビーのこのような分類は、文化的価値の持つ意味的作用を機能的観点からあえて整理するとどうなるかを示したものと解釈することができる。

（7）文化と経済が両立するためには、文化資本を活用して文化的価値を引き出し、それによって得られた経済的価値から生じる経済的利益を文化資本に再投資することが求められる。これについては、次節の3項、持続可能性で改めて論じたい。

（8）これは、(a)社会に共存する様々なアクターが、(b)相互の協調と協力によって一定の体制（関係の枠組み）を形成し、(c)公益を実現する社会運営の仕組み、と言い換えることができる。機能的には、政府の機能不全や失敗に対応して、政府の単独統治構造が崩れ、公益を実現するための社会運営に民間のアクターの参加が必要となり、ガバナンスの担い手が多元化したと説明される。これは、政府という制度的権力の限界に対する認識に基づいているが、その前提として、現代の社会においては、国家や自治体は目の前に存在する問題を解決するのに必要な資源を十分に確保してはおらず、その資源は様々なアクターに分散しているという認識に立っている。様々なアクターが協調・協力することによって、そのような分散した資源を動員して、直面する問題に対応することが可能となるのである。

（9）この定義の整理には、とりわけ以下の議論を参照している。J・K・ベンソン「資源の依存関係によって結びつけられた組織の集合体」（Benson 1988）、ケニス＆シュナイダー「意思決定・プログラム設計・実施の能力が官民のアクターの広く分散されている状況における政治的な資源動員のメカニズム」（Kenis & Shneider 1991）、T・A・ベルツェル「非ヒエラルキー的で相互依存的な性質を持ち、多様なアクターを結びつける比較的安定した一連の関係であり、アクターたちは、ある政策に関して共通の利害を共有し、共通の目標を達成するには協力することが最善だと認識して、共通の利益を追求すべく資源を交換するもの」（Borzel 1998）。

（10）R・A・W・ローズ（Rhodes 1996）によると、政策ネットワークは(1)利害関係の配置、(2)構成員、(3)相互依存性、(4)資源、という四つのディメンジョンから構成されるため、これを切り口として分類すると六つの類型を見ることができる。その中でも、政策コミュニティとイッシュー・ネットワークが両極に配置され、メンバーが限定的でメンバー間の関係にヒエラルキー的性格が強い政策コミュニティに対して、イッシュー・ネットワークは風間が金子のネットワーク論を引用して論じる性格に最も近い。

(11) ローズは、政策ネットワークの主要な特性として次のように説明する（Rhodes *op.cit.*）。(1)組織間の相互依存性、(2)ネットワーク・メンバー間の継続的な相互作用、(3)信頼に根ざしたゲームのルールによって限定されるゲーム的な相互作用、(4)国の行政からの高い度合の自立。

(12) 以上の指摘は、新川（2004）に基づいている。ここから、前述のような政策ネットワーク内部の自制的調整は困難であるとし、メタガバナンスあるいはネットワーク・マネジメントの必要性についての議論が展開されるが、ここでは省略する。

(13) もちろん、そこでは公共圏の形成やそれに基づく自生的調整の条件を検討する必要がある。

(14) この定義は個人のアイデンティティについてのエリクソンの議論に基づいている。アイデンティティという概念を明確にしたエリクソンによると、アイデンティティとは、自己についての一貫性を持った意味の体系のことであり、自己の存在の固有性についての意味づけである（Evans 1967）。

(15) 地域アイデンティティ再構築の運動は、個人のアイデンティティを構成する二つの側面――他者との関係における自己確定と自己における統合性・一貫性――によって捉えることができる。一つは、都市という多様な主体が共生している社会において地域の意味について統合性を得ようとする側面であり、それについて共通認識を形成するためには必然的に運動というプロセスを生み出すことになる。もう一つは、他地域との差異を主張するために、自己といえるべき固有の価値を発掘し、大きく提示するという側面であり、やはりそのための運動を伴う。両者はそれぞれ別個の動きではなく、お互い大きく関連し合っており、しばしば一つの側面の動きが他の側面を伴う。詳しくは、拙著『都市の自己革新と文化――ひとつの都市再生論』（二〇一〇年、日本経済評論社）、pp. 170-1 を参照されたい。

(16) 第Ⅲ章で紹介される英国のニューカッスル・ゲーツヘッドの事例に見るように、文化政策は当該地域に対する地域外の人たちの評価に大きく影響し、それが市民の自分たちの地域に対する認識に大きな影響を与えている。とりわけゲーツヘッド市では、文化政策の結果として外部から認知されたということが市民としての自分たちの地域に対する自信につながっている。

(17) ここでの議論及び図については、諸富徹（2010）を参考の上、作成している。まず、三つのサブシステム間の関係（矢印）は変えている。すなわち、文化、経済、社会を取り上げそれらの持続可能性の間の関係をトライアングルとして示すことについては参考としているが、三者間の関係の捉え方には大きな違いがある。諸富が三つのサブシステム間に示した関係は一方向的でしかないのに対して、本書では相互作用的な関係を見ている。また、各サブシステムを説明する項目も大きく変えており、本書では資本概念を挿入している。

(18) もちろん、文化、経済、社会のすべての状況を資本概念で表すことはできない。ただ、文化政策が関わる三者間の関係の重要な部分については、図のように文化資本を中心に四資本間の関係で説明することが可能である。

第II章　文化政策と創造都市——概念的検討

この章では本書のタイトルにも含まれている文化政策やそれに大きく関わる創造都市について、具体的な政策の検討は後続する章に譲り、地域再生との関係を中心に概念的な検討を行う。文化政策は、本来文化関係者の関心事であり地域政策との関係は希薄であったが、近年文化の持つ社会的な作用に対する認識が高まり、文化プロジェクトの隆盛とそれが地域活性化に貢献しているという事実の認識も手伝って、地域政策そして地域再生・活性化と密接な関係をもつようになってきている。文化政策的視点と地域政策的な視点の両方を併せ持つ創造都市が政策担当者や研究者の関心を呼び、都市戦略の基礎となる都市論として世界的な潮流になってきたのはそのような事情を背景にしているものと考えられる。

本章では、まず第一節で、文化政策についての概念的な検討を中心に公共政策としての存在理由や目的等について論じ、それを踏まえて第二節では文化政策や文化プロジェクトが地域に対して持つ意味、とりわけ地域再生・活性化に対して期待される役割・可能性を検討する。第三節では、創造都市の概念について地方都市に対して求められている自立性という観点から改めてどう捉えるべきかについて検討し、その上で創造都市論の中に主張されている地域づくりのガバナンス論・運動論について考察する。第四節では、視点を大きく転換して幸福の実現という観点に立ち、理想都市論から創造都市論への推移を踏まえて創造都市の意義について改めて検討する。

第一節　文化政策とは何か

この節では、これまで本書では明確に論じてこなかった文化政策について歴史的な変化を押さえつつ概念的に検討するとともに、公共政策としての存在理由や目的、対象等について論じる。

1　文化政策の概要――定義、実態、歴史的変容

(1)　文化政策の概念・目的

文化政策について広範なコンセンサスの得られた明確な定義はない。文化への支援を中心として、文化への投資、公共的な活用も含まれる。行政が行う政策が中心となるが、必ずしも行政の行う政策に限定されない。民間主体であっても、文化に関する公共的な目的をもった活動やその企画も含むと見るべきである。現在では、民間が主体となって、公も民も併せて複数の団体が協働して展開する文化活動が増えてきているが、これも文化政策のカテゴリーにおいて捉えるべきである。

では、文化政策の目的とはどのようなものであろうか。我が国の文化政策に参照を求めると、文化政策の目的についての公式的な見解は文化芸術基本法（二〇一七年）の規定に見ることができる。これは、第二条に書かれている基本理念に現れているが[1]、基本法の前文の中により端的に示されている。文化政策の理念として、「これまで培われてきた伝統的な文化芸術を継承し、発展させるとともに、独創性のある新たな文化芸術の創造を促進すること」であるとし、文化芸術の振興を図るには、「文化芸術活動を行う者の自主性を尊重することを旨とし

つつ、文化芸術を国民の身近なものとし、それを尊重し大切にするよう包括的に施策を推進していくこと」の必要性を述べている。ここから、文化政策の目的として、文化芸術の創作や供給を支援するとともに、一般の人たちの享受を中心とした文化芸術に関わるための環境を形成することによって文化芸術の発展を図ることと集約することができる。

しかし、これでは文化政策に益々求められるようになってきている、より具体的な社会との関わりの部分が見えにくい。これに対して、英国のカルチュラル・スタディーズの嚢祖の一人であるR・ウィリアムズ（1981）が整理したところを引用すると、(a)純粋芸術への国の後援・支援、(b)呼び水的政策、(c)市場への介入、(d)ポピュラーカルチャーの拡大及び活用、となる。詳しい説明は省略するが、基本的には、純粋芸術に対する直接的な支援と間接的支援及び環境づくりがあり、ポピュラーカルチャーについては、その拡大を支援する一方でこれを他の目的に活用することも視野に入っているのである。文化政策の目的についてより詳しくは、文化政策の歴史的な変化やそれに伴う文化概念及び対象の変容を見る中で検討することになる。

(2) 文化政策研究の流れ

上野征洋（2002）によると、文化政策研究には主要な三つの流れがある。第一に、文化社会学と文化研究の流れがある。これは、カルチュラル・スタディーズ（Cultural Studies）に代表される、文化やそれに関わる政策の持つ社会的な意味についての批判的な研究を主とするものである。第二に、これまでもなんども触れている文化経済学の流れがある。J・ラスキン、W・モリスらの固有価値論からの芸術経済論を始祖とする文化の経済的研究の流れであり、現在では、クリエイティブ経済、あるいは文化産業・創造産業に関わる政策的研究を主要な研究対象とする。第三に、我が国の国内的な色彩が濃いが、市民社会論的観点からの文化行政のあり方についての研究の流れがある。これは、松下圭一を中心とする市民社会論の流れであり、市民的公共性の観点から日本の文化行政のあり方を論じている。この三つとは別にアーツ・マネジメントの流れ（根木 2007）があるが、文化の政策的活用という観点が強くなっている現在においては、市民社会論的な研究に代わって、この流れが重要性を増している。後述するアートプロジェクトの研究も多くはこの流れに含まれる。

(3) 英国における文化政策の主要な変化

ここでは、実際の文化政策がどのように変わってきているかに関して、英国を例に見てみたい。

まず、英国においては、文化政策は、当初は国の政策として展開されており、主に「高級」とみなされる文化芸術活動を促進し多くの人たちに普及させることを目的としたものだった。その後、英国を含めたヨーロッパにおける地域（当初は主に都市部）の文化政策の動きが七〇年代以降の分権化の波に乗じて広がっていく。英国では七九年に保守党のサッチャー政権が誕生して以来、大陸諸国とは逆に権限と財源の中央集中による地域民主主義の後退が見られたが、例外的に文化政策については英国アート・カウンシルから地域のアート・カウンシルへ財源が移譲される。

七〇年代、英国を含めたヨーロッパの都市社会運動は、文化について問題を提起する。文化の伝統的なハイブロウとロウブロウの区分に反対し、新と旧、ハイとロウを組み合わせた文化の非常に広い定義を提案したのである。このような提案は左翼系の自治体を中心に受け容れられていったが、そこで文化政策の狙いとして新たに現れたのは、コミュニティを活性化させ、移民などの社会の周辺的立場にいる人たちにも文化へのアクセスを保証しようとすることであった。これによって、高級文化・伝統文化とポピュラー文化の垣根が取り外され、後者が政策の対象として認識されるようになるが、商品性を持つポピュラー文化が政策の対象に加わったことで、文化が都市再生という経済目的に活用される土壌が形成されるようになった。八〇年代以降、ポストフォーディズムの激しい都市間競争にさらされる中で、新自由主義的政策に傾斜しつつあった自治体や民間営利セクターは次第に文化のもつ経済的潜在能力に注目するようになり、文化政策を都市の経済的衰退に対処する都市再生の有力な手段として用いる道が開かれるようになっていったのである。

(4) 戦後日本の文化政策／文化行政の変容(2)

我が国においては、戦後しばらくは芸術活動の場の設定、主要な文化施設の整備、文化財保護法の制定等、主に文化財政策として新たな枠組みが形作られた。一九八〇年代に入ってからは、「文化の時代」「地方の時代」が標榜され、それまで国の文化行政の受動的配給者であった自治体に文化政策の主体としての役割が期待されるようになる。そこには、高度経済成長を通じて希薄になった地方の文化的アイデンティティに対する危機感、自治体としての主体性喪失に対する危機意識が重複して存在していた。公立文化施設の設置の促進、生活文化を含む地域文化政策の拡充が進められていくが、次第に、地域文化が地域活性化の起爆剤として意識されるようになる。文化政策が経済目的と結びつくことが期待されるようになり、政策の主要な目的は芸術文化施設の建設整備や大型文化イベントに向けられるようになる。

一九九〇年代に入ると、芸術文化振興基金の創設、企業メセナ協議会の発足、NPO法人等の芸術文化への関わりの活発化など、公・私の連携による文化支援の枠組みの構築が進んでいく。二〇〇一年には、文化芸術振興基本法が制定され（二〇一七年、文化芸術基本法に改正）、それまでの単なる施策を含意していた文化行政を超えて、社会・経済との関係を見据えた、より高次の、そして総合的な視野を持つ文化政策へと転換する方向が目指されるようになる。地域経済と結びつくような自治体の文化政策のあり方も、とりわけバブル期に盛んであった施設整備と大型イベント中心の政策が大きく反省された。しかし、現在、創造都市などの新たな考え方が導入され、地域の活性化を目的とする文化政策はそれまでとは異なるスタイルを標榜するようになってきているとも言われるが、現実には必ずしもそうとは限らないというべきであろう。

(5) 文化政策における文化概念及び対象の変容

以上見てきたような文化政策の変容に伴って、文化概念及び文化政策の対象も変化している。一九六〇年代までは、文化の公的支援の対象は主として芸術支援に向けられていたが、その後、それまでハイカルチャー、エリート文化、狭義の芸術に限られていた従来の文化政策のあり方に異議が唱えられ、文化政策の対象は、より広く、より多くの人の生活に関わる文化として捉える立場が一般化する。七〇年代以降、文化は一部の芸術のみを指すものではないという主張が強まっていく。芸術の側でも、実際に文化を受容する立場の人々においては大衆的なもの、前衛的なもの、古典や現代芸術、ハイカルチャー、ポピュラーカルチャーもほとんど区別なく受容されている現状から、芸術＝ハイカルチャーという捉え方も過去のものになり、芸術概念が多様化する。一九九〇年代以降、文化政策が対象とする文化も狭義の芸術や文化財だけでなく、広い意味での文化へと変化していき、文化産業やポピュラーカルチャー等を含むように対象領域を広げている。

2 なぜ行うのか、何のための政策か――公共政策として

文化政策も一種の公共政策であり、ここでは、公共政策という側面について改めて文化政策の存在意義・根拠について論じたい。本節の冒頭で、文化政策は必ずしも行政の行う政策に限定されず民間主導のものも含むとしたが、ここでは後者についても視野から排除しないものの、公共政策という観点から行政が何らかの形で関わるものに焦点を置くことになる。

(1) 公共政策としてなぜ文化に関わる政策を行うのか

公共政策としての文化政策は、文化に対して公的資金を投入することになるため、そのための根拠が必要であ

る。これは時代や場所、政治的コンテクストによって様々に変わるが、原理的には次のような説明が可能である。

A　国民の持つ文化権の実現(3)

この考え方によると、文化政策が行政によって行われるのは、文化に関する国民の権利（文化権）を保証・実現する責務を担うからである。

文化権は、世界人権宣言、国際人権規約、ユネスコの文化政策の定義、さらには日本国憲法の精神から導き出されるものであり、すべての国民が文化活動にアクセス及び文化の自由と多様性を享受でき、誰でも平等に文化の創造に参加していく機会が保障されるという、文化を享受・アクセスする権利と創造に参加する権利との二つの側面を持つ。そのための環境整備を行うことが行政の文化政策の役割ということができる。文化的なアクセス・享受権については、文化的な財・サービスの消費が高所得者・高学歴者・専門職者に偏っている事実を前提として、文化消費者（享受者）の社会階層の偏りをなくす公平性・再分配の観点からの公共政策の必要性もしばしば強調される。

B　文化の持つ公共的価値の実現

文化に公共的価値があることが公共的な支援を根拠づける。第I章で見たように、文化の本質に関わる価値を文化的価値として捉えると、そこにはスロスビーが論じるように様々な側面が見られるが、基本的にはいずれも個人による受容と解釈を通じて見出されるものである。そのため、ほとんど私的な意義しかないものもあるが、多くは何らかの社会的な意義を見ることができる。対象となる文化の持つこのような文化的価値に社会的に広範囲に意義が認められる場合、公共的価値として見ることができる。しかし、文化は、それだけの力ではそのような公共的価値を維持したり、あるいは、十全に発揮したりできないことがしばしばある。文化資本概念を使うと、それが有する文化的価値はそこから引き出される経済的価値では十分な経済的収益が生み出せない場合があり、その場合は文化資本それ自体では自らを支えることができないことになる。そのようなケースにおいて、文化資本への投資が公的に行われること、すなわち文化的価値として公共的価値を持つ文化資本を支えるために公共政策としての文化政策が必要とされるのである。

この公共的価値を公的資金で支えることについては、経済学的には一般的に次のような説明がされている。文化は経済的に見れば、その財やサービスは準公共財としての性質を帯びている。非排除性や非競合性という公共財の性質を持つ一方で、絵画など市場である程度取引が可能であるように私的財としての性質も持つ。このうち公的支援の対象となるのは公共財としての部分である。文化経済学では、芸術文化の持つ外部性に公共財としての価値、すなわち公共的価値を認める。(4) 例えば、舞台芸術を取り上げて文化芸術への公的支援の必要性を論じたボーモルとボーウェン（1966）は、その外部性として、①国家に付与する威信、②経済波及効果、③次世代の芸術享受能力開発、④教育的貢献、を挙げている。(5) このような公共的価値をもつため、文化の持つ公共財としての性格から市場原理に任せていては市場の失敗が起こりやすく、公的な支援がなければその価値に見合った適切な運営や財・サービスとしての供給ができないため、公共政策としての文化政策が必要とされると説明されるのである。(6)

なお、文化政策が文化の持つ何らかの価値に公共的価値を認め、それを支援するということは、ある価値を選別し、他の価値を軽視することでもある。吉澤が論ずるように、文化政策は、「ある価値の選別と多様な価値の共存＝文化的寛容とを両立させねばならないという根本的な難しさをはらんでいる」（吉澤 2007: p. 174）という問題を抱えているのである。これは、次に見る文化の持つ文化的価値から生まれる社会的効果・効用に文化政策の意義を認めようとする考え方が強くなってきている状況において重要な問題となってきている。

C　文化の持つ社会的効果への期待

公共政策としての文化政策、すなわち公的資金を使って文化を支援する政策を行う根拠としては比較的新しく生まれたものである。前述の二つの根拠はそれぞれ文化それ自体の価値に関わるものであったが、これは文化の持つ手段的価値に関わるものである。英国の文化政策の歴史的な変化に見るように文化の持つ経済的価値が注目され都市再生の手段として活用されるようになってきたことから始まり、当初焦点が置かれていた経済的な効果から次第にそれ以外の社会的効果にも目が向けられるようになってきているのである。したがって、このような社会的な効果が政策を投じるに値するほどの価値があると認められるのであれば、それを引き出し活用するために文化政策が必要とされるという論理になる。その点において、手段的価値といっても公共的価値実現を目的とするものであるということができるが、これについては次に論じる。

現在では、文化に地域再生・地域活性化に対する効果を期待する声が大きくなってきているが、文化の持つ文化的価値には、第I章で見たように様々な側面があり、それらに応じるように様々な社会的効果・影響がある。代表的なものとしては、①経済的効果、②地域コミュニティへの影響、③地域のアイデンティティの確認／回復、を挙げることができる。これらについては、次節で改めて地域再生の観点から詳細に論ずる。

(2)　本来的な価値か、手段的価値か

以上のような説明は、公共政策として文化政策を行うことについての根拠あるいは理由としての説明であったが、角度を変えて目的の側から捉えた場合、次のような対立的な形で整理することができる。

・文化それ自体の支援

・文化の活用による社会目的、経済目的への貢献

文化それ自体の支援は、芸術それ自体の支援（art for art's sake）として論じられてきたものである。文化あるいは芸術の持つそれ自体の価値が公共的価値を持つと判断されるために文化に対して政策的に支援することに根拠があると認められるのである。これは文化・芸術の持つ本来的な価値（intrinsic value）、本書で論じる文化的価値を維持したり、高めたりすることを目的とした政策ということになる。それに対して、文化を社会目的、経済目的に利用するための政策は、文化に手段的な価値を認めこれを評価しようとするものである。intrinsic value 対 instrumental value の問題として、英国などで一九八〇年代以降都市再生の手段として文化が活用されるようになってきて以来、文化政策のあり方をめぐる重要な問題として議論されてきたものである（O'Brien 2014）。

しかし、文化の持つ本来的価値に公共的価値が認められるために公共的な政策支援が根拠づけられるのであれば、その公共的価値を社会的に実現・展開すること自体に問題はないであろう。もしそのような公共的価値が文化の持つ本来的価値とは異なるものであったとしても、その公共的価値に社会的な問題の解決や社会の発展等への何らかの貢献の可能性が期待できるのであれば、その可能性を社会的に十分に発揮させるために文化を政策的に活用することは、公共性の観点から望ましいということができる。(1)で論じたように、文化の持つ公共的価値には経済学的に外部性として捉えられる価値を含んでいることがある。その中には、ボーモルとボーウェンが挙げたように、国家に対する威信、教育的貢献等、必ずしも文化芸術の本来的価値としては捉えられないものも含まれている。そうであれば、文化を社会的な目的のために活用することは、道具的な利用というよりも、文化が本来持っている潜在的な公共的価値を顕在化させること、そしてそのために文化政策によって支援することと捉えることができる。文化の持つ価値を狭く捉える必要はないのである。問題は、そのような公共的価値を引き出すために、文化の本来的価値を損なう場合である。文化政策としては、本来的価値を尊重し、維持・高めることがあって初めて活用することができると考えるべきであり、それを損なうことがないように政策のあり方を検討しなければならない。

その点において十分に検討すべきは、道具的な活用それ自体というよりも、文化政策という公的な介入を伴うことによって、とりわけ芸術の持つ自律性や社会批判の力、創造性が損なわれる危険性である。また、文化の持つ価値の中で特定の価値を選別し優遇することになるという問題が生じることは、前述した通りである。対象となる文化が本来持っている文化的価値が政策的に歪められる危険が生じる可能性があるということである。政策主体がどのような観点から文化を支援するのか、あるいは、活用をするのか、それによって実現される公共的価値とは何か、文化に影響する可能性はないのか等について検討する必要がある。そして、そこではどのようなプロセスでどのように意思決定がはたらくのかという政策のガバナンス的な問題が浮上するのである。

(3) 何を対象とするか

文化政策は、文化芸術基本法で幅広い理念を掲げているように、また、これまでの議論で見てきたように、目的も対象も拡散しているということができる。これは政策により生み出される成果を誰が受益するのかという問題にも関わっている。この点から論じると、例えば英国では、文化政策は当初は国の威信や伝統を守ることから始まり、その後地域の政策へと重点が移るに従いコミュニティをベースにした政策になっていったが、次第に個人をベースとするようになり、かつ、公共財に対する関与から商業的な成功や市場の取引を促進することへと関心が移ってきている。政策の主要な目的が経済的な目的と結びつくようになったため、文化政策の想定される受益者も、国家からコミュニティや市民、さらに起業者、営利事業者、消費者へと移ってきており、これが適切であるかについての議論も起こっている（Bell & Oakley 2015: pp. 6-7）。

公的資金の投与という観点からは優先順位を付けていかざるを得ないため、どのような基準で評価するかは重要な問題である。では、基準としてはどのようなものが考えられるであろうか。今まで見てきたところから次のように整理したい(7)。

A　公的支援を必要としているものを優先か、あるいは、社会的・経済的効果が大きいものを優先か

B　専門家の高度な芸術か市民の文化活動か

Aについては、前者は端的にはハイカルチャー、実験的芸術や伝統的な文化といった、文化の本来的価値や公共的価値は高いものの市場性が低くそれ自体では存続していくことが困難である、あるいは十全にその価値を発揮できないために、公的支援の必要性とその意義を強調する考え方である。後者は、それ自体の存続や維持という問題ではなく、対象となる文化の持つ公共的価値を広範囲に活用することに政策の役割を見ようとする考え方である。そこでは、コミュニティのエンパワメントのように政策的支援がなければ実現が難しいものだけでなく、ポピュラーカルチャーのように商業性が高く基本的には市場が支えてくれるが、その活力を地域の活性化につなげるために支援の対象となるものも含まれていることは言うまでもない。

Bは、一部の専門家によって文化の持つ価値を高めることを重視するか、あるいはより広く市民の文化的な力の発展を重視するか、という基準である。かつては、芸術は芸術家と呼ばれる一部のエリート的な専門家の専任事項であり、彼らが圧倒的にリードするポジションにあると考えられていたが、現在ではその役割を否定するものではないものの、市民の創造的な力を高めることの重要性が強調されるようになってきている。これは、(1)で説明した国民の持つ文化権の実現の問題にも関わるが、次のように考えることもできる。現在、サブカルチャーでは、文化の消費者が消費の側面において支えているだけではなく生産の側面においても重要な役割を果たしていると考えられている(8)。また、創造都市の考え方では、都市が環境の変化に対応し問題を解決するために市民の創造性が必要であることが主張されている。現在では、一部の専門家が文化芸術の質を高めたり、新しいものを提示したりすることの重要性を認めるとともに、それを社会的に有用な形にする市民の力についても評価されるようになってきているのである。文化芸術の発展やそれによる社会の発展のためには、芸術家で代表される専門

家の創作活動を支援することも市民の創造的活動を支援することも不可欠であり、Bにおいてはどちらを優先するかというよりは両者のバランスを考慮して支援のあり方を検討することが求められるのである。

いずれにせよどのような基準で優先順位をつけ政策を決定していくか、あるいは、どうバランスをとって政策を推進していくかについては、文化政策主体の具体的な文化戦略に関わるが、Aの点については自治体が主体であれば文化政策を超えて、その地域戦略の中で文化をどう位置づけようとするかに大きく左右されることになる。

第二節　文化政策／プロジェクトに期待される役割・可能性

ここでは、本書の狙いである文化政策や文化プロジェクトが地域に対して持つ意味、より端的には地域づくり、その中でも地域再生・活性化に対して期待される役割・可能性を検討する。まず、常識的な言葉として使われている地域再生や活性化について、それが何を指すものかについて改めて検討し、地域再生や活性化に結びつく文化政策とはどのようなものかを具体的に捉える。その上で、文化政策の意味するところを文化プロジェクトや創造都市政策にまで広げ、その考えられる効果・影響について具体的に検討し、それをどう捉えるか、どのように活用するかについて考える。

1　文化政策／プロジェクトと地域再生・活性化

(1)　地域再生・活性化とは何か

地域再生は比較的新しく生まれた言葉だが、地域活性化は高度成長期に大都市圏に産業・人口が集中して地方圏において過疎化や地元産業の衰退等の問題が生じたことに対する対策を志向する言葉として使われるようになったと考えられる。同様の意味をもった言葉として、地域（まち）おこし、地域振興がある。(9) 地域再生は、そもそもは urban regeneration という言葉が英語圏から導入され都市再生として訳されたところから、地域活性化や地域振興の文脈に沿って地域再生として使われるようになったと推測される。英語の urban regeneration は、すぐ後に論ずるように、英国が経験した一九七〇年代、八〇年代に見られた都市の衰退からの復興に対する政策的取り組みに対して再生を意味する regeneration を使って表したものである。

まず、地域活性化についてその意味するところを論じたい。地域活性化という表現は、一般には地域の経済的活性化として理解される傾向にある。しかし、経済に限定するのではなく、広く地域社会が活動的になるような状況をも含めるような捉え方もある。このような地域活性化が意味するのは、地域に生活する市民やＮＰＯ、企業等の地域のアクターが主体となって自発的、自律的、そして創造的に活動するような状況を創り出すことである。経済的な活性化は、このような状況により結果として生み出されると考えることもできる。ここで重要なのは、地域のアクターが制度的な力に依存するのではなく、すなわち国に頼ったり自治体が主導したりするのではなく、自分たちの発意で自律的に行動して何らかの活動を起こし展開することである。地域がこのような状況にあれば、経済的な問題に限らず地域に生起する多様な問題に取り組むことが可能となる。したがって、活性化とは単に経済的な意味に限らず地域社会が生き生きとした活動状態を生み出すことに意義があるのである。

地域再生については、もともとは英国から輸入された urban regeneration という言葉からきているため、その背景を見る必要がある。この言葉は、それが生まれた英国の一九八〇年代頃のかつての産業都市の衰退状況とその対策のあり方を反映している。英国では、一九六〇年代以降産業構造が大きく転換したため、従来の軽工業や重工業に支えられてきた産業都市は経済基盤を失い、それに伴う大量の失業と貧困、そこから生まれる社会問題の集積等に悩まされることになっていたのである。そこでは、衰退が生み出した数々の問題が連鎖的に悪循環を形成しており、行政の介入がなければさらなる社会経済的な悪化の傾向から抜け出すことができない（Evans 2011）状態にあった。都市再生という言葉は、対象となる都市をそのような悪循環から救い出し荒廃状況から立ち直らせること、そのためには変革とも言えるような政策が必要だという認識を含んでいる。したがって、背景の異なる日本では本来のその言葉通りに適用することはできないが、全国的に地域の人口や産業が加速度的に縮小しつつある現状においては、何らかの抜本的な方策を投じなければならないことは同様であり、そこでは英国の urban regeneration に含まれる構造的な変革という視点に目を向ける必要があるということができる。

⑵　地域再生・活性化に関わる文化政策の内容・種類

英国では、以上のような都市再生の手段として一九八〇年代に文化を活用した都市再生政策が現れる。これは、前述したように、衰退した都市を再生させるためには構造的な変革が必要であるという認識があり、それに基づき工業都市から脱工業都市に移行するための一つの手段として文化を活用することが考えられたのである。そのとき英国では、第一節で論じたように、高級文化・伝統文化とポピュラー文化の垣根が取り外され、商品性を持つポピュラー文化が政策の対象に加わったことで、文化政策が都市再生という経済目的の政策と結びつく土壌が形成されるようになっていたのである。同様のことは日本でも起きているが、日本の場合はより短期的な地域経済の活性化を目的として文化政策が活用されるようになってきているということができる。

さて、地域再生・活性化に関わる文化政策――英国では文化主導の都市再生政策（culture-led urban regeneration）という表現が多くみられる――は、実際どのような内容の政策なのであろうか。具体的に表すと、文化資源の充実・発掘、かつて国内でよく見られた文化芸術関係施設の建設整備、それと関連した文化消費空間の整備、文化芸術イベントの開催、文化産業・創造産業といわれる産業への支援、その産業に関わる人材の育成等の経済に直接的に関わる方策が挙げられるが、地域コミュニティの活性化という点においては市民の文化活動の支援、芸術家のアウトリーチ活動の支援のような方策もある。
これは視点により次のように分類することができる。

A　目的による分類
B　手段による分類
C　主導するアクターによる分類

A目的による分類は、2項の効果・影響で論じられる項目にほぼ対応するものである。文化消費の拡大、地域のブランディングによるツーリズムの拡大と対内投資の促進、地域の魅力の向上・創出による人材の獲得、文化・創造産業の育成、コミュニティのエンパワメントとそれによる再生、戦略的な地域の変革等を挙げることができる。B手段による分類は、前の段落で具体的な方策として説明したものにほぼ該当する。C主導するアクターによる分類については、(a)行政が主導し直接的に関与するタイプ、(b)民間の主にNPO等のサードセクターが主導するタイプ、(c)行政が関与するもののインターミディアリーが主導するタイプ、(d)民間を主体として行政も参加して構成する協議体が主導するタイプ等を挙げることができる。これは政策のガバナンスに関わる問題を提起する。

2　どのような効果・影響があるか

文化政策の効果・影響には様々なものが考えられるが、ここでは次のような点から捉えてみたい。まず、政策の対象が文化（アート）であり、それを活用するということである。したがって、文化自体への影響や文化に期待される役割は何かを考える必要がある。また、文化には意味作用があり、それが社会にどのように働くのかということもある。次に、地域政策の文脈で見ることである。これには、地域再生や活性化で狙いとされる地域経済への効果がまず考えられるが、それ以外の社会的影響も見る必要がある。もう一つは、戦略的な視点から文化政策の効果・影響を捉えることである。影響の中には、必ずしも地域再生や活性化に直接結びつくとは限らないものもあれば、マイナスに働くものもあるが、いずれにせよ文化政策と地域社会との関わりを考察するにおいて押さえておく必要がある。

これらは相互に入り組んでいるが、A経済的な効果・問題、B地域社会への影響、C文化自体への影響、D戦略的可能性として整理し、以下において論ずる。

A　経済的な効果・影響

これは大きく分けて次の三つの種類がある。

(a)文化施設整備、あるいは文化活動による文化消費の拡大
(b)地域のブランディング――外部に対する地域イメージの作用
(c)文化産業・創造産業への影響

第一に、文化施設の整備、あるいは文化活動の活発化が地域内外の人たちの文化消費を誘発することによる経済効果がある。この経済波及効果については、かつてそれが大きく期待できるとして地域の経済を支えるための公共事業として使われた建設業が第二次産業に大きく現れているのと異なり、文化の場合は第三次産業に現れているのを特徴としている。そのため、産業構造が第二次から第三次へと主役が大きく転換した日本経済においては、文化に関わる経済波及効果に期待されるところは大きくなっている。[10] 第二に、地域のプロフィール、あるいはブランドイメージの構築／向上による効果がある。これは、直接的には観光や近傍の地域の人たちの来街によ

るショッピングを中心とした交流経済を振興させることになるが、長期的には、そして影響の範囲の大きさからするとより重要なのは、文化がイメージとその裏づけとなる地域の魅力を高めることによって、生活環境を重視する優れた人材を引きつけることである。その結果として、そのような人材を確保しようとする企業を誘引することにつながるのである。同様な議論は、R・フロリダが唱える創造的コミュニティの議論に見ることができる。第三に、地域産業の新しい構成要素として文化産業・創造産業が注目されるようになってきているが、文化、とりわけアートはこのような産業において非常に重要な資源である創造性を刺激するという形で貢献するとともに、第二の点で論じたように、地域の文化的なイメージがこの産業にとって重要な人材の確保につながるのである。この文化産業・創造産業への効果・影響は創造都市論にも関わる点であり、ヨーロッパでは、この点への関心が高い。

B　地域社会への影響

近年、社会問題解決のツールとしての文化・芸術の役割に注目が集まるようになってきており、その効果も様々に論じられている。経済的な効果・影響と比べて地域社会に対する影響は地域社会の持つ多様な側面に関わるため捉えにくいが、次のような項目を挙げることができる。

(a)コミュニティのエンパワメントとそれによる再生
(b)地域内の協働関係への影響
(c)市民の文化活動への刺激
(d)生活の質への影響
(e)文化政策／プロジェクトの内包する意味の提示＝意味作用
(f)社会的排除（social exclusion）の問題

(g)ジェントリフィケーション

これらについて簡単に説明すると、まず、文化の持つ力が、(a)市民の潜在的能力を向上させることが論じられている。これは、個人の持つ創造性を刺激するとともに、それを表現する機会を生み出すことで、市民個人個人の隠れている能力を引き出し高め、それを通じてコミュニティ活動を活発にし、エンパワメントするというものである。とりわけこの力は、障害者や高齢者に創造と表現の機会を与えることで生きがいを高めるという点に大きく作用すると言われている。(b)文化は、それに関わる取り組み、とりわけ地域に関わる文化プロジェクトにおいては、一種の地域づくり活動をもたらし、それへの参加に関わる形で地域内の人々の協働関係を促進する、あるいは、形成することが指摘されている。これに関連して、文化政策／プロジェクトがソーシャル・キャピタルに影響すると言われており多くの研究上の関心を呼んでいるが、これについては次章の第一節で取り上げたい。当然のことながら、(c)市民の文化活動に刺激を与え活発化する等の影響を与えるが、このことを通じて地域社会の活性化に貢献する可能性が主張されている。

また、文化は、(d)地域の文化的環境が向上することで地域の生活の質を向上させると考えられており、それによって地域の人々の生活に貢献するだけでなく、地域の魅力を高めることによって前述した経済的な効果も生み出している。文化の持つ意味的側面については既に第I章で論じているが、ここでは(e)文化政策／プロジェクトの内包する意味の提示＝意味作用について簡単に説明する。この意味作用は、地域アイデンティティの確認あるいは回復、再構築や地域のプライド（シヴィック・プライド）の形成に影響すると言われている。地域の再生・活性化においては地域アイデンティティ、さらにはプライドが重要なはたらきをすると考えられており、文化の持つ意味作用はその点において地域再生・活性化に影響するということができる。他方で、文化政策／プロジェクトにより提示された意味に対して、これまでの地域に対する認識と異なる、あるいは地域の固有の文化になじまない等の違和感、不満が現れることも考えられ、その場合は地域内で不協和音を生み出すことにもなる。前述のような地域へのプラスの影響については、英国の調査では、集約すると文化活動への市民の参加が彼らの考え方・ものの見方を変えることによって自信を高め、地域のアイデンティティが強化され、それを通じて地域のまとまりを高め、社会的包摂を促進するようなメリットが生まれる可能性があると（Campbell et al. 2014）論じられている。

文化政策／プロジェクトは、個人間の文化へのアクセス性や享受能力の違いから、(f)提示する文化をめぐって社会的排除を生み出すという可能性が指摘されている。これは、社会階層間の文化的差異が大きく、移民等のマイノリティが大きな存在となっているヨーロッパにおいて問題となっていることであるが、日本国内においても文化政策／プロジェクトが一部の人たちの文化的疎外をもたらす可能性は考えるべきである。また、文化政策／プロジェクトが地域の価値を高めた場合、それによって地域の不動産価値を高めることになるケースも多く見られる。そうした場合には、不動産への投資が盛んになり都市再開発が行われることによって地域の不動産が高級化し、従来の住民が追い出されるように転出し、代わって高級化した不動産にふさわしい新しい住民が転入するようになることも指摘されている。いわゆる、(g)ジェントリフィケーションである。これは、地域全体というよりは文化政策／プロジェクトが重点的に展開される一部の地区において大きく現れる問題である。

C　文化自体への影響

文化政策の影響としては、文化自体への影響も考えなければならない。これには、二つのものが考えられる。

(a)地域の文化への影響

(b)文化を道具的に利用することの影響——文化的価値への影響

＊文化の持つ自律性への影響

＊文化的多様性への影響

一つは、(a)文化政策が対象とする文化、あるいは地域に新たに導入する文化が地域の文化に与える影響である。これは、既存の、または在来の文化を再認識したり、新たな価値を発見したり、あるいは、刺激を与えることで地域の文化の再創造をもたらす可能性が考えられる。他方で、既存の文化と導入された文化とどう調和するかという問題を生み出すことも考えられる。その場合、そのような文化を文化政策として政策的に導入することにおいてどのような政策決定のプロセスが望ましいか、その政策決定のプロセスにおいて広範な市民の参加が得られているのかという問題を考える必要がある。もう一つは、(b)文化政策を地域再生・活性化という目的のための手段として活用すること、すなわち道具的に利用することが文化に対して意味することである。要するに、政策の介入によって文化の持つ文化的価値がどのような影響を受けるかという問題が生まれるのである。これは、前節でも論じたように行政や経済にとって都合のいい特定の文化に特別の地位を与えたり支援したりすることによって、文化・芸術活動に必要な自律性が妨げられ、創造性に影響するとともに社会的批判能力が損なわれる可能性が指摘されている。また、文化間にある種の序列やヒエラルキカルな秩序を生み出し、文化的多様性を損なうことにつながる危険性も論じられている。このように文化政策の影響としては文化自体への影響も考えなければならない。以上のように、文化自体への影響は、文化それ自体への自己言及の問題であり文化政策の本質に関わる重要な問題であるため、文化政策のあり方を検討する上で避けられない論点である。この問題については、本章第三節や第Ⅲ章第二節で改めて論じる。

D　戦略的可能性

最後に、文化政策の持つ戦略的可能性について簡単に言及したい。文化政策には、その提示する文化を通じて、それを裏づける考え方や世界観、あるいは地域に対するヴィジョン等を社会に提案して、ものの見方や行動様式、関係のあり方としての地域の文化を変えること、より平たい言葉で言えば、地域の性格やメンタリティを変えることによって、戦略的に地域の変革を図る可能性を見ることができる。これは、創造都市の主要な主張の一つであり、次節で詳細に論じる。

第三節　創造都市論の再検討

創造都市論は、ヨーロッパの一九八〇年代以降の都市再生の経験の中から生まれてきた都市論で、文化の持つ創造性によって都市を活性化しようとする、あるいは、社会環境の変化に対応しようとする都市のあり方・運営方法について論じたものである。単なる概念的なものではなく実践的な都市政策論であり、その議論に沿って多くの政策的実践が生まれている。しかし、概念が曖昧で、しかも多様な主張を内包しているために、議論も実践も様々に展開されているというのが実情である。本節では、このような創造都市をどう捉えるべきかについて、現在投じられている批判を考慮しながら議論を整理した上で、国内の地方都市に対して求められている自立性という観点を踏まえて、考え方を提示することを一つの目的とする。その上で、創造都市論の中に主張されている都市づくりのガバナンス論・運動論に着目しこれについて考察する。

1　創造都市をめぐる状況

創造都市は、二十一世紀に入って都市をめぐる重要な概念として世界的に注目され、多くの議論を呼び起こしている。実践的にも、世界の各国においてこの言葉で語られる政策あるいは戦略が、都市の活性化や発展のための手段として実施されるようになってきている。一九九〇年代にヨーロッパやアメリカで注目されるようになったこの概念は、二十一世紀に入って急速に世界的に広まり[11]、近隣諸国に目を向けても、アジアの主要都市では競うように創造都市を目指した取り組みを進めるようになってきている。日本では、金沢市や横浜市の取り組みが特に知られているが、それ以外でも政令指定都市を中心に多くの大都市もしくは中規模都市が創造都市を標榜、あるいは目指した取り組みを打ち出し、実施している[12]。

この概念は、基本的モチーフとしては、創造性に都市の活力を高めることや社会環境の変化に対応し新たな発展を導く可能性を見出し、そのために文化や芸術を活用し、政策的あるいは戦略的に都市内における創造的な力を引き出し高めることを狙いとするものである。このような創造都市の概念やそれに基づく政策に対する反応は必ずしも肯定的なものばかりではなく、その基本的な考え方についても、また、実践上の効果や影響をめぐっても多くの批判が寄せられている。しかし、そもそも異なるルーツを持つ主張が同居しているため、概念自体に必ずしもコンセンサスの得られた厳密な定義を伴っていないことから、現在、時流に乗って多方面から多様な関心が寄せられ、異なる狙いやアプローチを持った取り組みが創造都市として一括りにされているような状況にある。また、実践的には、創造都市として概念的に論じられていることとは乖離するような方向に進む形で実施されているケースがしばしば見受けられることも指摘されている。国内の事例についていえば、創造都市とはレトリックに過ぎず、はたして創造都市論が主張するような政策が実施されているのかという地域の内外からの批判の声も聞かれる。

2　創造都市をどう捉えるべきか

ここでは、創造都市をめぐって様々に展開されている議論を整理し、その上で、曖昧なまま様々に解釈され使用されている概念をどう定義すべきか、国内の地方都市が現在置かれている状況から要請されているところを考慮しながら、都市論として主張するところをどう捉えていったらいいかについて検討する。

(1)　概念としての曖昧さと政策の実態

創造都市は、ごく簡潔に表現すると、都市の持つ創造性を引き出し、高め、その力によって地域の問題解決や活性化、経済成長を図ろうとする都市像あるいはその方策（政策）と整理することができる。しかし、実際に実現されている、あるいは目指されている創造都市は、文化産業の育成を目的とする産業政策志向と文化や芸術の力により地域の活性化を図ろうとする文化政策志向という二つの傾向に大別できる[13]。これは、大づかみにいうと前者はアメリカの経済地理学者R・フロリダの主張に、後者は英国の文化計画コンサルタントのC・ランドリーの主張に相対的に多くの共通部分を持っているということができる。

ところで、創造都市の考え方はそもそもイデアとしての主張よりも実際の政策の実践が先行してその経験の中から生まれてきたという経緯を持つ。ヨーロッパでは、今日のような形で創造都市という考え方が流通する以前から文化を主要な手段とする都市の再生政策が実施され、スペインのビルバオ市、バルセロナ市、フランスのナント市等、都市を活性化させ、その後の発展を導くような多くの事例を生み出してきた。また、英国では、文化産業あるいは創造産業の育成・振興を目的とした政策が都市再生政策の一環として実施されてきた。これらは、今では創造都市として扱われている[14]。日本の創造都市として知られている金沢市も、長い年月をかけて積み重ねてきた都市政策が現在では創造都市の一つのモデルとして評価されているものである。政策の実践の中から創造性に着目して創造都市という概念が生まれたものの、創造都市としての厳密な定義が伴わないために、このように都市の再生や発展を目的として文化もしくはそれに関係する産業（文化産業、創造産業）に多大な投資あるいは政策的な取り組みを行っているような都市を創造都市として一括りにしているというのが実情である。もちろん、現在では創造都市という概念が都市の政策担当者等を中心に受容され、その名のもとに構想・実施されている政策が続々と登場し展開されている状況にある。しかし、創造都市という概念が曖昧なためそこで展開されている政策も様々である。

このような状況にあるため、創造都市を一つの特定の都市論あるいは都市政策・戦略として論ずるのには無理があるかもしれない。創造性を重要な概念としていることや文化を主要な手段として使っていることを共通項とするだけではあまりに漠然としていて、都市論としての固有の議論が構成されず、政策を実施する場合に依拠するための論拠が提供できない。そこで本節では、創造都市に一つの可能性を期待し、社会に対してポジティブな提案を持った都市論・政策として位置づけてみたい。そこから創造都市をどのように捉えるべきかについて以下において検討する。

(2) 創造都市に対する批判

そこで、まず考えてみたいのが、創造都市をめぐる議論である。創造都市については、以上のような事情もあるため寄せられる批判や疑問等も様々なものを見ることができる。その中で創造都市の効果や影響に対する主な疑問あるいは批判として次のものが挙げられる。一つは、生み出される効果あるいは地域社会への影響の問題に関わるもので、創造都市が狙う経済的効果は一部の人々にしか届かず地域内の社会的格差を拡大するという批判である。創造都市では、理念はともかく実際には創造的能力が高い人の活躍の場は広がるかもしれないが、それによって社会的格差が広がる、あるいは、社会的な弱者や疎外されている人たちが恩恵を受けられないのではないかという声が上がっている。また、創造都市の産業の中核となる文化産業・創造産業においてもその多くの雇用が不安定で低賃金、長時間労働という望ましくない条件に置かれていることが指摘されている。第二に、どのような都市であれば創造都市としての政策の効果を生み出すことができるかという適用可能性あるいは条件に関わる批判がある。創造都市は、実際には優れた文化資源の存在や既存の産業集積の状況、都市システムにおけるその都市のポジション等において、競争力を備えた一部の恵まれた状況にある都市においてこそ有効であり、そのような競争力を持たない都市には該当しないのではないかという議論である[15]。第三に、政策の重要な手段として芸術や文化を道具主義的に、とりわけ経済的な目的に従属させて利用するということに関する疑問がある。それによって芸術や文化の持つ価値あるいは自律性を損ない、本来の役割を妨げることになるのではないか、あるいは、それらの多様性に影響を与えるのではないかという議論である。芸術や文化の価値を損なうことになった場合には、その政策自体の持続可能性にも影響を及ぼすことになる。

このような批判には、その根底として創造都市をグローバルな都市間競争におけるネオリベラル的な試みとして捉えようとする見方を看取することができる。そのような批判が多く依拠しているのが、D・ハーヴェイが論じる都市企業家主義である（Harvey 1989）。これは、フォーディズム崩壊以降のグローバルな都市間競争の中で、自治体が企業的な方法で資本や生産・サービス機能、消費機会等を呼び寄せることで都市の経営を行おうとする都市経営のあり方で、フォーディズム＝ケインズ主義時代の再分配を軸とした政策を行ってきた都市管理主義に対置される概念である。このように解釈すれば、文化や芸術というエリート層や中間層が好みそうなものを道具として活用したり、競争力を高めるために創造的人材を惹きつけ、活躍させるような環境を創ったりする創造都市の政策は、市場での競争に適合的な行動として応えたものであり、その副産物として社会的格差の拡大を招くのも当然の結果であるということになる。現在投じられている批判はこのように理解することができる[16]。しかし、このような批判や解釈は、複数の主張が同居している創造都市論のすべての主張に該当するように取ることはできない。創造都市をとりわけフロリダの主張の系統に代表させて論じようとしているように思われるが[17]、それには収まらない主張まで一括りにして批判してしまうことになる。これについては改めて創造都市の概念を検討することを通じて考えてみたい。

(3)　どう捉えるか

創造都市の中核となる主張は、既に名前を挙げたフロリダとランドリーを中心に構成されている[18]。まず、フロリダは、近年のアメリカ諸都市間の経済的パフォーマンスの違いについて職業階層に着目して分析し、彼がクリエイティブ・クラス（creative class）[19]と命名する人材の存在と都市の成長性との間に高い相関関係があることを発見し、議論を展開する。フロリダは、創造産業を含む現代のリーディング産業である知識産業の発展にとってはその担い手であるクリエイティブ・クラスの存在が不可欠であり、都市が発展するためには彼らの好む条件を満たしていることが必要であると主張する（Florida 2002）。そのような条件を満たしている都市の環境をフロリダは創造的コミュニティと名づけ、その構成要素について論じている[20]。フロリダは、ここからクリエイティブ・クラスを惹きつけるための環境づくりを目指した都市政策の必要性を主張する。このような文化産業・創造産業に焦点を置いて創造都市を論ずる議論は、他にもＰ・ホール等、多くの論者を挙げることができる。このフロリダの主張は都市政策の現場から大いに注目されることになり、これにより創造産業の育成・振興が創造都市論の主要なテーマとして見なされるようになっていくのである[21]。

これに対して、ランドリーを中心とする文化政策の研究グループ[22]は、都市全体のガバナンス的な視点に立って議論を展開している。そこでは、都市を取り巻く変化する環境の中で様々に登場してくる課題に対応するためには都市の持つ創造性を引き出し、それによって問題解決能力を育てることが重要であり、それは同時に創造性を

ユネスコの創造都市ネットワークに登録された英国ヨーク市のメディアアーツのイベント

活用することで環境の変化に対して都市が絶えず自律的に変化していくことによって対応することを意味すると論じる。この創造都市論は、一九八〇年代以降のヨーロッパにおける文化主導の都市再生政策の経験に対する批判的考察から生まれている。このような都市再生は、多くの都市で経済的成果は得られたものの、都市内の階層格差の拡大や、貧困層・エスニックグループ等のマイノリティの文化的疎外等の多くの問題も生み出してきた。そこでは、政策のスコープが狭く文化を直接的な経済効果に結びつける方法に偏り過ぎていたことが問題とされ、都市に生起する様々な問題を解決するためには市民の潜在的な力＝創造性を引き出すことが必要で、そのためには文化を活用することが重要であるという議論が展開されたのである。[23] ランドリーは、市民的創造性という言葉を使って、このような問題解決能力を生み出す創造性を説明している[24](Landry 2000)。ランドリーら[25]の主張で特徴的なのは、都市や地域が環境の変化に対応するために自己変革することの必要性と可能性を地域の人々が持つ創造性に結びつけて論じていることである。もちろん、このような自己変革の可能性はすべての都市に無条件に与えられているものではない。地域の人々の努力によって試行錯誤の中から獲得されるものである。しかし、もしそのような過程に乗り出すことができれば、すべての都市に自己変革の可能性が開かれていることを主張している。すなわち、何かをきっかけに一部の人たちの創造性に火がつき、それが地域の固有性や地域アイデンティティを媒介に地域内に次第に広がってゆき、インプロビゼーション的に連鎖反応を起こすことで自律的に自己変革を行っていくというのである。ここで自己変革というのは、都市内のアクター間の関係の構造や制度・慣習等、考え方や行動の仕方等における変革を意味する。

以上のように、創造都市論の主要な二つの流れであるフロリダとランドリーらでは論ずる方向が大きく異なる。フロリダの主張は、創造産業の発展を議論の中心に据えそれを支えるような都市のあり方について論じているのに対して、ランドリーらは、その重要な主張が市民の創造性による課題解決をメインテーマとした都市の自律的なガバナンスのあり方とそれを実現する方法に置かれている。ただし、当然ランドリーらも文化産業・創造産業を創造都市の中心となる産業として捉えており、フロリダにしてもクリエイティブ・クラスと言われる人たちだけでなく、市民全体が創造性を高めることの重要性を論じている。

このように定義に幅のある創造都市論をどう捉えていったらいいのであろうか。そこで重要なのは、創造都市のどのような点が現在日本を含めた先進国の都市において必要とされるのであろうかということである。しかも、前述した批判に見るように一部の競争力のある都市に限定されるのではなく、一般的な適用の可能性も問われる。このような点を考慮すると、経済がますますグローバル化する現在において共通して求められる都市の姿とは、浮動的な資本の力に翻弄されることなく、あるいは、社会構造の変動の波に呑みこまれることなく、自己を取り巻く環境の変化に自律的に対応し、持続的に自立を実現、あるいは、少なくとも目指して行動している都市である。これは、ランドリーらの主張する創造都市が目指している姿に近いものである。それを踏まえれば、創造都市の要諦は、H・モンマースが論じるように、「グローバル経済において永続的に自己調整する能力をもった都市」(Mommaas 2004: pp. 520–1) とかいつまむことができる。そして、その自己調整の方法、ガバナンスの核となるものが創造性なのである。(26) 地方都市は、既に経済的に厳しい状況に直面しているが、今後ますます国への依存から脱却して自立して自らの運営を行っていくことが迫られている。その点において、創造都市には都市の自立のための戦略を支えるガバナンスの方法としての可能性が期待されるのではないか。このように創造都市論とは基本的な主張として都市のガバナンス論であり、そのような都市の運営体制を導くための方法論（戦略論）として捉えることに意義を見ることができる。

さて、先ほどの創造都市への批判について考えてみたい。創造都市に対する批判では、創造都市の政策には社会的包摂性において問題がある、あるいは、創造都市は一部の競争力のある都市にしか適用できない、という主張があった。これらの批判は主にフロリダの主張を中心に創造都市を理解して投じられたものと解釈することができる。そもそもこのような問題を生み出した都市再生政策に対する批判的考察からランドリーらの創造都市論は生まれてきたという経緯を持っている。また、都市企業家主義という解釈に基づく批判については、ランドリーらの創造都市論はそのような競争至上主義的な解釈と根本的に異なる性格を持つ市民的創造性という概念を案出して、都市間競争に勝ち抜くことではなく、この市民的創造性によって環境の変化に自律的に対応することに主眼を置いたガバナンス的な議論——すなわち、本書が意義を認める創造都市論である——を導いている。[27]

では、このような都市のガバナンス論的な解釈であれば問題はないのであろうか。ここで考えてみたいのは、このような創造都市の概念は理想論的といえることである。そのため、この概念に基づいて創造都市を論じれば数々の批判を跳ね返すことができるかもしれないが、問題となるのはむしろ政策としての現実の実践において、創造都市論が主張するように実施し、期待するような形で実現できるかどうかということである。これは、理論と現実の乖離の問題として、特に最近多くの議論に取り上げられている（Jacob 2010, Lange 2011, Pratt 2011, Boren and Young 2013）。一例として、創造都市とうたっていても、結果として市民の創造性の発揮や生活上の問題解決という志向とは異なる、利益主導の方向に都市づくりが展開するケースがあることが指摘されている（Jacob *op.cit.*）。これは、創造都市的なガバナンスの舵取りが現実には難しいことを教えてくれるものだが、より根本的には、市民的創造性による自律的なガバナンスといっても、この都市論には自立を目指した経済的な活性化という目的も視野に入っているため、はたしてネオリベラル的議論として批判される都市間競争という文脈から独立することができるのかという疑問に関わっている。このように、創造都市は現実的に見れば大きな課題を抱えているということができるが、問題点を見て否定するのではなく、プラット（Pratt *op.cit.*）の論ずるような、可能性に期待しつつも詳細な検討を重ねるべきであるという意見に耳を傾けたい。創造都市に先進国の諸都市が期待するような価値があるとすれば、実践に伴って生じている問題を分析することを通じて、より適切な──おそらくは地域の実情に即した──具体的なガバナンスの方法を検討することが求められているのではないか。(28)

3　ガバナンス・自己変革の方法としての創造都市

ここでは、ガバナンス論としての創造都市の具体的な内容として、創造都市を実現あるいは運営するための要件について検討するとともに、創造都市の実現に関わる運動論的側面について考えてみたい。

(1)　創造都市の実現、ガバナンスのための要件

創造都市を実現し、運営しようとする場合、その根幹になるのが創造性に期待される役割であり、そのため人々が持っている創造性をどう引き出し、高め、それを都市の諸問題の解決や活性化、発展のために顕在化させ、活用することができるかということが問題となってくる。

創造都市の運営及び実現のための基本的要件として検討すべきものについて次のように考えてみたい。まず、このような取り組みにおける基本的構成要素として、都市のアクターに関わる問題、行動への刺激、アクターが活動するための環境、都市における全体のガバナンス、という四つのファクターを挙げることができる。この中

で、アクターについては、アクターそれ自体の問題とアクター間の関係に分けて考えたい。すると、①創造性を担うアクターの存在及びそれをめぐる状況、②アクター間の結びつき方・関係のあり方、あるいは、コミュニケーションのあり方、③これらのファクターを支える、あるいは影響を与える状況・文化・環境、④創造性を引き出す要因、生み出す契機になる要因、⑤創造都市の運営の体制、すなわち全体のガバナンスに関わる要因、というように整理することができる。これらは概略的に次のように説明できる。[29]

創造性は個人から生まれるものであるから、創造的なアクターの存在が必要である（①）。多くの議論で論じられている創造的な人材の存在は、文化産業・創造産業でなくても一般的に事業の創造や発展において重要だが、これに加えて、J・ジェイコブスの主張をはじめとして都市の産業創造において重要性が論じられている多様性を挙げることができる。構成要素であるアクターにおいて多様性があること、すなわち、相互に異質な多様なアクターが存在することである。[30] しかし、単に創造的な人材、アクターが多様に存在するというだけでその地域の創造性が高まるわけではない。異なる背景をもち、異質な考え方や多種多様な情報をもっているアクターが交流して、頻繁に相互作用する中で、新しいアイディアが生まれたり、イノベーションが起きたりすると考えられる。そのため、アクターがどのように結びつき、どのような関係を持ち、どのようなネットワークが形成されているかということが、創造性を育み都市全体の創造的な力を高めるためには非常に重要な問題である[31]（②）。そして、そのような個人の創造性、あるいは創造的な関係を育み、創造的な活動が創出され展開するために必要な文化的インフラストラクチュアや創造の場、また、創造的な活動を支える、少なくとも阻害することのないような社会的制度やソーシャル・キャピタルのような地域社会の市民的基盤となる地域の文化、創造的な活動の展開を促進する魅力的な空間等が重要となる（③）。人々の潜在能力を高め、創造性を引き出すものとしては、文化や芸術の持つ創造的な作用が重要である。文化や芸術は、ビジネスに結びついて創造的アイディアやイノベーションの源泉になったり、市民のエンパワメント――市民的創造性を高めることになる――に活用されて地域コミュニティの活性化に貢献することもできる（④）。さらに、全体的な組織的・運営的観点から、個々のアクターの自律性を損なうことなく創造性を育み、それらが都市全体としての創造性につながるように、そして、そのような創造性を問題解決や自立を目指した経済的活性化等の目的のために活用するようなガバナンスの構造・運営方法が必要である（⑤）。

本節の議論にとって重要な項目について説明を加えたい。まず、②については、前述したように、多様なアクターの交流、相互作用が新しいアイディアの創造やイノベーションにとって重要である。さらには、都市内のあるアクターに生まれた創造的な力がそこだけにとどまるのではなく、他のアクターに伝わり、それを受け取ったアクターがそれを加工したり、代替するものを創り出したりして、さらにそれが他のアクターに伝わるという形で創造性のネットワークが形成されているならば都市内の創造性は大きなものとなる。その場合、一つの創造性が地域における創造的な潜在力の蓄積・発展につながるということになる[32]。

このアクター間の関係の構造において重要なのは、ここでは強い権力が立ち働かないということである。垂直的な構造や強い権力の存在は、アクターの活動を制約したり、個人の創造性を圧迫したり、創造性が円滑に伝わることを妨げたりするため望ましくない[33]。これは、行政を中心としたヒエラルキーの強い構造をもっている都市にしばしば見られるところである。その点で、アクター間の自律に基づく協働を促進する、少なくとも妨げないような都市のガバナンスが求められるのである[34]。ここでもう一つ重要なのは、アクターは単に結びついてネットワークを形成すればいいということではないことである。そのネットワークの中に〈意味のある関係〉が形成されていることが必要なのである。単にネットワークの中でつながっているというだけではなく、アクター間の関係の中で協働が展開し、具体的な価値を生み出すことが伴わなければならない。〈意味のある関係〉とは、このような具体的な価値を生み出すための作業、活動に参加／協働するような関係、実践を伴う関係を指している。

この〈意味のある関係〉とはどのように説明できるか、そしてどう創り出し、運営することができるかという問

題は、創造性のネットワーク形成における核心に関わる問題であると考えられる。(35)

④については、創造都市の議論では、人々の潜在能力や創造性を引き出すものとして文化や芸術が注目されている。創造的アイディアやイノベーションの源泉になったり、市民の活動に自信と活力を与えたりするなど、ランドリーをはじめとして後藤和子（2008）やマークセン＝キング（2003）など多くの論者がその創造的な作用について論じており、とりわけ、文化への投資を通じた文化・芸術活動への市民の広範な参加の意義についての言及は多くの文献で見ることができる。そこでは、文化や芸術を市民の能力を高めるためのエンパワメントの方策として位置づけている。ランドリーらは、アクターとしては一部の創造的な人材だけを対象とするのではなく、すべての市民が創造都市の構成要素であるとして市民全体の潜在的能力を高める機会を有することが重要であることを強調する。ここには、ヨーロッパの都市政策において重要な考え方となっている社会的包摂（social inclusion）が反映されている。

しかし、この議論で問題なのは、はたして文化や芸術にどれだけの創造的な力があるのか、そしてそれがどのように作用するのか十分に解明されていないことである。経験から得られた知見に基づいてその効果が主張されているが、それがどのような原理とメカニズムで生まれるかについては明確に説明されていない。(36)確かに、フランスのナント市や金沢市のようにこの点において成功していると評価できる事例はあるが、前者は巨額の予算をつけており、後者は長い年月をかけて文化芸術を育む環境を形成している。そのため、市民の創造性を高めるために文化・芸術を用いるとしても、目的や条件に応じてどのような方法が適切であるか、どうすればより効果的／効率的であるかを判断することができない。したがって、この問題については、文化や芸術の作用に対する原理的な理解に基づいて、政策の対象を細分化しそれに応じて作用のプロセスや条件を検討する等、もう少し細かな議論に基づいて、創造都市あるいは文化政策の経験を分析することにより文化・芸術を活用することで生じる効果やそれを実現するための方法を追究していくことが強く求められる。

⑤については、制度的側面も含めて都市のガバナンスについて深い議論が必要だが、ここではこの問題について中心的なテーマとなる、政策協働とガバナンスを構成するアクター間の関係について基本的考え方を示したい。創造都市においては、同じ目的に向かって関連する政策間で協働することが求められる。創造都市に限らず現代の社会では複雑化する問題に対処するために、対応する行政においては多部門間の調整が多くの場面で必要となってきているが、創造都市戦略においては、戦略のキーとなる文化が直接に教育、産業・経済（文化産業等）、観光（文化観光、文化イベント等）、都市計画（文化的景観、文化プロジェクト等）等と結びつくことが多いため、文化政策部門と他部門との政策の協働が欠かせない。理念的に言えば、創造的な営為にとって最も大きな障害の一つがセクショナリズム、垣根意識である。セクションごとに発生する権力や垣根意識が他のセクションとの間に壁を作り、本来求められている行政の目的、都市全体の目的、ここでは都市の創造的能力の向上と活用という目的への貢献が妨げられることになる。これを避け、部門間の協働、政策の統合性を図るためには、そのための体制作りが必要となる。

しかし、都市のガバナンスにおいては、このような行政内部の組織間の関係にとどまらず、創造性を担う多様なアクター間の関係に目を向けなければならない。組織やセクションの利害や立場を超えて創造都市の目指す目的を実現するためには、行政も含めて都市全体が創造性を引き出し、育むような組織間あるいはアクター間関係を創り出すことが重要である。一つは、ガバナンス論で論じた政策ネットワークを形成することが考えられるが、ここでは、そのようなネットワークも含めた地域全体に関わる多数かつ多様な組織の間の関係を検討してみたい。その一つの理念的なあり方としてネットワーク組織を考えてみる。[37]ネットワーク組織とは、複数の個人、集団、組織が、特定の共通目的を果たすために、社会ネットワークを媒介にしながら、組織の内部あるいは外部にある境界を超えて水平的かつ柔軟に結合し、また、境界が曖昧で（ボーダレス）、分権的・自律的に意思決定できる組織形態を取っているような関係のあり方を意味する。[38]いわゆるヒエラルキーの高い垂直型の組織形態とは違って、水平的で、そのために個々のメンバーがゆるく結びつき各自が自律的に行動できるような組織形態である。重要なのは、そのような特徴によって環境の変化への柔軟な対応や自己変革に優れ、創造的、イノベーティブな能力が高くなることである。要するに、創造都市の要件を備えた都市の組織形態ということができる。もちろんこのような組織形態は一つの理念型であり、様々なアクターから構成される都市のガバナンスにおいては、しかも実際には行政がガバナンスの中心的な役割を果たすことが多いため現実には困難であるが、少なくともこのような関係のあり方を心がけた組織間関係を考慮してガバナンスの組み立てを追究することが必要である。

これらは、資本概念を使って整理すると、創造的な人的資本、社会関係資本（ソーシャル・キャピタル）、環境資本、文化資本とそのための都市全体の運営方法／ガバナンスということになる。したがって、創造都市のガバナンスのあり方とは、四つの資本それぞれ、及び四つの資本間の関係について理解しつつ、さらに、現実に創造都市を運営していくためには経済的な検討も必要であるため経済資本との関係も考慮して、それら四資本が創造性を生み出すようにどう高め、文化や芸術の持つ創造的作用を効果的に引き出すために文化資本をどう活用し、都市全体をどう運営していくべきかについて、その都市の置かれた状況や具体的な目的に応じて考えるものである。

(2) 自己変革のプロセス――創造性による自己組織化

ランドリーらのガバナンス論的な創造都市の主張の重要な部分に運動論的な側面がある。ランドリーらは、創造都市の実現方法・プロセスについて論じているが、そこでは管理的な主体による計画的なプロセスではなく、都市のアクターという個の自発的・創造的な動きが都市全体に変化をもたらす可能性を強調する。アクターの創造的な動きが他のアクターに伝わり、アクター間の相互作用の中でインプロビゼーショナルな連鎖反応が起こり、それによって既存のシステムに変化をもたらすと主張する。(39) なお、これは創造都市実現のプロセスであると同時に、創造都市における不断の自律的な変化をも意味していると解釈される。[40] その意味では、創造性による変化のプロセス自体が創造都市ということになる。このプロセスを都市というシステムが自己の内部に持つアクターという要素の創造的な活動によって変わっていくプロセスとして捉えると、一種の自己組織化過程と見ることができる。[41] ここで、自己組織化過程を、①全体としてのシステムの要素にゆらぎが発生、②そのゆらぎが他の要素に伝わり、③要素間の相互作用によって共振し、④自己言及的に新しいシステムを生成する、というプロセスとして見ると、前述したような創造都市実現（あるいは不断の自律的変容）の過程は、システムの要素のゆらぎを都市のアクターの創造的な動きと読み替えた場合、自己組織化過程にほぼ重ねることができる。なお、この自己組織化の重要な特性は、システム全体の制御中枢がなく、個々のアクターの自律的な動きを認めることである。

このような創造都市の自己組織的な自己変革のプロセスは、実際にまちづくりの中に見ることができる。滋賀県長浜市のまちづくりの展開はその一つの事例である。長浜市の中心市街地では、一九九〇年頃ガラスの製造・販売事業を営む黒壁という団体が事業活動を中心にして地域の再生を目指したまちづくり活動を展開するが、それが起爆剤となって地域に変化をもたらし、賑わいを復活させ、地域の再生に大きく貢献している。そこでは、中心部のアクターたちの意識を変え、事業家としての意識（あるいは起業家精神）を形成したり、協働の精神（あるいは社会関係資本）を再生したりという形で、地域の自己変革をもたらしている。このまちづくりの展開を前述の自己組織化過程の四つのプロセスに適用すると、次のように説明することができる。①まず、長浜の中心市街地にそれまでにないガラス事業の展開を中心にまちの再生を目指す黒壁の活動が登場する。②その活動及び理念に影響されて地域外から同様の事業を長浜の中心市街地で始める事業者、あるいは、既存の店舗の中にも意欲的な活動を行う事業者が現れる。③次第に市全体としてまちづくりの機運が高くなり、そのような中から市を挙げて北近江秀吉博覧会というイベント・プロジェクトを実施し、それが契機となって市内の様々なネットワークが交差し結びつくようになり、相互作用の中からまちづくりの取り組み方・方向性、事業の創造等について長浜の中心市街地の個々のメンバー間で共鳴を生み出す。④そうした中から新たな活動が生まれたり協働関係が生まれたりするような形で全体として地域の人々の意識や行動が変化した。このプロセスにおいて最も重要な創造的な個のゆらぎとは、この事例においては、まちの再生という思いを具体的に事業という形でガラスの製造・販売という事業を展開し、すなわち、それまでの長浜の中心市街地にはない方法でまちを変えていこうとする黒壁の発想とその具体的行動が該当する。もちろん、このような解釈は長浜の中心市街地の状況の変化の一部分を説明するに過ぎないかもしれないが、変化のコアの部分を説明していると考えていいのではないか。

このように見ると、創造都市の唱える自己変革のプロセスは長浜の事例以外にも見出せると考えていいであろう。創造都市の一つの意義は、このような取り組みを創造性という視点から現在の都市が置かれている文脈の中に位置づけ再評価し、方法論として提示した点にある。偶然性に左右される自己組織的なまちづくりの運動を創造性という視点から一般化し、定式化したということができる。ただし、ここで注意すべきは、同様の取り組みを地域において実践しようとする場合、その動きを地域全体のために管理するようなガバナンスが働く危険性があることである。その場合、自己組織性の重要な特性である制御中枢を認めないという要件を満たさないことになり、創造的な個の働きを歪めたり妨げたりする可能性が生じる。ガバナンスのあり方が問われるのである。一つのあり方としては、前節で見たようなネットワーク組織的な形態が望ましいものとして考えられるが、これは動き出す前の段階の条件として期待するよりも創造都市を実現するプロセスの中でより適切な組織間関係として模索され形成されていくべきものである。

4　まとめ

本節では、創造都市の概念についての議論を整理し、今日の都市に求められている自立性という視点から都市のガバナンス論として捉え、その要件について検討するとともに、運動論的側面に注目し、一種の自己組織化過程として解釈しそのプロセスについて論じた。

まず、創造都市は概念が厳密に定義されていないため様々な解釈がされているが、本書では一つのガバナンス論として捉えた。この場合、市民的創造性によるガバナンスという理想論的な主張になるため、現実においては異なる展開が多く現れている。より実践的視点に立って、ガバナンスのあり方について地域の実情に即して検討する必要がある。次に、創造都市の主張に運動論的な側面を見出し、これを自己変革のプロセスとして捉え、自己組織化の理論を適用して論じた。このような解釈には無理な点があるかもしれない。また、自己組織化論の理論及びその適用についても詳細に検討する必要がある。しかし、個々の活動の自発的な取り組みが結果としてまち全体を変える力になる可能性とメカニズムを説明する方法として論ずるに値すると思われる。

第四節　補論——理想都市から創造都市へ

ここでは視点を大きく転換して、幸福という観点から創造都市の意義について検討したい。人々の幸福の実現を図ろうとする都市の構想としては、これまでに理想都市論といわれる都市論があった。ここでは、都市論として新しい時代の幸福の実現の仕方・あり方を問うために、どうして幸福を追求する都市としての理想都市論が姿を消し新たに創造都市論が登場したのかという都市論の推移を、時代的文脈の変化に照らして確認してみたい。理想都市論から創造都市論への推移を踏まえて、創造都市に幸福な社会を支えるような都市としての可能性について検討することを通じて、二十一世紀の幸福を実現する都市のあり方について考察を行う。

1　理想都市から新たな都市の構想へ

(1)　理想都市の登場と展開

人間の幸福な社会に対する追求は、歴史上ユートピアの構想として現れてきた。理想郷と訳されるユートピアについてはプラトンの理想国家を含めて哲学や文学の中に見ることができるが[42]、ここでは、近代以降の都市論の系譜の中に現れた理想都市に焦点を当てて、都市論としての理想都市がどのような変遷をたどり、そこから新たな幸福を追求する形態としてどうして創造都市論が現れるようになったかについて検討したい。

近代における理想都市の追求は、資本主義による産業化が進展するただ中に置かれていた十九世紀初頭のヨーロッパにおいて現れる。R・オーウェンやC・フーリエなどの社会改良主義者と称される人たちは、資本主義によって生み出された労働者階級の貧困を解決し劣悪な生活条件を改善するために、協同組合的な共同社会に基づく理想都市（村）を提案する。社会改良主義者においては、その関心は容赦のない資本主義の力、市場の作用から生まれる経済的問題に置かれていた。人々の幸福の追求はこの時代には労働者階級の生活条件の改善という経済的問題の解決として現れていた。そして、その解決を理想都市の建設という形で実現しようとしたのである。しかし、このような提案は一部を除いて実現を見なかった。都市論の中でその後の都市論や都市政策への影響において重要なのは、二十世紀に変わる頃に登場した英国のE・ハワードの田園都市論である。

十九世紀後半以降ヨーロッパでは労働者の経済的状況は改善されてくる。英国では労働者の人権も次第に認められるようになり、住宅を中心に生活環境も制度的な支援により改善が進められていく。しかし、依然として高密度で不健康な都市の生活環境、あるいはこの頃大都市の外延部に急速に拡大していた郊外地域での生活の味気なさは、理想的な生活とは程遠いものであった。このような状況に対して、ハワードは、「都市と農村の結婚」

という言葉に象徴される、豊かな自然に恵まれた健康的で良質な生活環境を階級の別なく誰でも享受できるとともに、そのような生活を支える生産の場が確保されているような、人口三万人程度の小規模な都市を理想的なコミュニティとして構想し、計画・建設することを提案する（Howard 1902）。この理想都市の特徴は、一つは、生活するために必要なあらゆるもの——職、居住、娯楽、憩いの場、自然環境、様々なサービス——を備えた（自立）自足型のコミュニティという理念を掲げていることであり、もう一つは、計画された都市が自らを自主管理運営する方法が盛り込まれていることである。オーウェンらの社会改良主義者たちの理想都市では、彼らの思い描く社会主義的な共同性に基づく理想社会の提案という側面が強く、その実現方法については個人の財産や篤志家の寄付に頼るなどの形をとっており、実現化及び運営面において大きな問題があった[43]。それに対して、田園都市論では、理想都市としての田園都市をどのように建設し運営するかという現実の経営上の問題に対して住民の出資する田園都市株式会社による都市の共同経営という具体的な提案を行っている。しかも、ハワードは自ら実践してロンドンの近郊に二つの田園都市の建設を行っている。

ハワードのアイディアには、公権力ではなく、市民の自発的な力に期待し、市民が協力することによって大きな力を生み出し、それによって田園都市という理想的なコミュニティを建設・運営し、そこからさらに社会全体の変革を導こうとする構想を見出すことができる。ハワードにおいては、理想都市に実現されるべき幸福とは地域コミュニティの中に実現される豊かな日常生活であり、これは人々の自発性に基づく協力によって実現できるものであり、そのような理想を具現化した都市は計画的に建設できる、という考えに立つものであった。しかも、ハワードにおいては、オーウェンらと同様に人々の共同性に期待するものではあったが、しかし、オーウェンらとは異なり資本主義に対して否定的な態度を取るのではなく、計画都市の運営母体の株式会社化とそれへの参加者の出資という形で、資本主義の力を人々の共同という営為を通じて都市の創造・運営に取り込み、活用しようとする姿勢を見ることができるのである。

理想都市を構想する都市論はその後も登場する。二十世紀前半において代表的なのは、二人の建築家、フランスのル・コルビジェとアメリカのF・L・ライトである。[44] コルビジェは、ハワードの田園都市が目指す小都市とは逆に大都市の中に描く理想都市を提案している。六〇階建てのオフィスや住宅ビルによって構成される超高層建築群によって広大なオープンスペースを作り出すことで、ヨーロッパの中世都市の過密市街地や近代の大都市に一般的にみられる密集劣悪市街地に代わる、太陽と緑、清涼な大気の得られる都市を構想した。この理想都市の実現については、中央集権的なテクノクラートの指導に理想を置くコルビジェは、公権力による実現に期待する。それに対してライトは、農地や自然との共生を図る人口密度へクタールあたり四〇人の低密度の都市を構想し、その中でユーソニアと名づけられた民主主義の共同社会や農村的要素と都市的要素の融合した社会を理想として描いている。そのためアメリカ版の田園都市ともいわれている。コルビジェやライトの理想都市は、一見すると異なる点が目に付くが、多くの共通点を持っている。まず、彼らの理想都市においては、人々の幸福とは第一に空間的豊かさであり、それによって人々に自然の恵みを享受させるとともに、機能的で快適な生活を送ることを可能にするのである。ここには、現代のテクノロジーへの期待や機能主義的考え方、そしてそれらに支えられた社会的な計画が社会の問題解決、人々の幸福の増進に大きく関与するという基本的信念を見ることができる。二人の理想都市の構想は、二十世紀の現代技術に基づく工業化を中心とする経済発展、そして、それによってもたらされる豊かさに象徴される明るい未来への展望に基づく、楽天的な都市論であったということができる。

二十世紀前半までは、以上見てきたように理想都市がしばしば構想・提案されていた。その背景として、社会改良主義者の場合は、資本主義の過酷な利潤の追求によって生じた労働者の生活の惨状、ハワードの場合は、大都市の空間が提供する不健康で単調な生活と孤立した味気のない郊外生活の出現という、理想が求められる背景があった。それに対してコルビジェやライトの場合は、むしろ現代技術の可能性を追求することにより新しい幸福の形態を実現できるものとして理想都市を構想している。ただ、いずれにしろ、産業化以降欧米諸都市にもたらされる都市空間が提供してきた生活に対して理想的な生活の姿を構想し、それを支えるコミュニティのあり方を主に空間的側面から提案している。第二次大戦後は、先進国においては人々の福祉の向上を目指したケインズ主義的な福祉国家の建設が試みられるが、それを支えるように高い率での経済成長が続き、その中で英国をはじめとする多くの国々において田園都市の具体化としてのニュータウン政策[45]が大都市からの人口や産業の分散政策の中心的な手段として実施されていく。理想都市の一つの形態が政策的に実現化されることになったのである。ただし、忘れてはならないのは、ハワードの田園都市論では市民の自発的な力による理想都市の建設を訴えていたのであって、公権力によって実現されるニュータウン政策は田園都市の理念とは根本的に異なるものだったということである。また、ハワードやコルビジェらの構想は欧米諸国の都市計画に反映されるようになり、この点を含めると、都市生活における幸福は、物理的・空間的側面において政策という公的な力によって支えられるという方向に向かっていったということになる。

(2) 理想都市の崩壊と新しい都市論の登場

二十世紀の半ば以降社会が豊かになるにつれ、物質的な豊かさの欠乏を主な動機として追求された理想都市は、人々の幸福の形も多様化し、物質的な豊かさだけでは論じられなくなり、新たな姿を現さなくなる。しかも、田園都市を政策的に具体化しようとしたニュータウン政策が一九六〇年代、七〇年代多くの国々で行き詰まったことは、理想都市論を支えていた計画の力によって新たに理想的なコミュニティを創造することへの信仰を揺るがすことになったのである。この頃、J・ジェイコブスが近代都市計画批判を展開し、コルビジェやライトだけでなくハワードにも矛先を向け、計画主義、そしてそれを支える機能主義的な考え方、機械論的な合理主義を痛烈に批判している。理想都市論においては機能主義的な考え方に基づいて望ましいとする標準的環境を設定するが、ジェイコブスによると、計画された理想的コミュニティではそうすることによって非人格的空間を創り出すことになり、都市の持つ魅力の根源である多様性を喪失してしまうというのである。人々の幸福を支える都市のあり方という点においては、むしろハワースの方が重要かもしれない。L・ハワースは、テクノクラートによる合理的な計画の策定とそれを推進する公権力に限りない信頼を寄せていたコルビジェとは逆に、市民への信頼に根差した都市づくりこそが人間的自己充足に向かう社会を創出するために必要であることを主張し、社会的な制度への市民の自発的参加の重要性を訴えた。(46)

他方で、七〇年代から八〇年代にかけての時代には、経済システムのフォーディズムからポストフォーディズムへの移行が起きる。より根底的な動きとしては脱工業化という経済の構造変動に伴う先進国経済の停滞によってケインズ主義的福祉国家政策が破綻し、新自由主義的な国家運営方法の主張が台頭し主導権を獲得する。都市政策の領域では市場の力が再認識され、計画主義に代わって民活主義／民営化路線が幅を利かせるようになる。都市論としては、理想ではなく、経済社会の変動やグローバル化等により複雑化した現実をどう解釈するか、その中でより現実的な都市の運営をどう進めるかということに関心が向けられるようになる。その中で、世界都市論(47)やローカル・ガバナンス論、(48)ポストモダン都市論、情報都市論などが登場する。また、コルビジェやライトの系譜につながる工学的な未来都市論がとりわけバブル期の日本において叢生している。(49)このように理想都市論／構想の系譜は終焉したということができる。すべての人々を満足させるような幸福というものが曖昧になり、理想の追求よりも現在の資本主義システムのもとで激しさを増す都市間競争の中でどう生き抜いていくかが重要な関心事になってきているのである。その点において、人々の幸福という視点は都市論から後退したということになる。理想都市論が資本主義の生み出す不幸に対するアンチテーゼとして登場したことを考えると、その資本主義が百年以上のときを超えて新たな形で問題を生み出すことによって、今度は人々の幸福を構想するような都市論を退場させることになったということになる。

しかし、このような都市論とは別に、九〇年代以降、時代の構造的な変化がオルターナティブの提案としての新たな都市論を生み出している。一つはサステイナブル・シティ論であり、もう一つが創造都市論である。前者は、地球環境問題への認識とそれへの対応が都市の姿・形態や政策のあり方を構造的に再編する必要性やその具体的な取り組み方法について論ずるものである。後者は、脱工業化や知識社会化・文化経済化というような経済社会の構造的な変動に伴って起こる都市を取り巻く環境の変化やそこから生じる問題等に対して人々のもつ創造的な力を引き出すことによって対応し、地域社会の活性化を図ろうとするものである。サステイナブル・シティが人間社会を成立させる生命環境の維持に関わる必要に迫られた取り組みであるのに対して、創造都市は都市が社会経済環境の変化に対応するための実践的な対応方法であるとともに、都市に生起する様々な問題解決を図ることによって市民の生活を支えるという点において、そして、そのような問題解決を人々の創造性を引き出すことによって行う、すなわち、人々の意味充足に関わる形で行うという点において、現代の幸福を実現する都市の一つのスタイルを提示していると見ることができる。これは、これまでの理想都市論と違って幸福そのものを追求するものではなく、あくまで人々の現代的な幸福の条件を構成する都市なのである。幸福には様々な形・スタイルがあり、人それぞれが思い思いの形で追求するものである。創造都市は、その中では創造性を発揮することによる個人の意味の充足と潜在能力の実現というスタイルによる幸福の追求を支えるとともに、そのような人々の幸福の追求の実践によって成り立つ都市ということができる。

2　創造都市に何が期待できるか

(1)　創造都市の基本的特徴

このような創造都市の主張からは、理想都市と違って計画や公権力の力ではなく、市民等のアクターの自発的な力によって都市の望ましいあり方を模索していこうとする姿勢を見ることができる。また、市民参加論と比較すると、その議論が多くは制度論に収まってしまうのに対して、創造都市論の場合は、制度という枠を超えて市民等のアクターがその創造性の力によって都市を変革させる、あるいは環境の変化に対応するためのガバナンスを構成する可能性を主張しそのあり方を追究している。市民等の自発性に基づくガバナンスを彼らの持つ創造性が支えることになる。創造都市では、市民等の創造性を引き出し、それを都市内のネットワークの中で循環させつつ発揮させていくのである。この創造性の発揮ということが個人の追求する意味充足を果たすという点において人々の幸福の実現につながるのであるが、これについては後述する。また、創造都市論は、ヨーロッパの衰退した産業都市の再生の経験の中から生まれてきたものであるだけに、都市の経済的自立を重要な目的としている。理想都市論でも、ハワードの田園都市論では建設するコミュニティの自主運営を目指し、優れたインフラと都市的サービスの提供によって産業を誘致することが構想されたが、創造都市の場合は、都市の持つ創造性と結び付けるような形で内発的な経済基盤を形成することを目指している。具体的には、文化産業や創造産業といわれる創造性が競争力や付加価値の源泉となるような産業を中心とする産業構造やそれを支える文化的インフラやネットワークを形成することで都市の経済基盤を創出するのである。この点において創造都市は、現在の先進国において成長が期待されている文化産業や創造産業を育むと同時に、それによって支えられる都市である。

最後に付け加えたいのは、創造都市論は八〇年代以降のヨーロッパにおける文化を主要な手段とする都市再生政策の経験に対する批判的考察の中から生まれてきたものであるため、経済的な志向性を強く打ち出した文化的な都市再生が市内の階層格差や貧困層・エスニックグループ等のマイノリティの文化的疎外などの問題を産み出したことから、創造都市では社会的包摂が射程に置かれていることである。創造性によって単に経済的に発展するだけではなく、都市の様々な問題解決を図ろうとするところに創造都市の大きな特徴がある。そのため、前述したような文化や芸術の持つ創造的な力によって、一部の人たちの創造性だけではなく、社会的に疎外されがちな人々を含めた市民全体の創造性を引き出し高めるという市民のエンパワメントが、創造都市として持続的に発展していくために必要なのである。

(2) 創造都市と幸福との関係

それでは、そのような創造都市はなぜ人々の幸福を実現する、あるいは支えるものなのであろうか。これは、創造都市は人々が「創造性を発揮することによる個人の意味の充足と潜在能力の実現」という、幸福を追求する一つの形を可能にする状況を創り出すからである。すなわち、個人の自己実現の機会を創り出すという形で個人的な幸福を実現する可能性を高めるのである。ここではこの創造性の発揮を通じた自己実現の可能性という問題を通じて創造都市と幸福との関係について考えてみたい。

まず、現代において幸福とは何から生まれるかについて考えてみたい。前節でも紹介したR・フロリダによると、幸福についてのこれまでの研究では、経済的な幸福、私生活における幸福、仕事における幸福の三つを基本的なカテゴリーとして捉えている[50]。この中で経済的・物質的な発展は依然として重要だが、それだけでは真の満足は保証されないとしている。実際に幸福感と所得は正の相関関係にあるが、その相関の値は比較的小さいという調査結果が出ている。それよりも、家族や友人との親密で愛情のこもった人間関係や、やりがいや情熱を注ぐことのできる仕事に就くことの方が重要であるというのである。このうち、後者、すなわち、仕事における幸福は自己実現に大きく関わっているといえる。また、成熟社会について論じたD・ガボールによると、今日の先進国が経験している成熟社会で人が幸福になる方法には、創作、対人関係、遊戯の三つの方法があるという（Gabor 1972）。この中で創作とは、自己実現しかも創造性を通じた自己実現に近い概念として捉えることができよう。

ここで、自己実現と幸福の関係について改めて考えてみたい。幸福を欲求の充足によって生まれる感覚として考えると、自己実現もそのための一つの欲求ということになる。A・マズローは、有名な欲求段階説において人間の基本的欲求を生理的欲求、安全の欲求、所属と愛の欲求、承認の欲求（ここまでを欠乏欲求とする）、自己実現の欲求という五つに分け、生理的欲求を底辺、自己実現欲求を頂点とする階層を構成しているとした(Maslow 1954)[51]。そして、欲求には優先順位があり、まず、生理的欲求が満たされる必要があるが、それが満たされると安全の欲求を満たそうとするというように、下位の欲求充足が果たされると高位の欲求充足に移行し、最後に自己実現欲求の充足に向かうというのである[52]。しかし、必ずしも低位の欲求が満たされないと高位の欲求に向かわないとは限らない[53]。とりわけ自己実現欲求についていえば、現在では多くの人たちは欠乏状態から一定程度以上解放されていることから、自己実現欲求の充足を他の欲求より優先させようとする人たちが多くなってきているということができる。例えば、芸術の分野においては経済的な安定は犠牲にしても自己の芸術を追究する人たちが多いと言われているが、彼らは芸術活動を通じて自己実現を図ることを優先させているといえよう。

創造性に目を転じると、芸術家の場合がそうであるように、これは自己実現に大きく関わるものである。創造性とは能力ではなく、人が持っている、あるいは活動を通じて現れる特性・性向として、基本的には外的な目的のためではなく、自己完結的に追求する活動それ自体のために発揮されるものと捉えられる。これは、自己の探求や自己表現の欲求に関わるものであり、すぐれて私的な意味と結びつきの深いものであるということができる。言い換えると、創造性とは、新しい意味を探求することにその核心があり、その探求を通じてそれを具体化したり現実化したりする行為を導くもの、ということができる。そして、そのような行為を通じて人のもつ潜在能力を引き出し発揮させることになる。自己実現は、個人の私的な意味の追求をそれに関わる自己の潜在的能力の実現を通じて図ることと定義できることから[54]、創造性は自己実現に密接に関わっているのである。創造性を発揮させる、あるいは、引き出すことは個人の自己実現を導くことになるといえよう。創造都市は、このような個人の自己実現欲求を、その創造性を発揮させる場や機会を創り出すことによって満たすような都市なのである。創造都市では、創造性を都市全体として支えようとするものであるため、創造性の発揮を一部の創造的な人材、エリートに専有させるものでなく、都市の多くのアクターが担うことが必要である。その点で、多くの市民が何らかの形で創造性を発揮する機会が創り出されているという意味において、市民の幸福の追求を支える都市であるということができる。

しかし、創造都市に対しては厳しい批判がある。第一に、創造都市では、理念はともかく実際には創造的能力が高い人の活躍の場は広がるかもしれないが、それによって社会的格差が広がる、社会的な弱者や疎外されている人たちが恩恵を受けられないのではないか、という問題が指摘される。第二に、芸術や文化を道具的に使うことによってその担い手の創造性が自由に発揮されることを妨げ、創造的活動の担い手すらも自己実現の追求という点において問題があり、果たして本節で論じてきたような幸福の状態といえるのか、という疑念が生じるというのである。そのような芸術や文化の扱いによってそれらの創造的な力を歪めたり、それらが本来持つ社会を変革する力を損ねたりすることにもなる、というものである。

まず、最初の点については、創造階級論を論じているフロリダもすべての人々が創造階級になるように創造性の潜在力を引き上げることが必要であると論ずるように、格差の問題が案じられている。創造都市では、主要な産業である創造産業で創造的人材がその能力を発揮する一方で、そのような機会から外れている人たちも多く存在する。また、そのような創造経済のコアとなる人たちを支える多くの人たちがいる。[55] しかも、創造的人材においても激しい競争が展開され、そのような激しい競争に敗れる人たちも多く出てくる。創造都市論は、前節で見たように必ずしもフロリダが主眼を置いているような創造産業を中心として構成されているものではないが、この問題を重要課題として扱い、前述したようにすべての市民の創造性を引き上げることの必要性を強く主張するとともに、社会的包摂を重要な問題として位置づけ、そのための取り組みも視野に入れている。それでも格差は生じるかもしれないが、創造経済の競争から逸脱した人も、支えている人も、そのような機会から外れている人も、すべての人々に創造的能力を伸ばす機会が提供され、創造性を発揮する機会と可能性が開かれていることを目指しているのである。クリエイティブな経済は格差を生みやすいと指摘されている。しかし、現在の社会経済の潮流からは不可避であり、そうであればそれを前提として最善の方策を考えなければならず、創造都市はその一つの答えを模索していると考えることができる。

第二の点については、現代の創造経済、知識経済において個人の持つ創造性の重要性が高まっている中で、資本主義の力が創造性を管理しようとすることに伴う問題として論じられている。個人の創造的活動が経済活動の利益追求という目的の手段となり、個人が自律的に創造性を追究するように見えても結局は資本主義のメカニズムに乗せられ操縦されているだけであると解釈されるのである。しかし、このような一方的に資本主義的な権力が芸術や文化、そしてその担い手の創造性を利用し、操作するという解釈は一面的である。一般的に芸術家は昔から市場やその他社会的権力と渡り合いながら自らの創造性を発揮してきた。モーツァルトやピカソ等の偉大な芸術家も権力者や市場と向き合い、格闘し、あるいは上手に利用しながら自らの求める芸術を追究していたのである。むしろ、このような葛藤があってこそ価値のある芸術や文化が生まれるのではないか。しかも、現代の文化芸術は市場と非常に密接な関係を持っている。極端な言い方をすればもはや市場や資本主義の力を無視しては存立しえないのである。その点において、創造という営みは自己実現の追求という意味において幸福を獲得しようとする行為であるが、社会の権力の意向――現代においては資本の意向――よりも自己の探求を優先しようとすればその分苦しみも伴うことになるといえる。しかも、経済活動において創造性の価値が高まってきているということは、個人にとって創造的な能力が一つの資本としての意義を持つようになってきたことを意味する。そのため個人はその創造性ゆえに資本の所有者として経済資本と双方向的な関係に立って交渉し、その関係のバランスの中で自己実現を図っているということができるのである[56]。そして、この創造的な力と経済資本の力のバランスこそが創造都市としての持続性を支える鍵なのである。

これまで理想都市論や都市計画等では、幸福に関しては集合的な形で提供することが構想あるいは追求されてきた。そこでは市民があまねく平等に政策の恩恵を享受できることが求められたのである。マズローの分類に従

う と、生理的欲求や安全欲求を満たすような生活の基盤を整備することが重要だった。近年では、都市政策においては生活の質という概念で検討、追求されているところである。[57] それに対して、創造都市によって実現される幸福とは、そのような集合的な性質のものではなく、創造性の発揮という極めて個人的な営為によって手に入れることができるものである。もちろん、創造都市においても創造性を発揮する機会を広く創り出すことが求められるが、その機会を活用し創造性を発揮するのはあくまで個人の問題である。創造都市は、そのような行為が広く可能となる状況を構造的に創り出す試みであるということができる。なお、市民全体に集合的に関わる生活の質は、前節で見たように創造都市の重要な条件となっている。

(3) 都市論のパラダイム・シフト

幸福の追求という点において理想都市の代わりに創造都市という新たな都市論が登場してきたことは、社会の基本的な構造が工業社会からポスト工業社会へと変化してきたことに照応する。[58] 工業社会において構想された理想都市には、工業社会に支配的な近代化の原理が色濃く反映されていたのに対して、今日のポスト工業社会の中から生まれてきた創造都市においては、ポスト工業社会の支配原理が反映されている。産業化という近代化の一つの側面が生み出した問題に対して、早い時期に現れた社会改良主義者たちの理想都市では近代化に対して否定的な形で新しい生活の方法を構想したが、その非現実性に対する反省に立って生まれたハワードの田園都市論やそれ以上にコルビジェ、ライトの理想都市では、むしろ近代化の原理に立脚してその成果を最大限活用することで解決を図ろうとしたのである。[59] とりわけ人々の幸福の実現方法に近代的合理主義との関係を見ることができる。理想都市では、人々の幸福は計画的に建設される都市によって与えられるものであり、そこでは幸福は科学的計算によって管理され、機能的に満たされることによって実現されると想定されたのである。理想都市の考え方の中には、近代的合理主義と結びついた機能主義、コスト原理、欠乏動機、手段合理主義、管理主義、ヒエラルキー性（タテの支配）等々の原理を看取することができる。

それに対して創造都市は、人々の持つ創造性の力によって現代の資本主義経済が突きつけるめまぐるしく変化する要求に対応したり、その中から生まれてくる様々な問題の解決を図ろうとしたりするものである。ポスト工業社会においては産業の主力となるのは前述した文化産業や創造産業、あるいは新規開発やイノベーションによって支えられる産業であり、そこでは付加価値の源泉としての創造性が何よりも必要とされる。もはや工業社会で支配的だった近代化の原理ではそのような状況に対応できなくなってきている。工業社会では、経済合理主義のもとで経済成長に必要な機能を軸に人々を機能的に管理する社会システムを構築し、経済的効率性を高め物質的豊かさを生み出すことに成功したものの、全体としては人間性や人の持っているより豊かで潜在的な力を圧殺してきた。コスト原理を中心にした狭い経済合理性では人間の創造活動は説明することができない、むしろ創造性を排除してしまう傾向があるとすらいえよう。創造性を引き出す、あるいは発揮させるためには、まず、個人が組織や制度、権力から強い制約を受けずに私的な意味を追求することが必要であり、そして同様に弱い制約のもとで他者と交流しアイディアや情報を交換したり、刺激し合ったり、共同で作業を行ったりすることが必要である。創造都市では、ポスト工業社会の支配原理である有機主義や付加価値創造性、差異動機、即自的価値志向、部分の自律と協働、ネットワーク原理等が重要な役割を果たすことになる。また、創造都市は、理想都市と違って新たに建設されるものではなく、都市を構成するアクターが既存の都市を再構築する形で創り上げていくものであり、同様に幸福もアクターが自ら創り上げていくことになる。創造都市を創り上げていくプロセスの中で、あるいは創造都市における日々の営みの中で、市民やNPO、企業などのアクターは、創造性を発揮することによって創造都市の社会経済の構造を支えたり、様々な問題を解決したりすることで生活の基盤、すなわち都市全体の幸福の基盤を支えるとともに、創造性の発揮それ自体によって個人としての幸福を得るということになる。

なお、創造都市の基本的な主張として、前述したように都市内で生まれた創造的な力がネットワークを通じてアクター間で連鎖反応を起こすことで都市の自己変革をもたらすという議論がある。これは第三節で論じた議論を繰り返すことになるが、都市というシステムの構成要素に生じたゆらぎが他の要素に伝わり、要素間で共振することでシステム全体の構造変化をもたらすという主張と解釈できることから、一種の自己組織（論）的都市論ということができる。創造都市の他の特徴である統合的視点・全体論的思考や動的プロセスの重視、自立自存等の特徴を併せ考えると、この都市論の生命論的性格をうかがうことができる。その点では、理想都市が工業社会に特有な機械論的パラダイムに依拠していたとすれば、創造都市論の登場は機械論から生命論パラダイムへのパラダイム・シフトを反映しているということもできる。

このように見ると、二十一世紀に入った現代社会においては、創造都市というのは都市が社会の構造的な変化に対応するための必然の戦略であると考えることができる。言い換えると、一九七〇年代以降先進国を襲ってきた社会の変化の波が求め、新たな形の都市の姿についての主張として現れたものが創造都市論ということになる。都市論のパラダイム・シフトが叫ばれて久しいが、創造都市はそのような声に応えた都市論ということができる。

3　おわりに

本節では、二十一世紀の幸福を支える都市の一つの候補として、創造都市に幸福実現の機会を提供する都市としての可能性を見出し、理想都市論からの推移という文脈を踏まえて検討してきた。

理想都市は、十九世紀から二十世紀前半にかけての剥き出しの資本主義の強欲な力が生み出す貧困や非人間的環境等の不幸に対して、新たに理想的な社会を創り出すことでそこに住むすべての人々の幸せを高めようと構想されたものである。そこでは計画の力によって、あるいは公権力の手を借りることによって、理想都市の建設を図ろうとしていた。理想都市では、機能的に都市を整備し優れた生活環境を提供することで人々に幸福を与えようとした。幸福は科学的計算によって管理され、機能的に満たされることによって実現されると想定されたのである。市民は主体的に幸福を創り出すのではなく提供されたものを享受する立場であった。

それに対して、創造都市は、知識経済化という資本主義の新しい段階に対応するために構想された都市のあり方・戦略であり、都市を構成する多様なアクターの自律と協働に基づくガバナンスによって創造性を活用して社会経済の変化に自律的に対応するものである。これは、理想都市と違って都市のアクターが既存の都市を再構築する形で創り上げていくものである。そこでは、市民の創造性を引き出し発揮させることが求められるのだが、それによって市民の自己実現の可能性を高めるという点において人々の幸福の実現を後押しすることになる。ただし、創造都市では幸福実現の機会が提供されるだけであり、幸福はあくまで個人が自分の力で創り出すものである。そのため、理想都市論が描くのとは異なり、すべての人たちに幸福を提供しようとするものではない。しかし、創造都市においては、市民全体の潜在能力を向上させるため市民のエンパワメントや社会的包摂が重要視されているため、自己実現の可能性を多くの人たちに広げることになる。

東京やロンドンなどの大都市は創造都市としての側面を一部において持っている。ただし巨大都市は負の部分も大きく、全体としては創造都市として括れるところは多くない。それに対してフランスのナントやスペインのビルバオなどの中規模の都市は創造都市としての成果を比較的多くの市民が享受している。日本の中規模の都市においても創造都市を目指していくことで、本節で論じたような社会を実現できるのではないであろうか。もちろん、創造都市においても創造的な側面だけでなく、それらを支える手段的な側面も必然的に生み出す。しかし、強調したいのは、創造都市は地域社会の自律的なガバナンス構造や自律的な経済をもち、それを担う創造的・自律的な活動や労働の機会をより広く提供することを目指しているということである。

人がどう幸福を感じるかということは、結局は本人にかかっている。恵まれた条件に置かれている人でも幸福と感じていない人も多いだろう。自己実現をかなえている人でもそれだけで幸福であるかどうかはわからない。その点では創造都市は、あくまで個人が現代的な幸福を見出すための条件、機会を提供するに過ぎないということになる。

注

（1） 文化芸術基本法第二条には、具体的に次のような理念が掲げられている。
①文化芸術活動を行う者の自主性の尊重
②文化芸術活動を行う者の創造性の尊重及び地位の向上
③文化芸術創造享受権と文化芸術を鑑賞・参加・創造することができる環境の整備
④我が国及び世界の文化芸術の発展
⑤多様な文化芸術の保護及び発展
⑥各地域の文化芸術の発展
⑦我が国の文化芸術の世界への発信
⑧文化芸術教育の推進における教育活動間の相互の連携
⑨施策の推進における文化芸術活動を行う者及び国民の意見の反映
⑩観光、まちづくり、国際交流、福祉、教育、産業その他の各関連分野の施策との有機的な連携

（2） ここでの説明は、根木（2007）、上野（2002）に大きく拠っている。

（3） ここでの説明は、上野（前掲書）に基づく。

（4） 片山は、文化経済学上論じられている文化への公的支援の正当性をめぐる議論に見られる「芸術文化の外部性」の主張を検討し、公的支援の合理的根拠を、資源配分、平等主義・所得配分、価値財の三つのアプローチに分類している（片山1995）。

（5） 外部性には他にも挙げることができるが、現在では、後述するアートプロジェクトに見られる共創性という特徴が語るように、プロジェクトの取り組みを通じて地域内に新しいコミュニケーションの回路を生み出し、地域内の様々な人々をつなぐことも該当すると考えることができる。これは、他者と関わる開かれた場を創造することでもあり、吉澤が論じる

「草の根からの市民社会構築の一つの契機であり、こうした機会を作ることができるのも文化芸術の公共的側面」（吉澤 2007: pp. 173-4）と言うことができる。

（6）前述のボーモルとボーウェンは、舞台芸術について次のように論じる（Baumol and Bowen *op.cit.*）。舞台芸術は、技術革新が困難なため生産要素に占める人件費が大きく生産性が上昇しにくいため、経営が赤字になりやすい、これを市場原理に任せていたら生き残るのは一握りの劇団に限られてしまう。すなわち、市場の失敗が起こりやすいのである。それを回避するために公的支援の必要性が根拠づけられる。

（7）この問題は、政策の対象となる文化芸術をどう捉えるかに関わるが、吉澤（前掲書）は本書とは少し異なる仕方で考察を行っている。吉澤は、文化芸術を市場－非市場、残存的－創発的という二つの軸によって分類する。吉澤は主に公的支援の必要性という視点から検討し、「行政は市場の原理に任せていては衰退しかねないものを支援する」（同書 p. 176）ことになるため、非市場領域が公的支援の対象となるが、その中でも「非市場×創発的」領域、すなわち実験芸術への支援が必要ではないかと論じる。非市場領域でも、「非市場×残存的」領域、すなわち、伝統芸術（伝統芸能、舞台芸術、クラシック音楽等）については、すでに価値が認められており行政がこれまでも支援を行ってきた。それに対して、実験芸術は評価が難しく行政があまり目を向けてこなかったが、文化芸術の活性化、発展のためには不可欠な領域であると論じている。

（8）文化の消費者による二次創作、n次創作と言われる現象だけでなく、デジタル技術の進歩とネット環境の発展が消費者の創造能力を高め、創作及び表現活動を促進させており、これが日本のサブカルチャーの生産面にも大きく貢献するようになっている。

（9）地域づくりにもこれらと重なる部分がある。地域づくりは、もともとは都市計画系において行政が中心となって計画的に進めるものではなく住民も参加する形で住みやすいまちを築こうという意図をもって行われるような取り組みに対して「まちづくり」という表現が使われていたものが、「まち」に限定せずより一般化された表現として地域づくりという言葉が好まれるようになったという経緯を持っている。

（10）例えば、文化経済研究会（1997）によれば、東京都の文化活動における生産誘発効果については、劇場一・八八倍、興業一・八二倍、ミュージアム一・五九倍、ビデオ・映画制作業二・〇四倍と算定されており、いずれにしても公共事業（建設業）よりも大きい。

（11）このような世界的な展開を反映して、二〇〇五年にはユネスコにおいて創造都市ネットワーク（Creative City Network）という国際的イニシアティブが形成されている。

(12) 二〇一八年六月現在、政令指定都市では、北九州、広島、神戸、大阪、京都、名古屋、浜松、静岡、新潟、仙台、札幌の各都市の動きが知られている。政令指定都市以外でも、高松や盛岡等の中核市や、鶴岡や篠山のような中小都市でも同様の取り組みがある。また、大規模な文化プロジェクトを定期的に開催している新潟県・越後妻有地域や香川県・瀬戸内海地域等の農村部の取り組みも創造都市（農村）として捉える場合もある。ユネスコの創造都市ネットワークには、神戸、名古屋、金沢、札幌、浜松、鶴岡、篠山が登録されている。その他に、国の動きとして、文化庁が二〇〇八年より創造都市顕彰を始め、毎年、創造都市あるいは地域としてふさわしい活動を行っている都市（地域）を選定している。

(13) この区分に従って、実際に行われている取り組みを分類すると次のようになる。文化産業政策志向―英国の多くの都市。文化政策志向―ナント、ビルバオ、モントリオール等。国内では、直島・豊島（瀬戸内国際芸術祭）、越後妻有地域、群馬県・中之条町、別府、高松等。文化産業政策及び文化政策両面志向―バルセロナ、横浜、新潟等。実際には混合形態が多い。多くの都市は文化産業政策志向か文化政策志向として始まっているが、政策の展開とともにお互いの政策を取り入れるようになってきている。国内の文化政策志向の地域では、かなり徹底的なものとしては農村部が多い。後述するランドリーが主張する都市のガバナンス的視点に明確に立っている創造都市は実際にはあまり多くはないが、文化政策志向の都市の中には文化政策を軸に他の政策と連携することで、都市の創造的な力を引き上げ活用することによって諸問題の解決を図ろうとするものも多く、その点でランドリー・タイプに近似する。

(14) 英国の経済地理学者A・プラットによると、英国には明確に「創造都市政策」（creative cities policy）として実施されている政策はなく、都市政策と文化政策の融合的な政策として理解されている（Pratt 2010）。なお、英国では、本章第一節で見たように、一般に文化主導の都市再生政策（culture-led urban regeneration）という言葉が使われてきた。

(15) 国内でのこのような議論に友岡（2010）がある。

(16) 国内で都市企業家主義に基づいて創造都市に批判的考察を加えた議論に笹島（2012）がある。

(17) このような捉え方に基づく批判の代表的なものとしてペックの議論がある（Peck 2005）。

(18) 日本国内においては佐々木雅幸が主要な論者である。その主張の核心は創造都市の中核として革新的で柔軟な都市経済システムを措いていることにある（1998）。あえて分類すると、ランドリーに近い議論と位置づけることができる。

(19) フロリダは階級（class）という言葉を使っているが、階級というよりも階層（stratum）に近い形で論じている。

(20) 構成要素としては、一般的に言われる優れた都市景観や文化施設の豊かな文化的環境だけでなく、活気のあるストリート・ライフや魅力的なナイト・ライフを楽しむことを可能にする刺激的な消費的環境の重要性を挙げているが、注目されるのは、社会文化的環境として創造的階級の持つボヘミアンとしてのエートスを満たすような多様性、開放性、そしてとりわけ寛容性という要素の重要性を主張していることである。

(21) フロリダは必ずしも創造都市論としての主張を明確な形で行っているわけではないが、クリエイティブ・クラスを通じて都市の創造性に関して論じているため、一般の解釈の中で創造都市に結びつけられていったということができる。

(22) ランドリーを中心に、ビアンキーニやエーベルトら（エーベルト、グナート及びクンツマン）を挙げることができる。

(23) この一連の議論は、Bianchini (1994)、Ebert, Gnad and Kunzmann (1994)、Landry (2000) に基づく。

(24) この考え方は、文化主導の都市再生の方法のうちの一つであるコミュニティ・エンパワメント的な手法が一つのモデルとして評価され、その検討の中から生まれている。

(25) 本稿でこれ以降ランドリーらと表記する場合は、文化政策の研究グループのメンバーであるランドリーとビアンキーニ、エーベルトら（エーベルト、グナート及びクンツマン）を指すものとする。

(26) 今まで曖昧に使ってきた創造性とは何かを改めて考えると、これは一つの能力というよりもランドリーが論ずるように、何かの問題解決をしたり、新しいものを生み出そうとしたりするために、創意工夫を重ねるような性向・姿勢ということができる（Landry 2000: pp. 13-9）。

(27) 都市企業家主義は創造都市を批判的に解釈する場合にしばしば引き合いに出されるが、創造都市の肯定的な特徴を明確にしようとする場合、理想都市との比較が興味深い。これについては、次節（本章第四節）で詳しく論ずる。

(28) ガバナンス的問題に関しては、ヤコブ（Jacob *op.cit.*）のように、コミュニティをエンパワメントするような形で市民的創造性を高めることに解決の可能性を見出そうとする議論や、ボーレン＝ヤング（Boren and Young 2013）のように、政策担当者や創造的活動に従事している人たちが相互作用する枠組み（「新しい概念的空間」(new conceptual spaces) と名づけている）について提案するような議論が現れている。

(29) より詳細な検討については、拙著「創造都市の戦略的視点からの検討」(2012)、pp. 68-75 を参照されたい。

(30) 創造的人材が多く存在するためには、彼らが好むような環境（生活の質が高い、優れた文化的刺激がある等）が形成されているだけでなく、フロリダが論ずるように異質な要素の加入が許容されることが重要であり、これは多様性を生み出す一つの条件にもなる。多様なアクターの存在はそれだけで、異なる考え方やアイディア、価値、ライフスタイル等が出会う可能性を高めることになり、それによって新しいアイディアを生み出したり、創造への刺激となったり等の形で創造的な土壌を形成する。

(31) ネットワークの重要性は、創造都市研究を超えて創造性やイノベーションを研究している領域ではほぼ共通認識となっており、どのようなネットワーク形成が効果的か、あるいはどのようにしてネットワークを形成させるか等について、研究の蓄積が進んでいる。

(32) そのためには、都市内のアクター間のネットワークにおいて、一つの創造的な活動の他の活動への影響が連鎖的に続き、それが最初の活動に戻って来るような循環メカニズムとそれを支える構造が形成されていることが望ましい。

(33) 後藤和子がいうように、創造都市は、「八〇年代以降の情報技術の発展を背景に、技術・組織・制度のあらゆる側面で、従来の縦割りでヒエラルキー型のあり方が、横型のネットワークに変換しつつある状況に対応した新しい都市戦略であると見ることができる」(後藤 2009: pp. 163-4) のではないか。

(34) 都市としての自立のためにはビジネスあるいは産業は重要だが、小長谷が論ずるように、アクター間の関係のあり方においてビジネスの力が強すぎると創造性を圧迫することになりかねない（小長谷 2007)。知の創造には自由や自律性が必要だが、そこに利潤原理を持ち込み生産性を上げようと創造的活動を管理しようとすると、逆に生産性を下げることになる。最も重要な資源であるはずの創造性が発揮できないのであれば、都市の競争力が落ちることになる。このように創造都市においては個人の創造性の追求とビジネスの論理とのバランスが必要だが、これは資本主義的な力を相対化することを意味するものであり、これによってかえって都市の持続的発展が支えられるのである。

(35) 創造性のネットワークにおいては専門家等のコミュニティが重要な役割を果たすことが知られているが、これについては第IV章第二節で論じる。

(36) 一般市民への効果については、ハンス・アビングのように疑問視する声もある (Abbing 2002: p. 356)。

(37) 政策ネットワークは、当該都市の創造都市に関わるネットワーク組織の中から、創造都市の目的の中のより焦点化された政策目的・テーマに対応するために選び出されたある程度限定的なアクターによって構成されると考えることができる。そのため、政策目的・テーマの数に応じて政策ネットワークも構成されるが、それぞれのネットワークには重複するメンバーも多く含まれることになる。

(38) 若林 (2009) を参照している。

(39) この議論は主に Ebert, Gnad and Kunzmann (*op.cit.*) に基づく。

(40) ランドリーらの主張は理論的に詳細な説明に乏しく、多くは具体例で語っているため解釈上曖昧な部分が多いが、これもその例である。

(41)（シナジェティックな）自己組織性の特性として、①ゆらぎを秩序の源泉とみなす、②創造的個の営みを優先する、③混沌を排除しない、④制御中枢を認めない、の四点が挙げられているが（今田 2005: pp. 18-39）、これらの四点は該当性の程度に差はあるものの創造都市のプロセスにも見られるものである。

(42) ユートピアは必ずしも都市的なものに限られるわけではないが、多くの場合、桃源郷のように人知れずどこかに存在しているものというイメージにおいて、あるいは、人々の理想を実現する場として新たに建設される都市という形で構想／想像されるものとして受けとめられている。

(43) J.S・バッキンガムなどの構想に見るように、実現及び運営方法についてより現実的な提案もあった（日端 2008）。

(44) コルビジェとライトの都市論については、大久保（1989）及び日端（前掲書）を参考にしている。

(45) ニュータウン政策は、英国をはじめとして日本を含めて多くの国で実施されたが、それぞれ政策目的や実施内容において異なることを含めて、ハワードの田園都市の構想を下敷きにしながらも多くの点で異なっていることについて付言しておきたい。

(46) ハワースについての記述は大久保（1989）pp. 176-7を参考にしている。

(47) 一九八〇年代から九〇年代にかけて現れた、ニューヨークやロンドン、東京のような世界的な大都市において、国際的法人本社部門と国際金融機関を中心に、それを支える高次法人サービス部門や補助サービス部門が集積し、国の経済とは異なる経済的繁栄を示している状況について論じ、その国際的な地位を維持あるいは獲得するための都市戦略を示唆する議論。他方で、職業階層が世界的大企業の社員や高度専門職層と日常的なサービス労働を提供する非熟練労働層――主要な部分が移民労働からなる――とに大きく分裂しているという特徴がある。

(48) 以下の、ローカル・ガバナンス論、ポストモダン都市論、情報都市論については、世界都市論のようにその名称が示すような都市論としてのまとまった主張内容を伴う固有の概念があるというものではなく、ローカル・ガバナンス等のそれぞれの名称が示す内容に関して展開されている多様な議論を括って一つの都市論として総称しているという性格のものである。

(49) ただし、これはもはや社会のあり方に基本的な関心を置くような都市論というよりも技術の可能性を追求することに主眼を置いた未来技術論といった方がふさわしい。

(50) フロリダは、これら三つに加えて、居住地にまつわる幸福をもう一つのカテゴリーとして挙げている（Florida 2008: 訳上p. 178)。

(51) この文脈でマズローの主張を取り上げているのは、フロリダ（2008）に触発されたものである。

(52) マズローは、その後、自己実現欲求のさらに次に来るものとして自己超越欲求を付け加えている。

(53) マズローの欲求段階説には多くの批判が寄せられているように、欲求間の関係はもっと複雑で、一つの欲求が満たされれば次の欲求に進むというような単純なものではない。ただ、人々が自己実現を求めている状況を欲求という概念を使って論じ、欲求を構造化することでこの問題について議論を開いたことは十分に評価できるといえよう。

(54) この議論は、福祉を潜在能力によって捉えようとするA・センの議論（1995）を参考にしている。

(55) R・E・ケイブスによると、創造産業は非営利的で創造的な仕事と営利的で単調な仕事との結合から成り立っている。

(56) この個人の創造性を資本とする見方に立って、個人が資本主義的な力と渡り合いながら自己実現を図っているという議論については、拙著『「経済の文化化」と生産における価値の変容』（二〇〇四年、文化経済学）を参照されたい。

(57) 人々の幸福の向上を図るために都市に求められている役割については生活の質という概念で論じられるようになり、その関連で日本国内では、一九七〇年代から生活の質や生活の豊かさに関して、国や自治体、マスメディア等が、国民生活指標をはじめとする各種の指標を設けて、都市や都道府県別にこれまで多くの調査を行ってきた。

(58) 都市論の背景にある工業社会からポスト工業社会への変化やそれらの支配原理については、大久保（2002: pp. 68-70）を参考にしている。

(59) ハワードやコルビジェ、ライトの都市論及びそれらをもとに発展した現代都市計画に対して激しい批判を展開したジェイコブスが創造都市論の生みの親とも言われているのは偶然ではない。彼女の批判の矛先にはハワードらの都市論に潜在する産業化の原理、近代合理主義的思考が屹立していたのであり、ジェイコブスの近代合理主義を乗り越えようとする姿勢はその後の創造都市論につながっていったといえるのではないか。

第III章　文化政策・プロジェクトと地域再生・活性化

現在、世界各地で文化や芸術をテーマとしたプロジェクトが展開されている。国内も同様に常にどこかで文化やアートの名を冠したイベントを見ることができる。サイズについては大規模で国際的なものから地域の人たちの手作りのようなものまであり、また、テーマについても同様に文化やアートの名を冠していても様々なものがある。そこには、地域の人たちが文化や文化プロジェクトに対して持つ期待、とりわけ地域再生・活性化への貢献という期待がますます大きくなってきている様子を見ることができる。かつては、アカデミックなテーマとしても文化プロジェクトの経済効果が大きな関心を呼んでいたが、現在では、経済的効果よりも、よりトータルな形で地域社会への影響あるいは関わりが注目されるようになってきている。本章はこの点に焦点を当て、第II章で論じたような広い概念で地域再生・活性化を捉え、文化プロジェクトを中心に文化政策が地域社会に与える影響を通じて文化と地域再生・活性化の問題を論じるものである。

まず、第一節では、アートプロジェクトと呼称されている国内の文化プロジェクトを取り上げ、その取り組みの内容・方法、問題点、社会への影響等を概観し、第二節では、文化を用いた都市再生政策が文化自体に与える影響や地域社会に対して及ぼす作用について都市の持続可能な発展という観点から検討する。第三節では、文化プロジェクトの中でも国際的に注目を集めるヨーロッパ文化首都を取り上げ、文化プロジェクトが地域の再生や活性化において実際どのような役割を果たすのか、どのような意義を見ることができるのかについて検討する。

第一節　文化プロジェクトと地域社会

本書では、主に地域で行われる文化に何らかの形で関わるプロジェクトを文化プロジェクトとして広い概念で括っているが、そのうちの大部分はアート関係のプロジェクトであり、それらは一般的に国内ではアートプロジェクトという呼称で語られている。この節では、プロジェクトを開催する地域に何らかの関わりを求めて展開される国内の地域のアートプロジェクトを取り上げ、その取り組みの特徴、問題点や運営方法等を概観する。アートプロジェクトの地域への影響については、主に大地の芸術祭・越後妻有アートトリエンナーレ（以下、「大地の芸術祭」と略称）や瀬戸内国際芸術祭のような大がかりで全国規模のプロジェクトが注目され様々に論じられてきたが、近年ではより小規模なプロジェクトも取り上げられるようになってきている。ここでは、プロジェクトの規模の大小にはとらわれずに、地域への影響の中でも近年多くの研究で論じられている、地域の協働やソーシャル・キャピタルへの影響に焦点を当てる。

1　国内の文化プロジェクトの展開

(1)　地域のアートプロジェクト

アートプロジェクトとは何か

アートプロジェクトは、大企業あるいは自治体が大きく関与している瀬戸内国際芸術祭や横浜トリエンナーレのような大規模なものからアーティストの自己企画的なもの、地域の市民の地域活動的なものまで多様に展開されており全体像は捉えにくい。この現象／活動の姿を捉え伝えようとしている、『アートプロジェクト』（熊倉2014）からは次のように理解される。美術館でもギャラリーでもない様々な場所で行われるアート活動のことを指し、作品展示にとどまらず、同時代の社会の中に入り込んで、個別の社会事象と関わりながら展開されている。現代アートを中心に、主に一九九〇年代以降日本各地で展開されている「共創的芸術活動」として理解されるものである。特定の地域という場において既存の回路とは異なる接続・接触のきっかけとなることで、新たな芸術的・社会的文脈を創出する活動といえる。美術家たちが廃校・廃屋などで行う展覧会や拠点づくり、野外・まちなかでの作品展示や講演を行う芸術祭、コミュニティの課題を解決するための社会的実験的活動など、幅広い形で展開されており、次のような特徴を持つ(1)。

a　制作のプロセスを重視し、積極的に開示
b　プロジェクトが実施される場やその社会的状況に応じた活動を行う、社会的な文脈としてのサイト・スペシフィック
c　様々な波及効果を期待する、継続的な展開
d　様々な属性の人々が関わるコラボレーションとそれを誘発するコミュニケーション
e　芸術以外の社会分野への関心やはたらきかけ

特徴の一つに挙げられているサイト・スペシフィックは、アートプロジェクトの基本的特性を説明する非常に重要な性格であり、アートプロジェクトが地域性、あるいは場所の持つ固有の特性を尊重し、それをプロジェクトに組み込む、あるいは反映するような形で展開されることを意味する。場所の持つ固有の特性にはその土地の環境や生活空間、歴史的、政治的、文化的な場の成り立ちまで含まれる(2)。このサイト・スペシフィックという性

格により必然的に地域社会と大きな関わりを持つため、芸術以外の社会分野への関心やはたらきかけを伴い、地域に関わる様々な属性の人たちとのコラボレーションやコミュニケーションが必要とされるのである。このような地域との関わりからプロジェクトは継続的なものになる傾向にあり、多くのアートプロジェクトは単発ではなく、毎年、あるいは、ビエンナーレ、トリエンナーレという形で定期的に開催されている。

もう一つ特徴として付け加えたいのは、必ずしも地域のためにやっているわけではなく、明確な社会的目的を持って活動しているとは限らないことである。[3] 地域の市民が主体となる場合は、自分の楽しみのためにやっているというケースも多い。しかし、その活動を展開することによって地域に対して何らかの影響を与えることになる。アートプロジェクトの多くを占めるこのような地域の市民主体の小規模のプロジェクトでは集客も経済的効果も望めず、その分かえって地域でプロジェクトを行うことの意味が問われることになる。

叢生する国内のアートプロジェクト

現在、日本国内では年間を通じてアートプロジェクトが常にどこかで開催されている。現在の時点では（二〇一八年六月）その総数や実態について整理されたデータはないが、年々増加傾向にあり、しかも国際規模・全国規模の大がかりで注目を集めるものではなく、地域の人々が主体となって企画・実施する小規模のものが増えてきている。

プロジェクトの歴史的推移を見ると、前出の『アートプロジェクト』によると、第一期一九五〇年代から一九八〇年代までの時期、第二期一九九〇年代、第三期二〇〇〇年以降の三つの時期に分けられる。[4] 第一期は前史と位置づけられ、美術館やギャラリーのような施設以外の空間がアートの表現空間として使われるようになり野外美術展等が増えていく。八〇年代後半になると、同時代の人たちとの大きな関わりをもとうとする表現やプロジェクトが登場する。第二期の一九九〇年代は日本の文化環境が大きく変化し、地方自治体の文化に対する関心が高まり、ふるさと創生事業をはじめとした国からの支援が地方での文化振興の追い風となって、地域的な文化事業がしやすい環境が形成された。そのような文化環境の変化を背景に、同時代の社会の中に入り個別の社会的事象と関わり合いながら展開される、共創的芸術活動が見られるようになる。

第三期の二〇〇〇年以降になると、一九九五年の阪神・淡路大震災がアートが社会に対して何ができるかを考えさせる契機になったことで、アートと社会の接点を作る動きが見られるようになる。このような変化を背景に、芸術をまちづくり等の社会的活動と結びつけ、社会にはたらきかけるアートプロジェクトが生まれてくる。そして、二〇〇〇年代に入ると、大地の芸術祭、横浜トリエンナーレ、瀬戸内国際芸術祭、あいちトリエンナーレ、札幌国際芸術祭等の大規模なアートフェスティバルが登場する。これには同じ頃に日本に入ってきた、ヨーロッパでの文化による都市再生の経験やそれに基づく創造都市論についての情報も影響している。創造都市論の持つアートが地域の活性化や課題解決に結びつくという考えは文化行政の担当者やアート関係者にアートプロジェクトの実践に大きな励み、そして根拠を与えるようになった。実際の経験としても、『アートプロジェクト』によれば、大地の芸術祭においてアートプロジェクトが地域に経済的効果をもたらすだけではなく、地域コミュニティの活性化にも寄与するという結果が得られたことで、この後のアートプロジェクトに大きな影響を与えることになる。これは大規模なプロジェクトへの影響ばかりではなく、現在見るような地域の住民主体のアートプロジェクトが増加する現象にもつながっている。

(2) アートプロジェクトをどう見るか

アートプロジェクトの地域との関わりにおける特徴・意義

アートプロジェクトについてはここまで見てきたような特徴をもって捉えられるとして、ここでは改めて地域のアートプロジェクトとして地域社会と関わることにおいてどのような特徴・意義を見出せるかについて考えてみたい。

a　地域において既存の価値を問い多様な価値に気づかせる、あるいは、新しい価値を提案する社会実験としての性格

b　共創性

c　地域に活力を与える（一種のエンパワメント）

d　地域イメージのアピール・向上

まず、aは芸術本来の重要な意義として認められる性格であるが、とりわけ現代アートにおいて大きく現れており、この分野を特徴づけていると一般的に見られているものである。地域のアートプロジェクトでは、それを地域において問い提案している。芸術の場として制度化されている美術館やギャラリーなどと違って、地域内の日常の空間を使って展開するアートの場合は、なぜこれがアートなのか、アートとは何か、何を伝えようとしているのか、を常に問い続ける必要があるのであるが、それをある特定の地域で行うため、なぜこの場所なのか、この人たちなのかを問いテーマにするのである。そのような活動を通じて地域の人たちに「気づき」をもたらし、地域の中で埋れていた価値を再発見することにもつながる。

bの共創性は、アートプロジェクトが共創的芸術活動と理解されているように、この活動の基本的な性格を示している。簡単にいえば、地域の人たちが参加し、アート関係、地域づくり関係、イベント関係等の様々な関係者が関わり、共同制作を行うことを意味している。とりわけ重要なのは市民の参加である。この言葉ではプロジェクトの主体が別にあるようにも捉えられるが、地域のアートプロジェクトにおいては、地域の人たちが主体となって企画・実施するケースが多くみられる。この共創性について、熊倉（2015）は、アーティストのようなある特定の人だけが持つ才能ではなく誰もが持っている創造性を重視するもので、参加者全ての中に存在する創造

性が何らかの方法で本人がこれまで経験したことのないような形で発露し、そしてそれらが集まると一人で作るものよりも大きなものに発展する可能性があると論ずる。アートとしての質を問う場合には、特定のアーティストに委ねる方が望ましいのかもしれないが、地域のアートプロジェクトは、地域の人々が主役となってその特定の地域の文脈の中でアートを中心に共同活動を展開するところに大きな意味があるということができる。

したがって、この共創性はcの地域に活力を与えることにそのままつながり、自分たちでプロジェクトを創り上げるということにより地域の市民の主体性を高め、それが契機となって地域内の活動が活発化する状況を創り出すことにもなる。また、プロジェクトへの取り組みを通じて地域内に新しいコミュニケーションの回路を生み出すことになる。すなわち、地域内の様々な人々（世代間、地区間、職業間において）をつなぐことになるが、それによって新たな協働関係の形成をもたらすのである。もちろんそのような新しい関係を生み出すだけでなく既存の関係を強化あるいは再編成することにもなる。ここからソーシャル・キャピタルの形成にも寄与すると言われている。これらについては別途詳しく論ずる。

dの地域イメージのアピール・向上は、当該地域が地域外の人たちに認知、場合によっては全国的に認知されることをもたらす。それまでほとんど認知されていなかった地域の活力的なイメージや文化的イメージをアピールすることで、外部から認知される、あるいはイメージが向上することは、観光や周辺産業に影響するだけでなく、地域の人たちの地域アイデンティティの確認／再構築やシヴィックプライドの醸成にもつながる。これがまた地域の活力につながることになる。

問題点

地域のアートプロジェクトには、問題点も次のように指摘されている。

a　同じようなプロジェクトの乱立

b　地域がアートを搾取
c　アートが地域を搾取／勝手な価値の押しつけ
d　アートとしての役割・意義に対する疑問
e　公共政策としての問題
f　運営に関わる問題

まず、aの同じようなプロジェクトが乱立している問題は多く指摘されるところであり、全体的に前述したような特徴・意義が希薄化してしまうことが懸念されている。地域に与える効果の低下、市民の側の飽食化が論じられるが、非常に強い批判としては、そのような状況ではたしてアートとして何かを問うということの意義はどこにあるのかという疑問の声がある。アートプロジェクトの意義として既存の価値を問い、新しい価値を提案するというのがあるが、そもそも既に世の中にはアートが氾濫しており、多くの人たちはそのような機会に囲まれて生きている。その中でアートプロジェクトが社会に新しい価値を提案するというのは簡単ではないはずであり、地域のアートプロジェクトがその点において意義を主張するのであれば乱立という状況自体が起こらないのではないかということもできる。

しかし、地域との関わりという点においては、多くのアートプロジェクトは冒頭で触れたように経済的効果は薄く、アートプロジェクトの地域における意義を地域間競争的な捉え方から論じるのは適切ではない。むしろ地域の人々の主体性を引き出したり地域内で新たな関係を創り出したりする可能性から捉えれば、乱立はともかく同様のプロジェクトが叢生して並立している状況は個々の地域においてアートプロジェクトが果たす意義を大きく損なうものではない。サイトスペシフィックな活動として当該地域の固有性や現在の状況、直面している問題に根ざしてアートとして何を提示し表現するかを問うのであれば、その結果として全国で、あるいは近隣地域で多くの似たようなプロジェクトが生まれることになったとしても十分理解できるところである。求められているのは、外部からの来街者に対して与える満足でも、アートプロジェクトを一括りに対象とする評論家的な評価でもなく、地域にとっての意味である。また、このように見れば個々のプロジェクト間で共存は可能であるため、もしそれら個々のプロジェクトが連携することができれば、さらに別の意義を引き出すことも考えられる。

bとcは対立的な問題だが、前者bの方は既に何度も言及しているアートを道具的に利用することに伴う問題である。地域の側では、アートの持つ意味、投げかけている意味を問わず、その手段的価値にのみ着目することがしばしばある。それによってアートが重視する自律性が損なわれ創造性が歪められることにもなり、アートの持つ価値（文化的価値）自体を損なうことにもなるというものである。後者cは、市民のやりがいや創造性の搾取、ファシズムとも言われている問題である（吉澤 2011）。アートプロジェクトはアート側では自己表現や事業の機会であるわけだが、その目的のためにアーティストやアート関係者が地域の人々に参加することを強制するような圧力をかけながら、組織し動員している、さらには彼らのやりがいや創造性を利用しているのではないかという批判の声である。また、そのような意図はなくても結果的には、自分たちの持っている価値やものの見方を地域に押しつけているという批判もある。

dはbに近い議論だが、アート側の姿勢に対する批判である。熊倉他（2015）によると、「芸術のための芸術」としてその自律性が最も重視されてきたことにこだわるような専門家（アーティスト等）の立場からは、アートプロジェクトは美術館やアートマーケットへのアンチテーゼとしての役割を逸脱し、地域の振興等の目的のためにアートが奉仕するという役割に単純化してしまっているという批判の声が上がっている。とりわけ、アートプロジェクトのアートツーリズムとしての側面がアートの役割を損なっていると言われている。アートの内容やプロジェクト自体のコンセプトを二の次にし、場所性を重視することで集客を伸ばしたものの、結果的に風景や見知らぬ場所を体験することが主な目的となり、アートはその体験に付加価値を与えるに過ぎないものになっているという。また、藤田（2016）は、アートプロジェクトがプロジェクトの実現を通じてマイクロ・ユートピア、すなわち安定した調和的な共同体モデルを表現しそれへの志向を語るものの、芸術の中身についてはほとんど触れられていないという問題を指摘しており、やはりアートとしての意義に疑問を呈している。

ただ、これらの批判は、ややアート至上主義に傾いているように思われる。前者の批判については、文化の質と大衆性との間の相克として広く見られる問題だが、アートプロジェクトの場合は、大衆的な理解を獲得するために文化の質を落とすことまではしていない。問題は、訪問者たちにとってツーリズム的な場所や風景の体験・鑑賞がアートの理解・解釈より優先されていることである。しかし、アートの理解・解釈や向き合い方は、当然のことだがそれを鑑賞／体験する人たちに委ねられているのであり、アーティストがアートの専門家としての自分たちの視点から多くを求めるのには無理がある。むしろ、そのような機会を通じて提示したアートが表現しようとする価値に少しでも触れてもらうこと、そのような体験を重ねることでそのような価値についての関心や理解を深めていくことを期待すべきであり、その意味ではアートツーリズム的側面には大衆的にそのような機会を提供することに意義があると捉えるべきではないか。

eはアートプロジェクトが特に公的な支援を受けている場合の問題で、公共政策の観点から見て望ましい効果はあるのか、それは当該行政の文化政策／戦略あるいは地域戦略の目的に見合っているのか、あるいは、費用対効果という点で評価できるか等が問題となる。もちろんアートプロジェクトの有する文化的価値自体に公共的価値が十分に認められ、その価値を支えることに公共的な意義がある場合には、対象となるプロジェクトを公的に支援すること自体は問題ない。ただし、支援の大きさが他の政策対象との平衡性から問われることになり、最終的には当該行政の文化政策／戦略や地域戦略に左右される。公共政策としてはとりわけ地域再生・活性化への貢献が問われるところである。第三節で取り上げるヨーロッパ文化首都に見られるように、ヨーロッパでは文化プロジェクトの地域再生に果たす役割を重視しており、その点に焦点を当てて評価する傾向が強いが、日本国内ではアートプロジェクトに対する見方がヨーロッパとは異なるためこの点に対する関心や議論がやや欠けている。また、公共政策という視点からは、当該アートプロジェクトが対象とする特定の芸術に肩入れすることに公共的価値があるのかということも問われるところだが、現在では、アートの自律性を尊重し多くの場合アート関係者の自主性に大きく委ねられている。f運営に関わる問題については後述する。

(3) アートプロジェクトの運営／ガバナンス

個々のアートプロジェクトは置かれている状況に対応してそれぞれ固有の運営体制、ガバナンスを備え、プロジェクトの企画・推進・運営を行っている。その過程でそれぞれ様々な運営上の問題を抱えているが、ここでは、このような運営・ガバナンスを構成する基本的な部分（基本的な構成等）についてその実態を概観したい。(5)

担い手

まず、担い手を見てみたい。主な主体として、行政、アーティストあるいはアートNPOが挙げられるが、現在では地域の市民が主体となって企画・実施されるプロジェクトが増えてきている。小規模なものでも複数のアクターが関わっている場合がほとんどであるため実行委員会を形成しているプロジェクトが多いが、大規模なアートプロジェクトでは、行政、文化施設、教育機関、NPO、企業など多様なアクターが多数関わっており、それらが実行委員会のメンバーを構成している。これとは別に運営の実務については事務局を設ける場合があり、事務局機能はアートNPOが担うというケースも多い。また、大規模なプロジェクトのケースでは多くの人々の協力を必要とするため、メインアクターではないが、市民団体、地域住民、ボランティア、アート以外の専門家・事業者も主にプロジェクトの実施段階において、作品の制作協力、広報活動、会期中のスタッフとしての活動等において重要なはたらきをしている。

表3-1　大規模なアートプロジェクトの運営体制

文化プロジェクトの名称	地域	公式の体制	実施・運営事務局
札幌国際芸術祭	札幌市	実行委員会	札幌市市民文化局
大地の芸術祭	新潟県	実行委員会	実行委員会事務局
さいたまトリエンナーレ	さいたま市	実行委員会	さいたま市スポーツ文化局
横浜トリエンナーレ	横浜市	組織委員会	横浜市文化観光局、横浜市芸術文化振興財団
あいちトリエンナーレ	愛知県	実行委員会	愛知県県民生活部文化芸術課、愛知県文化振興事業団
瀬戸内国際芸術祭	香川県	実行委員会	香川県文化芸術局
別府現代芸術フェスティバル	別府市	実行委員会	アートNPO・BEPPU PROJECT

大規模プロジェクトのガバナンス

大規模なプロジェクトでは、その運営体制が多様でかつ多数のアクターから構成されるためガバナンスの問題が出てくる。第I章で見たように、アートプロジェクトにとって必要な専門知識や人材、各種の情報という資源は、行政よりも民間の文化関係団体や個人といった様々なアクターに広く分散しているため、多数のアクターたちによって構成された組織（ほとんどのケースにおいて実行委員会）において、それらの資源を効果的に引き出し活用し、適切な政策決定やプロジェクトの実施・運営をするためには、ガバナンスのあり方が重要な問題となる。国内の代表的なアートプロジェクトを取り上げてその運営体制を見ると表3-1のように整理することができる。

この表に掲載しているすべてのプロジェクトが実行委員会形式の運営体制をとっている。実行委員会形式の特徴として、①長期的な活動を前提とせず、単年度や単発的に編成される、②任意団体であるために責任の所在が曖昧である、などが指摘されている（熊倉前掲書：p. 22）。しかし、公式的には実行委員会という形式をとっていても、実質的な運営においては行政が主導しているケースも多い。この中では札幌国際芸術祭、さいたまトリエンナーレ、横浜トリエンナーレ、あいちトリエンナーレは自治体の文化政策の中で決定され推進されており、自治体が実際上においても主催者である。行政が主導する場合は意思決定がしやすく、政策決定と政策の実施・運営との間で齟齬が少ないというメリットはあるが、基本的には垂直的な意思決定に基づくた

め、プロジェクトに必要な資源、とりわけ専門的知見や情報が十分に反映されない可能性も指摘されている。(6)

それに対して、大地の芸術祭や瀬戸内国際芸術祭は、複数の行政や大企業、関係団体も参画して運営面においては実質的な意思決定力を持つ実行委員会を構成しているが、両プロジェクトにおいてアート関係者である北川フラムが総合ディレクターとして参画し、また、瀬戸内国際では当初から、大地の芸術祭でも二〇〇九年から福武財団理事長の福武總一郎が総合プロデューサーとして参画しており、プロジェクトの方向づけや運営において大きな影響力を発揮してきた。(7) その点では、個人的に優れた経験的知見や構想力が反映されることになるのかもしれないが、特定の個人の存在がプロジェクトのガバナンスを実質上左右していることになる。他方で、別府現代芸術フェスティバルは、公式にも実質においても実行委員会が政策決定の主体となっている。そこでは、実施・運営事務局を担当するアートＮＰＯのBEPPU PROJECTが中心的な役割を担っており、他の主要なアクターである自治体や従来から別府市内で活動を行っている地域づくり団体などはサポート的な役割を務めることで、BEPPU PROJECTの持つアイディアや構想力を効果的に引き出すことに成功している。(8)

地域の市民主体のプロジェクトの運営――ケース・スタディ：葉山芸術祭とSaMAL

このような大規模なプロジェクトは実際には年間数件程度しか開催されず、アートプロジェクトの圧倒的な多数は地域の市民あるいはアーティストが主催する小規模なプロジェクトである。このようなプロジェクトは動機も目的も構成する人たちも様々であり一般化して論ずることは難しいが、ここではその一つのケースとして、一九九三年に始まって以来二五年を超えて展開している葉山芸術祭と、そこから形成されたSaMALという地域の市民主体のアートプロジェクト間の連携組織を取り上げ、活動内容や運営について概観したい。(9)

葉山芸術祭は、神奈川県の葉山町で毎年開催される、行政が関与しない典型的な地域住民主体の地域住民のためのアートプロジェクトである。人々の交流促進と新たなコミュニティの創出を一つの役割とし、参加する人、見に来る人、表現する人、つなぐ人がお互い立場を変える／兼ねることを標榜している。一九九三年、葉山町の文化芸術団体一葉会が中心となって伝統主義的な鑑賞芸術の祭典を開催したことに始まる。その後運営主体が入れ替わり、企画内容も生活芸術中心に変わり現在に至っている。二〇一五年の記録では、約三週間の期間で一一三の企画が実施されている。運営は葉山町の市民有志から構成される実行委員会によって進められているが、代表は置かれていない。委員会メンバーはバックグラウンドはそれぞれ異なるが基本的には市民という立場で参加している。昨年までは四人体制だったが、二〇一八年三月現在では八人となっている。それ以外に、プロジェクトの準備や実施の実務においては五人のスタッフを置いている。実行委員の中には特にアートの専門家はいない。実行委員会メンバーの一人松澤親利氏によると、メンバーは好きでやっているというのが基本で、動機は様々である。松澤氏自身は葉山という町を楽しくしたいが、まちづくりのためというよりは自分が楽しむためにやっているとのことである。他には、まちづくりへの展開を考えている人や自分のビジネスに結びつけている人等様々である。実行委員会自体は今まで定期的な会合はなかったが、最近月に一回開催という形で定例化しつつある。また、ボランティアについては原則的に無償はない。今までは登録制はとっていなかったようだが二〇一八年度から開始する予定である。行政との関係については、葉山町とは共催と

森山神社でのイベントと参加者（葉山芸術祭）

なっているが、それによって町の持っている施設を無償で利用できることが大きな理由である。他に葉山町からは後援者として支援金を受けているが、プロジェクトに対するそれ以上の関わりはない。できるところでやっていくという主義で、資金的には必要とする程度の工面で賄うというやり方を取っている。

葉山芸術祭は比較的早い時期に始まり持続的に展開されてきたことで、そこからいくつかのアートプロジェクトが相模湾岸や三浦半島の近隣地域に派生的に生まれている。[10] 特に葉山町に隣接する逗子市に葉山芸術祭が協力することで二〇一四年に逗子アートフェスティバルが開催されるが、このような動きを経て、葉山芸術祭と関東学院大学の働きかけによって二〇一五年に相模湾・三浦半島アートリンク（SaMAL）が発足する。[11] その名の通り、葉山芸術祭やそこから派生的に生まれてきたものを含む神奈川県南部の相模湾岸や三浦半島で活動する六つのアートプロジェクトが参加している。目的はアートプロジェクト同士の横の繋がりを作り、マネジメントのノウハウや様々な情報を共有することである。具体的には、メンバー間の意見・情報の交換の場であるアートリンク会議を中心に、人材育成講座、キュレーション・企画展示講座、調査・検証・評価、アーカイブ化等の活動が行われている。実際に、SaMALという交流の場を通じてメンバーそれぞれのプロジェクト活動の企画や運営に関わる連携や協力、相互学習が行われ、実際のプロジェクトにおいて新しい企画の実現というような形で具体的な成果も現れている。

地域住民の参加とボランティアの役割

地域住民の参加とボランティアの活動について少し触れてみたい。アートプロジェクトではその特徴として挙げられているように、多くは地域に密接に関わることを目指しているため、地域住民の参加を重視している。また、アートプロジェクトでは、ボランティア――地域住民の参加もボランティアとして捉えられる部分が多いが、ここでは地域外からの参加者に対して指すものとする――の参加者が多いことも特徴として指摘されているが、彼らはプロジェクトの運営上非常に大きな役割を果たしている。

右のような地域の市民主体の小規模なプロジェクトでは不可欠な要素ともいえるが、大地の芸術祭や瀬戸内国際芸術祭、あいちトリエンナーレのような大規模なプロジェクトでも地域住民の様々な形での協力や参加が報告されている。展示場所・施設の提供・整備・メンテナンス、アーティストの受け入れ、イベント開催時の来訪者の案内、さらには作品制作への参加等々。ボランティアは、動機や目的はそれぞれ異なるものの基本的にはアートプロジェクトへの興味から地域外から参加・協力する人たちで、属性も様々である。大規模なプロジェクトでは参加したボランティアの居住地は全国的だが、やはり近隣地域からの参加が多い。参加者数は、登録者ベースで見ると、二〇一三年の瀬戸内国際が約四二〇〇人、二〇一六年のあいちトリエンナーレが一一四四人、同年のさいたまトリエンナーレが九七三人となっている。主な役割として、会場運営、イベントのツアーガイド、アーティストサポート、事務局サポート等を果たしている。

では、地域住民の参加はアートプロジェクトにおいてどのように見ればいいか考えてみたい。リチャーズとパーマーは、地域の文化的な取り組みはその地域の文化的エコロジーを涵養することを意味するのであり、地域社会との深い関係を持つ必要があると論ずる（Richards and Palmer 2010）。アートプロジェクトは地域への志向性を重要な特徴とする、地域社会の中でアートを表現する活動であり、アーティストがその高い芸術的能力を発揮してアートを表現することが主目的ではなく、共創性という言葉で説明されるように地域の人々が地域の文脈の中でアートを中心に共同活動を展開するところに大きな意味がある。アートプロジェクトのこのような性格・意義を考えると住民の参加は不可欠なのである。そして、そのような住民の参加は、プロジェクトの期間を超えて地域内の関係、活動に影響を与える可能性が高い。二〇一六年のさいたまトリエンナーレのディレクターとして芹沢高志は、「トリエンナーレ終了後も続くような創造的市民活動の芽をいかに多くつくりだすか、そしてその活動が持続的に展開できるような社会的な枠組みをいかにつくりだすか」（さいたまトリエンナーレ実行委員会 2017）として住民との関わり、住民への影響の重要性に言及している。実際に、大地の芸術祭や瀬戸内国際芸術祭、あいちトリエンナーレ等では、住民が参加したことで地域が変わった、住民の中から新しい取り組みが生まれたことが報告されている。なお、地域の協働への影響については次項2で詳しく取り上げる。

ボランティアの参加についてはどうであろうか。彼らの存在・活動に対する一般的な期待としては、瀬戸内国際芸術祭の事務局の見解を紹介すると、現場で地域住民、アーティスト、来訪者の三者間のコミュニケーションを円滑にするファシリテーターとなる。しかし、そのようなプロジェクトの運営に直接関わる役割を超えてボランティアの参加には別の可能性を見ることができる。これを見る視点として、ここでは次の三点を挙げる。①地域との交流とそこから生まれる影響、②ボランティアコミュニティ、③地域外からの参加者として彼らを地域づくりにどう位置づけるか。

まず、①については、多くのボランティアはアートに対してだけではなく地域に対しても興味を持っており、プロジェクトを通じて地域と交流することを望んでいる。それが前述のコミュニケーションのファシリテーターとしての役割につながるが、そこで生まれた交流は単にプロジェクトの運営をスムーズにするだけではなく、今まで接触したことのなかったような外部の人たちと密接に交流する機会を住民に与えることになる。ここから地域住民とボランティアとのプロジェクト期間後も続く関係が形成される場合もある。実際に、大地の芸術祭の会場となった地域では、中越地震で被災した時の支援をはじめとして「こへび隊」と呼ばれるアートプロジェクトのボランティアの様々な支援あるいは協働活動が報告されている。また、ボランティア自身もプロジェクトを通じた地域との交流によって変化を受け、会場となる地域に移住したり、事業を始めたりする人たちも現れている。

②については、ボランティアの存在とその活動を見るにおいては、彼らが形成しているコミュニティの存在を認識する必要がある。三宅（2017: p. 59）によると、瀬戸内国際芸術祭では、ボランティア参加者は高松、関東、関西など居住地域ごとにボランティアコミュニティを形成している。このような地域ごとのコミュニティを超え

て、アートプロジェクトにボランティアとして参加する人たちの間で日本全体をカバーする一つの緩やかなコミュニティの存在も見ることができる。各ボランティアはそこから全国のアートプロジェクトに参加しているということになる。三宅の調査では、瀬戸内国際芸術祭ではその中で生まれた関係性の中で、ボランティアにとって地域や事務局よりもボランティア同士の関係が大きかったという答えが多いことを見出している。このボランティアコミュニティ内での交流、とりわけ活動外での交流を通じて、自己の活動の振り返り（フィードバック）や客観視することにつながり、①で論じた地域住民との関係の発展やボランティア活動自体の継続、そしてボランティア活動から離れた活動形成に大きく影響していると論じている（三宅前掲資料：pp. 60–1）。

③については、簡単にその意味するところについて説明したい。現在アートボランティアに限らず、災害ボランティア、さらにコンテンツ・ツーリズムにおけるコンテンツファン等の、必ずしも対象地域に対してロイヤリティを持たない、地域外からの参加者が地域づくりに果たす役割が大きくなってきている。もはや彼らは地域づくりにおける周辺的存在とは言えない。彼らは対象地での実践を通じて経験を得、そしてコミュニティ内でのコミュニケーションを通じて学習をし、それを次の行動に活かしている。少なくとも彼らを適切に位置付けることが今後の地域づくりにとって非常に重要である。さいたまトリエンナーレの芹沢高志や瀬戸内国際芸術祭の事務局の言葉を見ても、まだ彼らの存在を適切に地域づくりに位置付けているとは言えない。しかし、ボランティアという自発性を基本的な行動原理に持つ活動をどこまで地域づくりの枠組みに位置付けていいのか十分な検討が必要である。

2　地域内の協働、ソーシャル・キャピタルへの影響

(1)　文化プロジェクトの持つ可能性

文化プロジェクト、端的には、アートプロジェクトという地域的性格の強いこの取り組みは、既に随所に触れてきたように地域に対して様々な影響をもたらすことが指摘され、社会的関心も高く研究も進んでいる[12]。その中でもとりわけ地域内での協働への影響については、地域のアートプロジェクトが地域づくりやソーシャル・キャピタルの形成に貢献することが、既に多くの研究で指摘されている[13]。しかし、そもそも地域のプロジェクトは文化やアートにかかわらなくても、その実現を通じて価値の創造に参加する行為であるため、人々の参加を促し、参加するアクターの間にプロジェクトの実現と運営のための協働関係を生み出しやすい。これによってプロジェクト後も地域に大きな影響を与えると考えられている。本書が主張する価値の実現という目的がもたらす協働関係である。しかし、これに加えてアートプロジェクトの場合は、文化の持つ独特の力が作用する。アートプロジェクトでは一般的に参加する人たちの数が多いこと、とりわけ前述したようなボランティアの参加が多いことに端的に現れている。したがって、このような作用がアートプロジェクトだから生じたのか、文化や芸術が介在するから生じたのか、それとも何らかの協働を必要とするような一般のプロジェクトに起きている現象と大きな違いはないのか、検討する必要がある。

このサブセクションでは、アートプロジェクトの文化・アートとしての側面に焦点を当てて、ソーシャル・キャピタルとその前提となる協働の形成への影響について考察を行う。なお、ソーシャル・キャピタルについては、人間関係があれば何らかの形でソーシャル・キャピタルは存在すると見る議論がある。これに従えば、ソーシャル・キャピタルの形成という言葉は適切ではないが、ここでは、自発的に協力・連携等の協働活動を促進するようなポジティブなタイプのソーシャル・キャピタルについてその形成を論じるものである。

(2) 協働及びソーシャル・キャピタル形成への影響の考察

アートプロジェクト及び祭礼の影響についての先行する研究の検討

アートプロジェクトのソーシャル・キャピタルへの影響については、主に大地の芸術祭や瀬戸内国際芸術祭、あいちトリエンナーレなどの大規模な芸術祭が取り上げられ研究が行われている。そこでは、アートプロジェクトが地域の人々の間で協働・連携関係を促進したり活性化したりしていることを発見し、そこに地域のソーシャル・キャピタルへのポジティブな形での影響を見ている。具体的には、大地の芸術祭については、調査対象地域においてソーシャル・キャピタルが形成あるいは革新・蓄積されたと論じられているが[14]、例えばこの中で従来ボンド型が支配的だった農村地域においてブリッジ型のソーシャル・キャピタルが形成されたという報告も見られる（鷲見 2014）。それに対して吉田隆之は、短期間のプロジェクトが一、二回行われただけでソーシャル・キャピタルが形成されることに疑問を抱き、代わりにソーシャル・キャピタルのプロアクティブ化という視点を導入する。これは、①地域の活動の自発性の向上と継続性、②活動のネットワークが著しく広がること及びメンバーによる参加の継続性を意味するもので、あいちトリエンナーレについては、観察したアートプロジェクトにおいてプロアクティブ化が見られたと論じている（吉田 2012, 2018）。

文化的なプロジェクトの古くからある形態として伝統的に継承されてきたタイプの祭りが挙げられるが、これについてもソーシャル・キャピタルとの関係についての研究が見られる。山田浩之は文化資本の概念も導入して、祭礼組織は祭礼を営むに必要な知（種々の知識やノウハウ）を伝承するという役割において一種の文化資本であると同時に、スムーズな協働行為が実現できるように信頼関係が構築されているという点でソーシャル・キャピタルとしても機能していると論ずる（山田 2016: p. 16）。稲葉陽二は岸和田のだんじり祭りを取り上げ、祭りを構成する各町会の運営組織を通じて町会区域ごとのボンド型のソーシャル・キャピタルが醸成、そして町会間で、さらに行政やその他組織と結びつくことでブリッジ型のソーシャル・キャピタルが形成され、それがボンド型のソーシャル・キャピタルに変わって行くと論じる[15]（稲葉 2016: p. 36）。また、文化資本との関係については、前述のように醸成されるソーシャル・キャピタルが山田が論ずるような文化資本を育むことになると主張する。

ソーシャル・キャピタルの形成への影響についての考察

ここまでアートプロジェクトやそのプロトタイプとしての伝統的な祭りが地域のソーシャル・キャピタルにどう影響するかについて先行する研究を見てきたが、アートプロジェクトについては、吉田も指摘するように短期の取り組みでソーシャル・キャピタルが形成あるいは異なるタイプに変わったと論じることには、確かに難しい面があるように思われる。ソーシャル・キャピタルの持つ信頼や規範という文化的要素が短期間の取り組みが数回行われることだけで形成／再構成されたとは考えにくい。それに対して伝統的な祭りについては、山田らの研究が焦点を当てているように時代を超えて継承されてきた運営組織には、ネットワークという構造的要素を再生産するだけでなく、渡邊洋子（2013）が文化の伝承・継承空間としての役割を論じるように、信頼や規範という文化的要素を育んできた社会的基盤としての機能を見ることができる。運営組織が地域における一種の社会的基盤としてはたらくのであれば、祭りに関わるルール・規範等の継承すべき文化的要素を蓄積・伝承することにより、ソーシャル・キャピタルを育んでいると考えることができる。そうであれば、アートプロジェクトについても、大地の芸術祭のように、定期的な開催が繰り返されることで地域に根づいた組織あるいはネットワークが形成され継承されている場合には、伝統的な祭りの運営組織に見るような機能が醸成されることも考えられる。しかも、開催期間は短期間でもそのための準備期間はかなりのものを要する。三年ごとのトリエンナーレの場合でも運営組織は常設されており、当該年度のプロジェクトが終わってしばらくすると次回のプロジェクトの準備がはじまるのが一般的である。それを考えると、毎年でなくても二年ごと、三年ごとに開催されるような継続性のあるプロジェクトの場合、伝統的な祭りのような常設に近い運営組織が存在していることが一般的であり、ソーシャル・キャピタルに影響を与えるには短期間の取り組みに過ぎないとして片づけるのは短慮であるように思われる。

さて、ソーシャル・キャピタルの形成についてもう少し考えてみたいが、ここで再び吉田の議論を取り上げると、吉田はソーシャル・キャピタルの短期的な形成に疑問を呈しアートプロジェクトの影響についてはプロアクティブ化という視点を導入する（吉田 2012）。これは既に形成されているソーシャル・キャピタルが自発性を獲得することを主に意味しているが、資本である以上は継続性に影響することが必要だとしてこの面も加えている。いずれにせよ吉田のいう自発性とは端的には自発的協働を意味するようだが、これは前述したようにアートプロジェクトでなくても何らかのプロジェクトが形成・推進されるときに価値の創造への関与に伴って地域のアクターの行動に現れるものとして説明されるように思われる。そもそもアートプロジェクトの重要な基本特性である共創性を考えれば、既に論じたように新しいコミュニケーションの回路を生み出したり、既存の関係を強化／再編成したりすることを通じて協働関係を生み出す、あるいは強化することは、その成果として素朴に期待できるところである。必要なのは、なぜアートなのかという問いでありその答えである。すなわち、アートプロジェクトのプロジェクトとしての側面から説明されるとしても、アートの側面がソーシャル・キャピタルにどのように関わるのかについての議論が欲しいのである。共創性についてもこの点を明確にする必要がある。

協働の形成

アートプロジェクトの影響について、議論の焦点は既にソーシャル・キャピタルというよりも地域内での協働の形成にシフトしているが、これについて文化の社会との関わり、あるいは文化の持つ作用する力に留意して検討してみたい。

第I章では文化資源論を取り上げ、潜在的資源が顕在化される、すなわち資源化されるときそこに人々の関与が生じその中で人々の間に協力関係が生まれる可能性があり、文化にもその資源化の過程でそのような可能性を見ることができると論じた。そこでは文化の資源化を一種の価値の創造として捉えている。創造される価値は端的には文化的価値であるが、そこからさらに何らかの社会的価値を生み出すことにもなる。文化的価値にしても社会的価値にしても、価値の創造という目的が人々の関与をもたらし、これを実現するための活動を生み出す。これらの価値が魅力的、あるいは意義が高いものであればあるほど、参加する人たち、関係する人たちも多くなる。このような参加者、関係者が価値の創造という目的を実現するために彼らの間に相互作用が生まれ、その中から連携・協力関係が形成されていく。もちろんこのようにならない場合もあるが、そのときには価値の創造は実現されない。地域のアートプロジェクトも一種の文化の資源化の取り組みと見ることができる。地域に存在する何らかの資源を発掘・活用することを通じて文化的価値を創造あるいは実現／表現しようとする取り組みと捉えれば、そこに関与する人たちの連携・協力あるいは協働の形成を見ることは難しいことではない。共創性は、そのような価値の創造に関わるアートプロジェクトの特徴である。これは、アートプロジェクトに関わる人たちが自らの創造性を発揮してプロジェクトの実現、すなわち価値の創造に参加し一緒になって取り組むことであるから、他のタイプのプロジェクトよりも協働を生み出す効果が大きいと考えることができる。

このような特徴は、アートや文化の持つ力に関係していると捉えた場合どのように説明できるだろうか。まず、文化的価値については、第I章ではその意味作用が人々の価値志向的な活動、価値の創造に関わる活動を動機付けると論じた。アートや文化においてはその文化的価値に触発された個人が意味を受け取り、解釈し、そこからその人個人にとっての意味を生産する。これは文化以外の価値に関わる活動においても見られるものであるが、文化的価値の場合は文化自体が意味が結晶化されたもの、あるいは意味をめぐって構成されたものであるためその意味作用が強いのである。アートプロジェクトとして文化的価値の創造や実現等に関わる場合は、その意味作用として動機づけの作用が大きくはたらくと考えられる。例えば、ここに地域アイデンティティを介在させて考えてみたい。地域づくりにおいては地域アイデンティティが地域の人々の行動を駆り立てる重要な役割を果たすからである。[16] すると、そのような文化的価値が資源化の対象となる地域の固有性、固有の文化に見出される場合、地域の人々の地域アイデンティティを刺激するような形で意味作用し、地域づくりへの大きな動機づけとしてはたらくことが考えられるのである。

もう一つ付け加えたいのは、文化というよりはアートの持つ媒介性である。アートは日常生活から距離があり(少なくとも日常の機能的必要性からは)、地域の人々の個人的利害や既存の人間関係・社会関係との関係が希薄である。そのためアートプロジェクトは、関心を持つ人たちが自分の立場や周囲との関係を考慮することなく参加することができ、アートが媒介となって参加する人たちを比較的容易につなぐことができるという特徴を持っている。アートプロジェクトの準備や実施に関わる活動に参加するとき、プロジェクトにより実現される価値の創造への関わりを通じて、参加する人たちは自己表現をしていると見ることができる。これは、彼らが作品制作に関わることだけではなく、そのアートプロジェクトが目指す価値を通じて他の参加者や開催期間中のプロジェクトへの訪問者との間のコミュニケーション(案内・説明、もてなし等)を行うこと等にも現れている。アートは参加者個人の自己表現を媒介するのに優れた手段であり――多くのアートプロジェクトが使っている現代アートはとりわけ一般人の表現を媒介するのに優れている――アートプロジェクトはそのような機会を提供することを通じて地域の多くの人たちを参加させ、[17] 参加する人たちを価値の創造を目的とした協働、すなわち価値の共創に導くことになると見ることができる。

ソーシャル・キャピタルの形成再考

ここまでアートプロジェクトのアートとしての側面が地域の人々の地域づくりへの参加、地域内の協働の形成にどのように影響するかについて論じて来たが、次に、この考察を下敷きにソーシャル・キャピタルの形成について考えてみたい。まず、ソーシャル・キャピタルの概念について改めて検討してみたい。ソーシャル・キャピタルは、対象となる社会における人々の協力や自発的コミットメントを生み出すような社会関係に関する概念で、一般的にその構成要素として社会的ネットワーク、信頼と規範、とりわけ互酬性の規範を認めている。社会的ネットワークは構造的要素、後の二つは認知的・文化的要素として捉えられる。

ここで重要なのは、対象となる社会をどう設定するかということだ。社会をミクロ、メゾ、マクロのレベルに分けた場合、それに対応してそれぞれソーシャル・キャピタルについて異なる論じ方がされている。(18) ミクロレベルでは、ソーシャル・キャピタルは個人間等のネットワークにおいて、個人的利益の実現という目的に対する他者の協力を生み出している。マクロレベルでは市民社会という社会全体を対象として、公共的課題への人々の前向きな関わりを支えている。また、メゾレベル、すなわちコミュニティやアソシエイションにおいては、その内部でのメンバーの自発的な協働を生み出している。これらのアウトプットは、基本的にはそれぞれの社会関係を支える人の協力・コミットメントとして捉えることができる。留意すべきは、構成要素としての信頼や規範のあり方がレベルによって異なることである。例えば、マクロとメゾで比較すると、マクロレベルにおいては市民社会全体における一般化された信頼や互酬性が求められる。それに対して、メゾレベルで求められるのは、コミュニティやアソシエイション内部における限定されたメンバー間の特定化された信頼や互酬性である。

アートプロジェクト、より一般化して文化プロジェクトの社会への影響は基本的には地域社会において考えられるものであるため、メゾレベルのソーシャル・キャピタルが考察の対象となる。すると、構造的要素としての社会的ネットワークも認知的・文化的要素としての信頼や規範も比較的狭い範囲の限定されたメンバー間の関係に見られるものとなる。そのような関係においては、メンバー間の相互作用の蓄積が大きな意味を持つことになる。諸富は、ダスグプタの議論を援用して、ソーシャル・キャピタルの蓄積においてはメゾレベルの社会を構成するメンバーが繰り返し遭遇するという条件の重要性を強調する（2010）。メンバーが繰り返し継続的に接触しコミュニケーションが展開することで信頼醸成が促され、公式・非公式のネットワーク形成を助けることで、彼らがお互いに協力しあって問題を解決する能力が形成されると主張する。[19]

前述した伝統的な祭りのケースでも、継承された運営組織をベースに実施までの準備期間において参加する地域の人々の間で役割分担を伴う協力体制に基づいて共通の目的のための意思疎通、合意形成、問題への対応などのプロセスを経ながら密接な相互作用が展開される（渡邊前掲論文）。このようなプロセスを通じて、新しい関係が生まれたりこれまでの関係が確認されたりしながら、目的に向かって一つ一つの作業に取り組む過程で参加する人たちが継続的に顔を合わせやり取りを続ける中で、次第に他のメンバーへの信頼関係が生まれ、お互いにどのように協力し合えばいいかという規範——協力には通常互恵的関係が必要なので互酬性の規範も含まれていると考えられる——も形成されていくのである。伝統的な祭りではこのように信頼や規範は、そのときの祭りの準備のプロセスを通じてそこに参加した人々の間に少しずつ変化しながらも伝承されていくのであるが、アートプロジェクトのような新しく展開されるプロジェクトでは、そのプロセスの中で新たに形成されていくことになる。それがどこまでソーシャル・キャピタルを支えるほどの信頼や規範となるかどうかは、伝統的な祭りに見るように、結局はある程度の恒常性を持った組織をベースにしたプロジェクトの継続性が大きなカギになると思われる。

以上のようにネットワークの強化も信頼や互酬性の規範という文化的・認知的要素の形成も基本的には相互作用の積み重ねの中で生まれてくると考えることに問題はないだろう。[20]そのとき、相互作用とは前述したように何らかの価値の創造を目的とした関係に基づいて参加・関係する人たちの間で展開されるものとして理解されることになる。ソーシャル・キャピタル形成についてのこのような議論から、前述のアートとしての特性から導かれる協働の形成についての議論を踏まえると、アートプロジェクトについては次のように論じることができる。アートプロジェクトという一種の価値創造のプロジェクトは、アートに内在する文化的価値の持つ意味作用やアートの持つ媒介性によって人々の参加を促し、共通する目的に向かって参加者・関係者間で連携・協力あるいは協働関係を形成し、そこで生み出される相互作用の蓄積によってソーシャル・キャピタルの形成に寄与すると考えることができる。本研究の中で発した、なぜアートなのか、アートプロジェクトのアートの側面がソーシャル・キャピタル形成にどのように関わるのかという問いに対しては、アートプロジェクトがアートであるがゆえに持つ文化的価値やアートの特性としての媒介性が、地域の価値創造のプロジェクトとして、ソーシャル・キャピタルの形成に必要な相互作用を生み出しやすいとして答えることになる。

しかし、その相互作用の蓄積がどこまでソーシャル・キャピタルの構成要素であるネットワークや信頼、規範の形成、とりわけ文化的要素である信頼や規範を形成できるかについては、前述したようにある程度の恒常性を持った組織をベースにしたプロジェクトの継続性を考える必要があるが、それに加えて相互作用のあり方も問う必要がある。単にアートプロジェクトが開催されるだけでソーシャル・キャピタルが形成されるとは考えられない。アートプロジェクトでは、期間限定のプロジェクトの実現を目指して準備する中で参加者・関係者間で比較的密度の高い相互作用が展開され、その中でソーシャル・キャピタルを構成する構造的要素も文化的要素も育まれるのであるから、その相互作用のあり方を改めて問わなければならない。アートプロジェクトの準備プロセスにおける、参加・関係する人々の間の相互作用が置かれている状況を一種の社会空間として捉えた場合、これをどう分析するかが問われることになる。

(3) まとめ及び今後の展望

このサブセクションでは、アートプロジェクトの文化・アートとしての側面に焦点を当てて地域の人々の間における協働及びソーシャル・キャピタルの形成への影響について考察を行った。論点となったのは、アートとしての特性がどのように協働の形成に作用するかということだったが、ここではアートに内在する文化的価値の持つ意味作用やアートの持つ媒介性に注目し、これらの作用が人々の参加を促し共通する目的に向かって参加者・

関係者間の協働関係の形成を促進する可能性を持っているという解釈を得た。ソーシャル・キャピタルの形成については、それに必要な相互作用をこのアートプロジェクトによって形成された協働関係が生み出すことによって寄与することになるということができる。しかし、最後に論じたように、ソーシャル・キャピタルの形成にとって相互作用が重要であれば、そのあり方を問う必要がある。

この課題に対しては、一つのアプローチとして、この社会空間に〈場〉の議論を適用することを考えてみたい。〈場〉とは、人々が一定の相互作用する状況の枠組みのことで、コンテクストを共有するメンバー間で目的あるいはミッションの実現に向けた相互作用が行われ、この相互作用を通じて情報集合（認識）が変化すると論じられる。[21] ソーシャル・キャピタルの文化的要素はこの情報集合に該当する。〈場〉の成立要件については、簡単にいえば、定義が示しているようにメンバー間でコンテクストが共有されていることである。目的、ミッションあるいは目指す方向が共有され、連帯あるいは共同しようとする意思が共有されている場合、コンテクストの基本的土台が醸成されていると見ることができる。[22] これを伝統的な祭りに適用してみると、運営組織という代々引き継がれた社会的基盤とミッションとしての伝統の継承という、非常に明確なものがメンバー間でほぼ異論がなく共有されている。それに対して、アートプロジェクトの場合は、プロジェクトを実現したいという思いやある程度の方向性は共有されていても、それぞれのプロジェクトに寄せる思いは必ずしも共有されているとは限らない。[23] しかも、祭りが持つ運営組織のような地域に根づいた社会的基盤も持っていない。このようにコンテクストの形成に必要な要素を見ることによって〈場〉という状況が対象となるアートプロジェクトに成立しているのか、あるいはどのように現れているのか、また、アートとしての側面はどう作用しているのかについて分析・検討し、それを通じて信頼や規範のような文化的要素の形成について考察することができる。アートプロジェクトによるソーシャル・キャピタルの形成過程については、このような〈場〉の議論を使ったアプローチを具体的な事例に適用して分析することが一つのアプローチとして考えられるが、このアプローチ自体の可否を含めた検討及びその事例への適用は今後の課題である。

第二節　文化と都市再生をめぐる持続可能性からの考察

既に見てきたように文化に都市政策、とりわけ都市の再生政策において果たす役割への期待が高まってきている。都市の経済に対する貢献への期待である。しかし、他方で、文化を経済的目的のための手段として利用することに対する批判もある。そのような利用によって文化自体の価値を掘り崩す可能性や、地域社会に与える影響を十分に考慮することなく文化を利用することによって生じる問題が指摘されている。本来人々の生活や社会を支え豊かにするための手段でありプロセスである経済が主目的化することによって、経済的目的の追求においては成果が上がったとしても、経済活動の基盤であるはずの文化や社会に負の影響を与えることになったとすれば、その成果の意味が問われることになる。しかも、経済が埋め込まれている、あるいは活動の基盤となっている文化や社会に問題が生じる場合には、経済的成果も短期のものでしかなく、長期的な成長の可能性が期待できないものとなる。いわゆる、政策が求めるような都市の持続的な発展の可能性を損なうことになるのである。

本節では、都市の持続可能な発展という観点から「文化と都市再生」をテーマとして取り上げ、文化を用いた都市再生政策が文化自体に与える影響や地域社会に対して及ぼす作用について検討し、このような政策による都市の持続的な発展の可能性やそれを実現するための政策のあり方について追究する。端的に「文化による都市再生」、あるいは「文化を用いた都市再生」としないで、「文化と都市再生」としたのは、都市再生を一義的な目的として文化を位置づける形でテーマ設定した場合視点が狭まり、それ以外のあり方を排除するとともに、都市の持続可能な政策のあり方の追究と矛盾する可能性が生じるからである。事例としては英国のグラスゴー市、ニユーカッスル市、ゲーツヘッド市を取り上げる。

1　文化と都市再生の持続可能性をめぐる論点

ここでは、まず、「文化と都市再生」という本節の基本的な設定を改めて検討し、その上で、これまでの政策の経験を振り返って文化による都市再生と都市の持続可能性との関係を分析するために検討すべき論点を特定する。

(1)　文化と都市再生

まず、文化と都市再生という言葉が指示するところについて明確にしたい。英国では、統一された用語は確立されていないが、文化主導の都市再生（culture-led urban regeneration）という言葉が比較的頻繁に用いられている。そこでは、文化を必ずしも都市再生という経済的性格の強い政策目的に利用するものであるということまでは明確にされていない。むしろ、地域の文化を見直したり、新たな息吹を与えたりするような、文化に主眼があるような政策も含まれていると見るべきであろう。英国の経済地理学者A・プラットによれば、文化と都市再生という言葉の意味するところには三つの考え方がある（Pratt 2002）。すなわち、A 文化の再生、B 再生の文化、C 文化による再生、である。Aは前述した文化自体を再生することであり、Bは都市再生を支える文化を意味しているが、ここでいう文化は考え方や行動の仕方としての文化である。Cは文化を活用することによって都市再生を行うことであり、一般的にはこの意味で理解されている。AとCは対立する考え方であり、Bは論じているところが大きく異なる。本稿では、Cの考え方が議論の主要な対象となるが、そのあり方を検討する意味で、あるいは異なるアプローチの可能性を検討する意味でも、Aも取り上げるものである。

(2) ヨーロッパの都市再生に関わる文化政策の経験と持続可能性

本節が対象とする文化と都市再生の関係、あるいは文化による都市再生を持続可能性の観点からどう捉えるべきかを検討するために、この政策が置かれている文脈を踏まえた上で、今までの具体的な実践の中でどのような問題、課題が浮かび上がってきたかについて検討する必要がある。そのため、これまでの都市再生に関わる文化政策の経験をヨーロッパに範を求めて振り返ってみたい。日本よりも早く経済の構造変動に伴う都市の衰退を経験したヨーロッパでは、一九八〇年代以降文化を用いた都市の再生事業が取り組まれてきた。そこでは文化は、工業に代わる産業の重要な要素となるもの、工業都市から脱工業都市への脱皮を促すもの、創造産業等新しい経済基盤形成を刺激するもの、あるいは、新しい社会に変化するための契機となるもの、として位置づけられてきた。文化を一つの経済的要素として、あるいは、都市全体の構造的変容、自己変革の手段として位置づけてきたのである。文化の持つ創造的な力、変化を生み出す力が注目され、その力を都市の再生や活性化のための一つの原動力として活用しようとしたのである。このような目的に基づいた文化の政策的な活用は、当初は主に甚だしい経済的衰退に陥っていた産業都市——例えば、英国のグラスゴーやシェフィールド、フランスのナント、スペインのビルバオなど——において見られたが、現在では、それ以外の多くの都市においても都市の活性化策あるいは創造産業の支援育成策として行われるようになってきている。日本でも早い時期から文化を活用したまちづくりや活性化策は行われてきたが、ヨーロッパのように明確な目的や論理、一貫性をもって都市の自己変革を迫るような形で行われているものはあまり見られない。なお、このような文化を用いた都市政策は、現在ではこの政策の流れから生まれた創造都市の概念で括られる傾向にある。

このような政策をこれまでの経験を踏まえて分類すると次のようになる。第一に、増大する文化消費需要を狙って文化消費の都市空間を創り出すことである。第二に、第一の方法と強く関連するが、文化政策を通じて都市の魅力や生活の質を高めることで都市の経済基盤を現代化し多様化させる方法である。第二の方法は第一の方法と施策メニューは重なるものの、目的が生産面に向けられているという違いがある。第三に、文化政策を通して直接的に、芸術、デザインやメディアのような文化産業あるいは創造産業に支援等の形で介入する方法がある。第三の方法は第二の方法ともしばしば結びついて、文化産業／創造産業への支援策として、英国をはじめとして文化を手段とする都市政策、とりわけ創造都市政策において中心的な施策になってきている。第四に、文化や芸術のもつ創造的パワーを活かして社会の潜在力を引き出すことを目的とする政策がある。そのために、芸術家のアウトリーチ活動を支援したり、市民の文化活動を支援したり、地域の文化的インフラストラクチュアを充実させたりする。(24) 全体としては、文化的インフラを充実させ都市の文化的魅力やイメージを高めることを通じて、ツーリストを含めた消費者や生産に関わる人材や企業を引き付け、都市の消費機能を高める、あるいは新しい産業の生産基盤を形成することが中心であり、その上で、生産基盤の充実のための政策、あるいは、第四のカテゴリーのような市民の潜在的な能力を高める政策も併せて実行していたということがいえる。その点で、地域の再ブランディングを梃子として、経済や地域コミュニティの活性化を目指した政策であったということができる。(25)

このような八〇年代以降ヨーロッパで行われた文化主導の都市再生の試みは、効果の多少はあるものの多くの都市において直接的な経済効果という点においては成果があったといわれている。しかし、経済的な志向性を強く打ち出した文化的な都市再生は、次のような数々の問題を生み出してきたことも指摘されている。まず、その政策が主にミドルクラスや富裕層をターゲットにしていたことから、それによって発生した富も彼らの間で循環していること、また、同様の理由で貧困層やエスニック・グループ等のマイノリティが文化的に疎外されたこと（文化的アクセス権の問題）、インナーシティにおける開発がジェントリフィケーションを導き結果的に貧困層等を追い出すことになったこと、都市の新しいイメージの形成、あるいは都市のブランド構築において広く市民の参加がなかったこと、文化施設整備等のための莫大な支出によって都市財政を圧迫し都市の運営に困難を生じさせたこと等々。

では、都市の持続可能性という観点からはどう評価されるのであろうか。まず、この都市再生では政策のターゲットが比較的狭いものであったとしても、その経済的成果はトリクルダウン効果によって直接かかわらない人たちにも波及していくことが想定されていたが、必ずしもそうではなかったことになる。ヨーロッパの都市政策の重要な概念であるソーシャル・インクルージョン（社会的包摂）が疎かにされていたということにもなる。経済的志向性が強いといっても目的は対象とする地域社会を豊かにすることであり、社会を分裂させる、少なくともその利益が一部の人にしか享受されないとしたら、当然のことながら政策自体の意義に問題があるばかりではなく、地域に社会的不安定性を創り出し持続可能性を掘り崩すことになる。また、マイノリティの文化を政策に反映させる問題や新しい地域イメージの形成への市民の参加等、政策の形成過程において必ずしも市民に開かれていないという問題があり、一部の政策エリート層の志向性が特権的な形で政策に反映されているという批判も聞かれる。たとえ全体的には経済的な成果を獲得したとしても、大きな社会的な不安定性や不協和音を生み出したとしたら、地域社会の発展につながらないだけではなく、政策の持続的な運営も困難になる。

都市の持続可能性という点では、そもそも文化を経済目的のために道具的に利用することの問題が指摘されている。文化をこのように利用することにより、文化の本来の意義や価値、社会的役割を損なったり、自律性や多様性に影響を与えたりすることで、文化の持つ価値を損ない、長期的には経済的にもマイナスになるのではないかという議論がある。第I章で見たように文化の持つ経済的なはたらきに対して文化資本概念を用いて説明すると、文化資本は基本的特質として文化的価値を生み出すが、その文化的価値から経済的価値が生まれる。これを踏まえれば、文化の持つ経済的効果に期待するとしても、文化の活用方法によっては、文化自体の価値を損なうことにつながりその結果として長期的には経済的効果も失われていくということになる。その点では、地域の文化自体の力を高める、すなわち、文化資本に対して投資を行うことでその文化的価値を高めること自体に目的を置き、そこから結果的に生まれる経済的価値を享受するという方法が地域の持続的な発展につながると考えることができる。

このように、文化による都市再生政策は、直接的・短期的な経済効果においては成果があったとしても、都市の運営、地域社会への影響、政策形成のあり方、文化それ自体への影響という点において数々の問題が指摘されており、そのような状況を放置したままでは都市の持続可能な発展が担保されないことになる。現在では、英国を含むヨーロッパの文化による都市再生政策には、ソーシャル・インクルージョンの考慮は必須となっている。また、八〇年代以降のヨーロッパの文化による都市再生政策の第四のカテゴリーとして挙げた市民の潜在力を高める、一種のコミュニティ・エンパワメントの政策が重要視されるようになってきており、地域社会に対する負の影響を伴わない、あるいは緩和するような形の政策が志向されるようになってきている。

(3) 論点の設定

本節では、以上のように挙げられた問題の中で、都市再生との関係において文化それ自体の意義に直接関わる問題を取り上げたい。すなわち、文化を用いた政策の持つ意味的側面に焦点を当てるとともに、都市再生という経済的性格の強い目的を持った政策において文化をどう扱うべきかという問題について論じるものとする。文化に関わる政策は必然的に意味の側面を伴うものであるが、対外的にアピールするイメージの効果はしばしば取り上げられても、政策の持つこの意味的側面が地域社会に与える影響は見落とされがちである。これは地域の自己認識を覚醒することで市民の自信や地域への愛着を取り戻し活性化への取り組みに寄与することも考えられるが、政策的に打ち出された地域の意味をめぐって地域社会内で大きく意見が分かれる可能性も考えられる。また、文化を経済目的のために道具的に利用することがもたらすところについて、前述したように文化自体への影響を中心に問われており、このような政策においては文化とどう向き合うべきかということにも目を向ける必要がある。より明確に論点を設定すると、①文化を都市再生という目的のために道具的に利用することの持つ問題、あるいはその場合文化をどう扱うべきかという問題、②文化を用いた政策の持つ意味的側面に関わる問題、の二点について検討するものである。なお、文化を用いた政策は文化政策の一環であるため、以下においては、文化による都市再生政策を表すものとしてしばしば文化政策という言葉を使うものとする。

2　事例の検討

本項では、文化による都市再生の経験の蓄積がある英国の事例の中から、グラスゴー市とゲーツヘッド市及びニューカッスル市を取り上げる。前者が一九八〇年代から九〇年代にかけて、後者が九〇年代以降と時代的にはずれるが、いずれも文化を用いた政策が都市のプロフィールを高めることになり、地域社会に対して大きな意味作用をもたらした事例である。

(1)　グラスゴー市の文化による都市再生政策[26]

当該政策の実施以前の状況

人口約六〇万人（二〇一四年）、英国スコットランドの南西部に位置し、地域の中心都市として、都市圏人口一八〇万人を擁する。[27]産業的には工業都市として発展し、二〇世紀初頭までは、造船業を中心に、機関車、ミシン、鉄鋼などの重工業が相互に関連しながら繁栄していたが、第一次大戦後以降経済は下降、一九六〇年代、七〇年代を通じて製造業は大きく衰退し、八〇年代初頭には構造的な高い失業に悩まされるようになっていた。

政策の展開[28]

一九八〇年代に変わる頃、経済の構造変動は明らかであり、これについての認識がグラスゴーの脱工業政策の展開を開始させた。グラスゴー市では約四〇年にわたって政治的分裂が顕著であったが、グラスゴーの新しい経済基盤を希求する必死な思いがこの分裂に橋渡しをし、市は、当時のネオリベラル的な政策の趨勢ともあいまって、民間セクターを活性化させる方向に乗り出していく。そして、八〇年の選挙で市政に返り咲いた労働党のグラスゴー市庁（Glasgow District Council）において脱工業政策が開始され、その具体的な方法として文化を都市再生政策に結びつけることが模索されていった。

そこでの政策推進の基本的ロジックは、消費環境を整えツーリズムをはじめとした文化消費を拡大するとともに、市のイメージを再構築することによって新規投資を誘導し、新しい産業の形成を図るというものであった。グラスゴーのそれまでのイメージは、戦後社会において次第に形成されていった工業都市に対するネガティブなイメージに加えて、経済的な衰退と失業、その結果もたらされたまちの荒廃と暴力に結びついていた。製造業の職の喪失を補い、経済を再活性化させるためには、新規投資を誘導し新しい産業を形成するとともに、関連するサービス産業を拡大しなければならないが、そのためにはグラスゴーに付きまとうそのようなネガティブなイメージを払拭し、新しいイメージを再構築する必要があったのである。

まず、八〇年代前半、グラスゴーを文化都市として売り込む大々的なイメージ・キャンペーンを展開する。それに合わせて、イメージの裏づけとなるような実態を構築すべく、埋もれていた文化財の発掘、建築物を中心とした文化財の修繕、現代のニーズに応える文化施設の整備、新しいイメージを支える文化イベントの考案・開催、文化都市として誇れる物理的環境を作り出すための都市再開発等、次々と政策を展開していった。次に、グラスゴーはヨーロッパ文化首都（European Capital of Culture）を目指すことになる。これは毎年ＥＵ内の指名された都市において年間を通じて開催される大々的な文化イベントである。(29) 指名を得た都市は、文化首都を飾るためのふさわしい文化イベントを行うだけでなく、「ヨーロッパの文化首都」という権威のある称号を得ることになる。指名されるためには、立候補してコンペに勝ち抜かなければならない。グラスゴーは一九九〇年に文化首都となるが、それまでにヨーロッパの文化首都をつとめてきた都市は、アテネ、フィレンツェ、ベルリン、パリなど既にその文化資産・活動に対する国際的な評価が確立された都市であったが、グラスゴーの場合は、文化首都という称号をそのような都市になるためのステップとして、文化ツーリズムを備えた国際的な脱工業都市としての名声と認知を獲得するために利用しようとしたのである。なお、文化首都をこのように都市戦略に利用する方法はグラスゴーが初めて試みたもので、その後多くの都市が同様の試みをしている。まず、グラスゴーはヨーロッパ文化首都指定を目指したキャンペーンを展開し、それに応じて文化施設整備、文化イベントの開催、文化活動への支援等の政策を展開する。

グラスゴーの中心街・ブキャナンストリートの賑わい

一九九〇年文化首都のイベントは具体的には次のように行われている。三四三九の公式イベントが開催され、約七〇〇のグラスゴー市の文化団体と二万二〇〇〇人の関係者、市民が主催者側として参加し、イベントは、視覚芸術や音楽、パフォーマンス芸術（演劇等）に加えて、グラスゴーに関係する歴史、デザイン、建築、造船、宗教、スポーツなどから構成されていた。パフォーマンス芸術や視覚芸術では四〇の主要な事業、延べ三九七九の演劇、三一二二の演奏、一〇九一の展示会、さらに一五七のスポーツイベントが開催、数々のイベント、パフォーマンス合わせて九〇〇万人の観客を数えた。

文化首都年の一九九〇年以降も引き続き、都市プロモーション・キャンペーンの展開、グラスゴー・ヴィジュアル・アー

表3-2　ヨーロッパ文化首都年（1990年）の文化関係支出

支出主体	支出額（£m）
グラスゴー市庁	35.0
ストラスクライド地方庁	12.0
民間企業	5.5
英国政府芸術図書局	0.5
ヨーロッパ地域開発基金（ERDF）	0.5
総計	53.5

出典：Booth and Boyle, 1993（原資料：Correspondence with Robert Palmer, Festival Unit: Scotland on Sunday 2,3 December; Glasgow 1990, Fact Sheet No. 8）.

ト・イヤー、英国建築及びデザイン都市年等の文化イベントの開催、文化施設の整備、創造産業支援拠点の整備等の政策を展開していった。

経済的成果

❶支出

支出については、文化政策と一括りにしても実際には多くの領域にまたがっており、さらに、政策に関与した主体も公民併せてかなりの数にのぼるため、正確な数字はつかめていない。おおよそには、文化政策の開始以来八〇年代においては、グラスゴー市庁を中心に、ストラスクライド地方庁やスコットランド芸術協会からの支出も加えて、公共的には毎年約二〇〇〇万ポンドが文化関係の支出に当てられた。文化政策の中でも最も重要なイベントであったヨーロッパ文化首都については、九〇年の文化首都年当年には、文化関係の支出額は約五四〇〇万ポンドに達している。内訳は表3-2の通りである。他にも八〇年代以降、前述したような大規模な文化施設の開発を行っているため、合わせると巨額の数字になる。

成果の面では、一〇三〇万から一四一〇万ポンドの純収益をもたらし、五三五〇から五五八〇人分の年間雇用を生み出している。

❷経済全体の変化

経済全体の変化としては、一九八一年の雇用者総数三六万一〇〇〇から、一九九三年の三〇万八七〇〇へ一旦下がったものの、二〇〇二年には三七万八〇〇〇人に増加している。特に、一九九八年からの四年間で一〇・八%の伸びを示しているが、これは英国の都市の中では五番目に位置する。ただし、人口はこの間、一九八一年の七七万四〇〇〇人から二〇〇二年の約五八万人にまで低下している。失業率は過去一〇年間で一〇・三％低下し、二〇〇二年には、約六％となっている。失業率の改善は大きいものの、英国平均と比較するとなおやや高い水準にとどまっている（二〇〇二年の英国の平均失業率五・一％）。産業構造は八〇年代以降の二〇年間に大きく変化している。サービス産業はその雇用者数の全産業に占める比率において、一九八一年の六八％から二〇〇一年の八四％へと増加している。特に顕著なのは、金融・保険、ビジネス・サービス、公共サービス等である。このサービス産業増加の傾向はＯＥＣＤ諸国に共通する傾向であるが、グラスゴーはこの流れにうまく乗ってこの二〇年間に工業都市から脱工業都市に大きく変身したということができる。それを反映して製造業は全体的には大きく縮小し、雇用は全産業の九・五％、付加価値総額は一三％となっている。

注目すべきは、グラスゴーへの新しい投資によって雇用が生み出されていることである。一九九二年から二〇〇〇年の間に一〇二件の国内からの投資があり、二万人の雇用（主に金融、通信等）を生み出している。海外からの投資も一九九〇年代後半から始まっている。グラスゴーは、この新企業形成においても英国内五番目という高い位置にランクされている。英国やその他先進国の趨勢を反映して、知識集約型高付加価値産業も拡大しているが、一例として、バイオサイエンス産業は一九九五年から一九九九年の間二五％生産拡大している。

❸ツーリズム、サービス産業への影響

文化政策が直接的に影響するツーリズム産業は、一九九九年には全産業の七％の雇用を占めている。一九九一年から九八年にかけて英国内からの旅行者は八八％増加、九一年から九七年の間に海外からの旅行者は二五％増大している（Scottish Tourist Board 2002）。文化政策は、文化イベントを創造し、その基礎となる文化活動を活性化させたが、これらの取り組みと相乗的に演劇や音楽などのライブ・パフォーマンス、ショッピングなどの商業活動も拡大・発展していった。二〇〇〇年の博物館の入場者数が英国内ではロンドンに次いでおり、九〇年の文化首都年以降も旅行者数が増大している。グラスゴーは英国の都市ではロンドンに次ぐツーリズムの目的地に

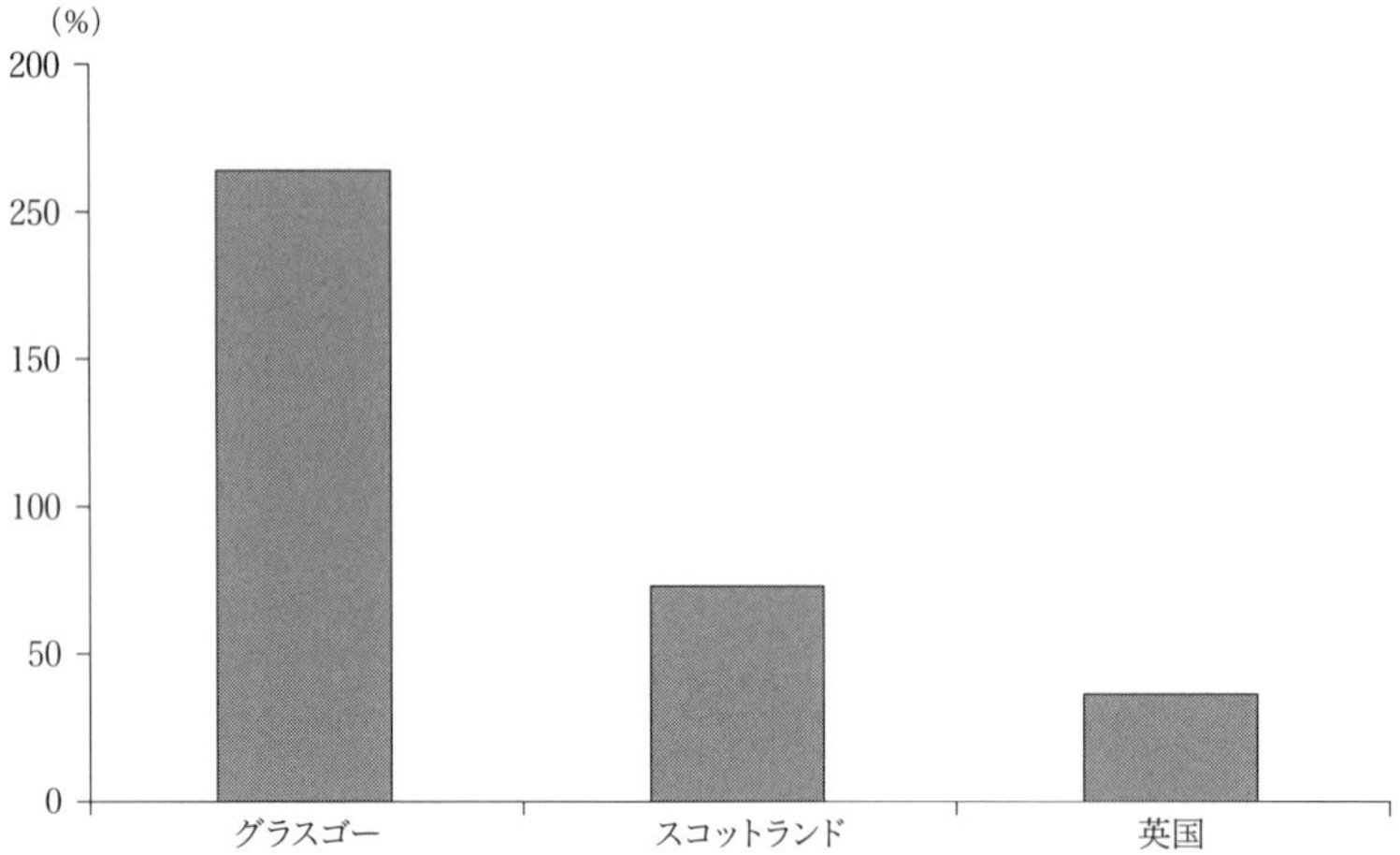

出典：Glasgow City Council, 2003, Upbeat Glasgow 2003（原資料：ABI 2002).

図 3-1　ICT 産業の事業者数の成長率（1998-2001 年）

なるとともに、やはりロンドンに次ぐ商業の街になったのである。[30]

❹創造産業への影響

都市型の新しい産業の代表格であり、文化との関係が強い創造産業についてはどうであろうか。九〇年代の初め頃は、ヨーロッパ文化首都をはじめとする文化政策は、文化消費の拡大を文化生産にリンクすることに失敗したといわれていたが、その後創造産業も次第に成長してきている。グラスゴーの創造産業についての詳細な経済的データはないが、二〇〇一年では一〇〇〇を超す企業が直接的に一万七四〇〇人の雇用を抱えており、グラスゴーの全雇用の約四・六％を占めている。関連して、知識産業（Knowledge Industries）については、市の全雇用の一八％をしめる約七万人を雇用しており、一九九八年から二〇〇一年の間に二二％増加している。また、情報通信産業（ICT Industries）については、同じ期間に雇用で一〇〇％以上、事業者数で二一四％増加している。今見たような創造産業、知識産業、情報通信産業間の関係は明確ではなく、相互に重複している部分があると思われる。[31]ただ、全体的に、創造産業やその関連した知識集約的な産業が一九九〇年代から二〇〇〇年代にかけて拡大しつつあり、グラスゴーの一つの主要な産業領域を形成したということができる。

地域社会への影響

文化政策がもたらしたと思われるグラスゴー社会の変化について検討してみたい。まず、地域の自己イメージについては、マイヤズコフの調査によると、グラスゴー市民の間でほとんどの人がヨーロッパ文化首都のプログラムはグラスゴーのイメージを改善したと答えており、六一％の人がその結果、「生活するのに楽しい場所」になったと答えている（Myerscough 1991）。このような前向きな変化は、その後の文化政策の継続もあって、短期的、一時的な変化にとどまらず、その後定着して市民の抱くグラスゴーのイメージを変化させることになったといわれている。(32)

対外イメージに関しては、メディアのカバレッジを見る必要がある。先述したように、文化首都年は多くのメディアに取り上げられたが、グラスゴー大学文化政策研究センターはグラスゴーのヨーロッパ文化首都年の影響についてのメディアの報道・取り上げ方を分析している。この研究によると、文化首都年の当年である一九九〇年一年間の新聞・雑誌の記事内容は、四八％が肯定的、二三％が中立的、二九％が批判的なものとなっている（Centre for Cultural Policy Research, University of Glasgow 2004）。当センターは、新聞・雑誌は悪いニュースについて報道・掲載する傾向があることから、ここに見る数値はかなり肯定的なものと見ることができるのではないかと評価している。また、国際的な報道の大部分は、グラスゴーが文化都市としていかに変身したかについて論じている。(33)これらの報道は、長時間にわたって放映されたテレビ放映とともに、(34)グラスゴーの対外的イメージを形成するだけではなく、グラスゴー市民自身の自分たちの都市に対する自己イメージ形成に大きく影響したものと考えられる。

しかし、文化政策が創り出そうとしメディアも基本的に同調した、グラスゴーの「文化都市」という新しいイメージは疑問視する声も生み出し、グラスゴーのアイデンティティについて多くの異論を喚起した。疑問の声は多くは左翼陣営から発せられていたが、中でも左翼的な傾向の思想を持つ芸術家や著作者、その他有名人が結びついて構成されたワーカーズ・シティ（Workers City）という団体が批判の先鋒となっていた。この団体によると、ヨーロッパ文化首都年のほとんどのプログラムがグラスゴーという労働者階級の文化的遺産にふさわしくないのであった。グラスゴーのアイデンティティはグラスゴーの労働者階級が受けた辛苦の歴史やこうした条件が育んだ政治的急進主義や社会的不公正感にルーツがあるというのである。さらには、文化政策の打ち出す文化がエリート層のライフスタイルやツーリスト、潜在的投資家の中核となるミドルクラスの嗜好に合わせており、多数者である労働者階級の真の関心を覆い隠していると批判するのであった（Boyle and Hughes 1994: pp. 464–5）。文化首都年のプログラムの中でも、「グラスゴーのグラスゴー」（'Glasgow's Glasgow'）というグラスゴーの歴史を扱った、文化首都年の中で最も費用のかかった展示イベントは、さらに広い範囲の社会的な議論を生み出した。そこでは、グラスゴーの産業的・政治的歴史が間違った方法で提示されている、あるいは、グラスゴーの産業の歴史が一連の絵画的文化に矮小化されているという批判が現れている。このように都市の遺産がどのように解釈され説明されるべきかについて、とりわけクライド川やグラスゴーの造船業の歴史を中心に広範な議論が展開されていった。中でも、船舶の建造と進水の物語を扱ったザ・シップ（'The Ship'）という文化首都年の中で最大級の演劇イベントをめぐって議論は頂点に達している。もともとクライド川や造船ヤード、労働者階級のコミュニティに対してグラスゴー市内には強力な神話が残っていると信じられていたが、このイベントはそのような神話に基づいて造船業の経済的、政治的、文化的重要性を誇張しているのではないか、さらに、誤ったノスタルジックなイメージをかきたてているのではないかという批判が市内に巻き起こった。ただし、イベントそのものは興行的には好評を博している（Booth and Boyle, *op.cit.*: pp. 38–9）。

また、九〇年代の初めころまでは、文化政策がグラスゴー経済の活性化に成功し新しい雇用を生み出したとしても、経済に関わる構造的な社会問題は何ら解決していない、富裕層と貧困層の分裂は未だ手つかずのままである、という趣旨の批判がやはり左翼的なアカデミズムを中心に多く投じられていた。他にも、文化政策、とりわけ文化首都年については、「地理的な周縁部や社会的な弱者が接触したり参加したりする機会を拡大すること、及び地域で育まれてきた文化を代表するプラットフォームとしての機能を果たすことに失敗した」（Garcia 2004a: p. 108）という側面が指摘されている。文化政策自体は、実際には文化を広い意味で捉え、恵まれていない地域コミュニティの文化活動を支援し、その資金を地元の芸術家や草の根的な団体を支援するために広く分配していたのである。しかしながら、文化はあくまでグラスゴーの経済的再生という目的のための道具として利用していたため、イベントのプログラムは潜在的な経済的利益やメディアの報道、ツーリストへのアピールを狙っており、コミュニティ開発や市民の自己表現は二の次であったことも指摘されている。そのため、結果的には、エリート的な芸術家に偏向するような支援になってしまったのではないかといわれている（Garcia 2004b）。

イメージ再構築とともに文化政策の直接の目的とされた文化環境の整備・改善については、多大な費用を投じての度重なる文化施設の整備、都心地区を中心とした再開発事業の施行や都市基盤の改善、文化活動の振興策を通じて文化環境は大いに向上したということができる。これと連動して、整備された環境を背景に都心地区を中心に商業が活性化され、文化と結びついて優れた文化消費環境を形成している。文化活動については、専門職業的な芸術活動だけでなく、前述した文化政策のあり方をめぐる批判もあって、お仕着せでない文化を表現する活動としてコミュニティ・ベースあるいは市民的な基盤に立った文化活動が拡大している。以上に加えて、文化政策、とりわけそのイメージ・プロモーション・キャンペーンは市民を元気づけたこと、文化政策全体の評価として、市民においてグラスゴー市民としての自覚が活性化されたこと、市内の芸術家やビジネス界の人たちにおいて自信や地域の誇りが回復されたこと等も指摘されている（Booth and Boyle, *op.cit.*; Garcia 2005）[(35)]。

(2) ニューカッスル市・ゲーツヘッド市の文化による都市再生政策

当該政策の実施以前の状況

両市は、英国イングランド・ノースイースト地方（North East）に位置し、タイン川を挟んで向かい合っており、北側が人口約二九万人のニューカッスル市、南側が約二〇万人のゲーツヘッド市である（二〇一四年）[36]。両市はかつて地域の豊富な石炭資源に恵まれ、一九世紀には造船業や軍需産業で栄え、英国の重工業の一つの中心地としての位置を占めていた。その頃、両市はお互い機能補完的な関係にあり、役割的にはニューカッスル市がオフィスや文化・教育的機能を担い、ゲーツヘッド市が工場やドックヤードを有し、実際の製造的機能を担っていた。しかし、第二次大戦後以降日本をはじめとするアジア諸国の台頭によって造船業は衰退し、炭鉱も閉山されていくようになり、主要な産業基盤を喪失し、グラスゴーなど他の産業都市と同様に長期にわたる経済の停滞と高い失業に悩まされることになる。

政策の展開[37]

❶ノーザン・アーツによる文化政策の展開

英国には地方の文化・芸術の発展・普及の推進を担うアーツ・ボードという機関があるが、その北部イングランド地方を担当する組織であるノーザン・アーツ（Northern Arts）[38]が両市の文化による都市再生につながる文化政策の推進に大きな役割を果たしている。ノースイースト地方が文化・芸術に対して市民の関心が低く、文化施設等の利用率も低く、また、文化活動全体が低調な状況にあったため、それを改善するためにノーザン・アーツは、九〇年代に、芸術が地域に生きた形で利用可能性を高めること、芸術家への支援の強化、音楽や現代のヴィジュアル・アーツのための主要な施設の整備等の政策を打ち出す。また、自らを芸術への単なる支援団体から踏み出して「北部イングランドにおける芸術の推進」をミッションと掲げる政策主導の芸術開発機関として役割を規定し、政策を推進していくことになる。

一九九一年、ノーザン・アーツは、一九九六年のヴィジュアル・アート・イヤーという英国内の文化イベントをノースイースト地方で開催すべくコンペに参加し、開催権を勝ち取る。グラスゴー市の前述したヨーロッパ文化首都の成功に影響されて、このプロジェクトによって民間の資金をこの地方の芸術への投資に誘導し、ノースイーストが芸術・文化の地域であるという国内の認知を形成することを図る。イベントの開催準備のための組織を作り、そこに行政や民間が加わり準備のための体制が形成されていくが、これはその後の文化政策の推進のための枠組みとなる。このイベントは年間を通じて三〇〇〇の企画が実施され、メディアにもしばしば取り上げられることを通じて地域内外にノースイーストの文化をアピールしていった。

ゲーツヘッド市の巨大パブリックアート The Angel of the North

❷エンジェル・オブ・ザ・ノース

ゲーツヘッド市は、ノースイースト地方の中で、自分たちのまちを文化・芸術面において豊かにしていこうという意識を強く持っていたため[39]、ノーザン・アーツの戦略と結びついて両者は協力して文化政策を推進していく。既にゲーツヘッド市はパブリック・アートによって公共空間を彩る政策を行っていたが、一九九八年にエンジェル・オブ・ザ・ノース（Angel of the North）という巨大なパブリック・アートを郊外の炭鉱の跡地に建設する。コンペの結果デザインを担当した彫刻家のアントニー・ゴムリーは、「地域の歴史は失われてはいけない」と語り、タインサイド（タイン川の流域地域、主にニューカッスルとゲーツヘッドのタイン川沿いの地域を指す）が世界に誇った造船技術を用いてこの巨大な鋼鉄製の人型のパブリック・アートを建設した（太田 2008: p. 66）。

この巨大なパブリック・アートは、その後の政策の方向性を大きく決定するものであった。エンジェルの登場は地域内外に大きな反響を呼び、多くのメディアがカバーするところとなる(40)。ゲーツヘッドの存在は全国的に認知されるところとなり、この巨像を一目見ようと地域外から多くのヴィジターを呼び寄せることになるが、大きかったのは地域内の反応である。計画段階において八割の市民がこの巨像の建設に反対したが、完成直後から市民の見る目は大きく変わり、今度は八割の市民が街のシンボルとして支持するようになった（太田前掲論文 p. 66）。このような市内外の反応に元気づけられ、ゲーツヘッド市とノーザン・アーツは文化の力によって地域を変えることに自信を深め、文化政策をさらに推進していく。

❸ヨーロッパ文化首都の共同キャンペーンと大型プロジェクトの推進

隣接するゲーツヘッド市の文化的挑戦とまちの変化に触発されてニューカッスル市も動き出す。両市の歴史に重要な役割を果たしてきたタイン川との関わりを共有することから、両市が一つとなって文化的な目的地となった方が有益であるとの理由から、対外マーケティング戦略のための組織として、ニューカッスル・ゲーツヘッド・イニシアティブ（Newcastle Gateshead Initiative: NGI）を結成する。これは、地域は文化的再生への投資によって社会的、経済的困難から脱却することができる、という考えに基づくものであった。

NGIは、まず、喫緊の課題として二〇〇八年のヨーロッパ文化首都を勝ち取るべくキャンペーン活動を推進していく。目的はグラスゴーのケースと同様に、ニューカッスル・ゲーツヘッドのイメージを変えること、それによって地域の経済的活性化を導くこと——とりわけ目指したのは、コンベンション都市としての地位を高めること——であった。キャンペーンの推進に合わせて、両市とノーザン・アーツは文化投資を中心にした文化政策

——文化活動への支援、数々の文化イベントの開催、文化施設の整備等——を推進していく。

中でも重要なのは、モニュメント的な文化施設の整備であり、象徴的な建造物の建設であった。すなわち、ゲーツヘッド・ミレニアム・ブリッジ（二〇〇一年）、バルティック現代芸術センター（二〇〇二年）、セージ・ゲーツヘッド（二〇〇四年）である。ミレニアム・ブリッジはタイン川に架けられたアーチ型の軸を持った曲線型の歩行者・自転車用の橋で、ニューカッスルとゲーツヘッドをつなぐという意味で文化政策における両者の共同を象徴している。この橋のデザインは国内外で大きく注目され、橋が創り出したタイン川の新しい景観はこの地域の魅力を新たに創り出したと評価されている。バルティック現代芸術センターは、タイン川の南岸、ゲーツヘッド側に存在した歴史的な意義を持つ産業ビルを改築したもので、現代のヴィジュアル・アーツの拠点施設として数々の美術展や多様な活動を展開している。セージ・ゲーツヘッドは音楽ホールを中心にリハーサル・スタジオ、音楽教育施設を備えた、ノースイースト地方の音楽活動・教育の拠点としての役割を担う複合音楽施設である。これらはいずれも地域の固有の歴史と特徴を象徴するタイン川に沿って建設・整備されており、エンジェル・オブ・ザ・ノースと同様に、その斬新なデザインが英国内外の注目を集め、ニューカッスル・ゲーツヘッドの新しく地域の文化を創っていこうとする意志を表現する象徴的な役割を果たしている。

タイン川にかかるミレニアム・ブリッジとセージ・ゲーツヘッド

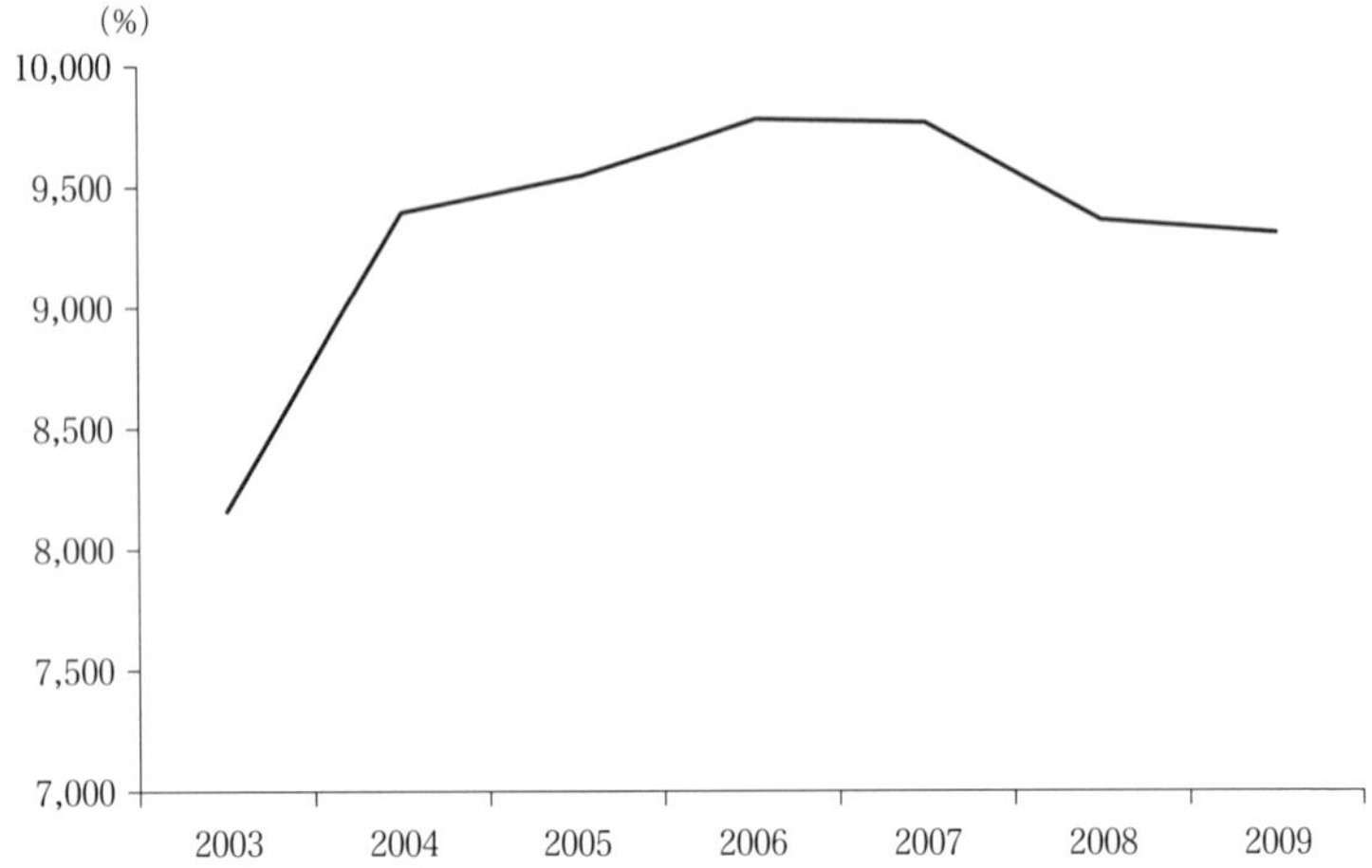

出典：EKOS, *The Creative Sector in Newcastle and Gateshead*, 2012.

図 3-2　ニューカッスル市・ゲーツヘッド市の創造産業の雇用（2003-2009 年）

❹Culture10

二〇〇八年のヨーロッパ文化首都年の開催地は、結局、リヴァプールに決まり、ニューカッスル・ゲーツヘッドはその機会を失ったが、しかし、この時の機運を活かし、これまでの文化政策の経験、文化投資の蓄積を今後につなげ、文化の地域としてさらに発展していくために、二〇〇二年にCulture10という両市の文化政策を推進するための計画を策定する。

Culture10の狙いは、①ニューカッスル・ゲーツヘッド及びノースイースト地方の文化的評判を築くこと、②市民の希望や自身を高め、創造性を刺激すること、③文化を通じてビジネス界のやる気を高め、職を創り出し、技術を高めること、④ヴィジターを惹きつけること、である。そのために、Culture10は、その後数多くのイベントやプログラムを展開している。

経済的成果

❶支出

文化に関連する政策的支出は多様な領域にまたがっているため正確な数字の把握が困難だが、支出の主要な部分をしめる文化的なインフラへの投資額は、十数年の間に約二・五億ポンドに達している。

❷ツーリズム、サービス産業への影響

文化政策の効果は、端的にはツーリズムへの影響として現れている。旅行雑誌（Conde Nast's Traveller）の二〇〇七年の読者投票で英国の最も好きな都市の第四位に選ばれたり、ガーディアン／オブザーバー紙によって二〇〇二年から二〇〇五年にわたって英国で最も好まれる都市観光地として選ばれたりなど、多くのメディアから魅力ある都市、ツーリズムの目的地として高い評価を得るようになった（North East England 2009: p. 32）。レジャー観光のツーリスト数は、もともと観光地としては認知されていなかったこともあって非常に低いレベルから大幅に増加している。二〇〇二年から二〇〇七年の間に、両市のホテル客室の供給数は四二・六％増加し、その間一二のホテルが新たに開業している。両市の観光関連産業の雇用数は、二〇〇七年で直接関わる仕事で一万七七〇〇人、間接的に関わる仕事で四九〇〇人となっている。また、飲食関係においても八〇〇〇人以上の雇用を支えている。また、ニューカッスル・ゲーツヘッドはビジネス・ツーリズムにおいてもこの一〇年の間に飛躍的に発展している。二〇〇二年の段階ではコンベンションの目的地としてはほとんど対象となっていなかったが、その三年後の二〇〇五年には英国内で六番目に位置づけられるようになっている。とりわけゲーツヘッド市では、国際的な会議やイベントが開催されるようになっている。

ツーリズムに刺激されて、両市は地域の消費センターとしての役割をも高めており、新しい商業開発や既存のショッピングセンターの大規模な更新事業もあり、過去一〇年ほどの間に小売業は大きく成長している。更新されたエルドン・スクエア（Eldon Square）は二〇〇八年には年間約二五〇〇万人、メトロセンター（Metro Centre）は年間約二四〇〇万人の来客を数えている。

❸創造産業への影響

やはり英国で近年新しい雇用を最も生み出しており、文化との関係も深い創造産業への影響を見ることは欠かせない。ニューカッスル市、ゲーツヘッド市の創造産業の雇用は近年大きく増加している。グラフに見るように、二〇〇三年以降二〇〇九年までの間に、世界的金融危機の生じた二〇〇八年に減少したものの全体として明確な増加傾向にある。二〇〇九年において両市の創造産業の雇用は、ニューカッスル市が五八一〇人、ゲーツヘッド市が二一四五人で、この産業が市全体の雇用に占める割合は、ニューカッスル市が約四%、ゲーツヘッド市が約二%である。ニューカッスル市の場合は英国全体とほぼ同じだが、ゲーツヘッド市はその半分の水準にある。しかし、この六年間の間に両市ともに創造産業は英国全体における成長率を大きく上回っており、とりわけ、ゲーツヘッド市では、三一%の成長を見ている。

創造産業を構成する個々の産業については、ニューカッスル市では、ソフトウェア制作と広告が突出しており、出版、建築設計、文化遺産関連、デザイン、フィルム及びビデオ制作等と続いており、ゲーツヘッド市では、ソフトウェア制作が突出しており、続いてテレビ・ラジオ関連、広告、文化遺産関連等となっている。

教育等への影響

ニューカッスル・ゲーツヘッドには、ニューカッスル大学とノーサンブリア大学という国際的にも著名な二つの大学があり、さらに、ニューカッスル・カレッジ、ゲーツヘッド・カレッジという高等教育機関も有している。学生数は両市で九万人を超えており、とりわけニューカッスル市では教育は非常に重要な産業となっている。これら教育機関は、セージ・ゲーツヘッド等の地域の文化関係機関と連携して、学生たちの実践的な教育を開発・実施している。

文化による再生政策の効果として重要なのは、地域が優れた文化的環境という認知を獲得することによって地域外から多くの学生を集めることに成功したことと卒業生が地域にとどまる率を高めたことである。この率は五〇%を超え、英国内では最も高い数字である。彼らはその環境ゆえに地域にとどまることを選択し、地域の創造

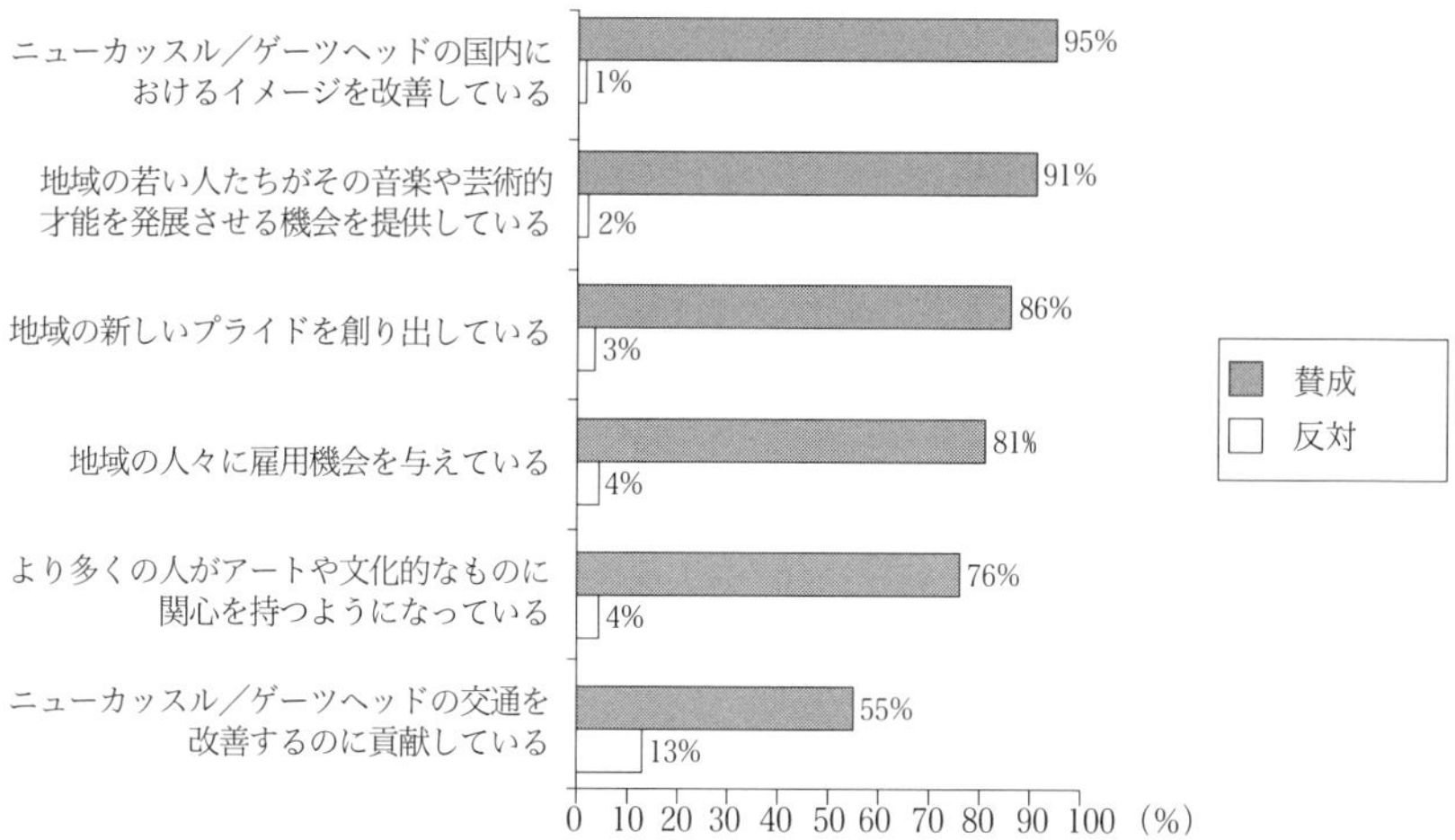

出典：Centre for Public Policy, *CISIR Report on Research Findings*, 2006.

図 3-3　ゲーツヘッドのタイン川沿いの文化開発の影響に対する評価

産業の発展に貢献している。

地域社会への影響

ニューカッスル・ゲーツヘッドの文化政策が地域に与えた影響については、ノーサンブリア大学・公共政策センター（Centre for Public Policy, Northumbria University）が二〇〇二年から一〇年間にわたる長期のプロジェクトとして調査（Cultural Investment and Strategic Impact Research: CISIR）を行っている[41]。それによると、グラスゴーと同様にニューカッスル・ゲーツヘッドでも文化政策は市民の自分たちの都市、地域に対する意識や自信に大きな影響を与えている。九五％の人が、ニューカッスル・ゲーツヘッドの国内イメージを改善したと答えており、八六％の人が新しい地域のプライドが創造されたと答えている。多くの人たちが、就業の機会が増大した（八一％）、若い人たちに音楽や芸術的才能を発展させる機会を創り出した（九一％）、多くの人たちを芸術や文化的なものに興味を起こさせるようになったと、答えている。また、非常に大多数の人たち（九三％）がノースイーストは創造的な地方であると答えている。整った環境の形成、残存していた荒廃物の除去、

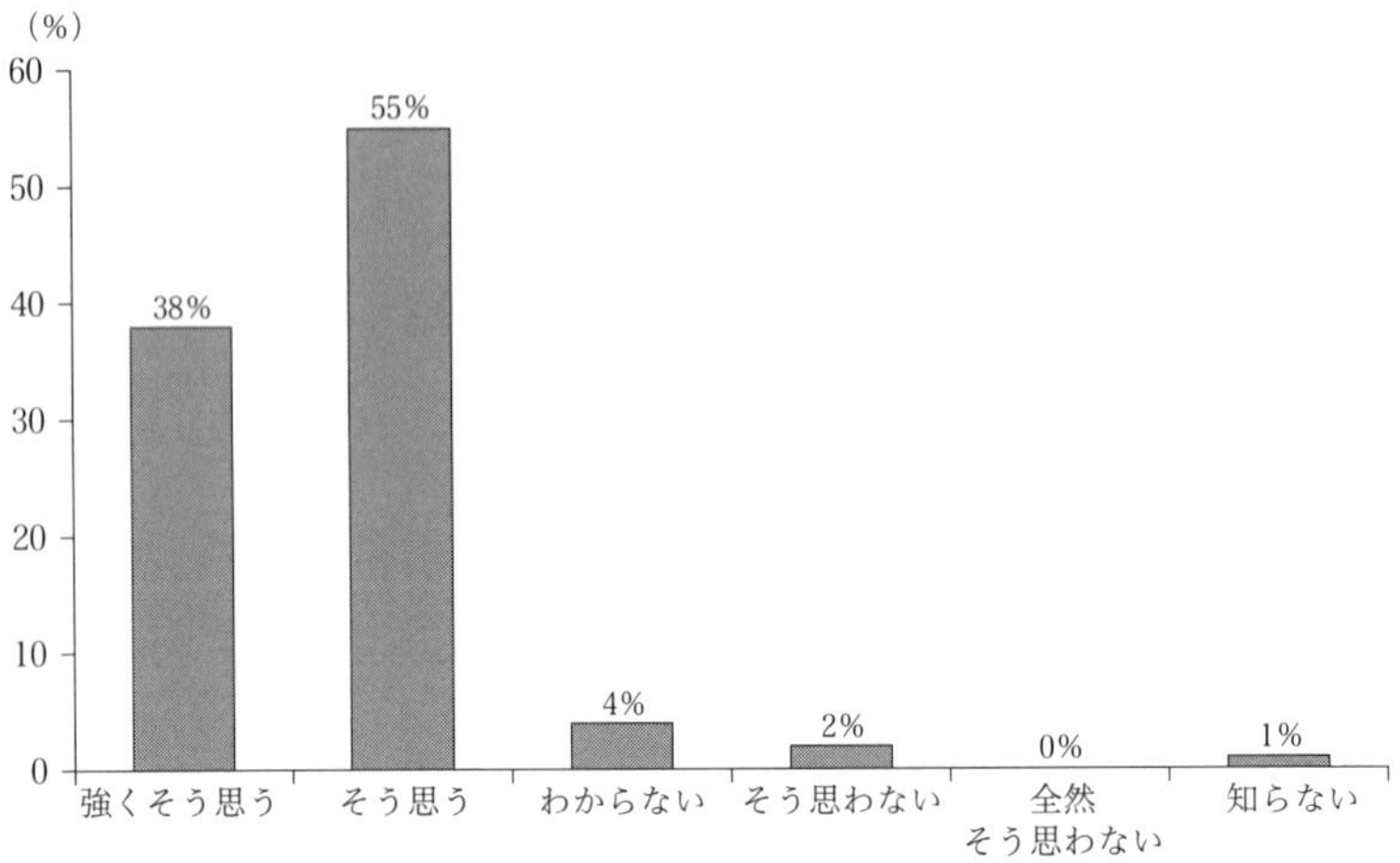

出典：Centre for Public Policy, *CISIR Report on Research Findings*, 2006.

（ノースイースト地方が創造的な地方であると思うかという質問に対して）

図 3-4　ノースイースト地方の創造性

新しい建物の建設とインフラの整備を伴った文化政策の推進は、この地域の変身に大きく貢献したと認識されている。ニューカッスル・ゲーツヘッドが政策的に打ち出してきた文化はこの地域の現在の自己認識や自己イメージの創造、アイデンティティの形成にプラスの影響を与えていると見ることができる。

地域外のニューカッスル・ゲーツヘッドに対して抱くイメージが好ましい方向に大きく変化したことについては、前述したように、レジャー・ツーリズムやビジネス・ツーリズムが大きく発展したこと、メディアによって観光の目的地として英国内のトップグループに位置づけられるようになったことがよく物語っている。公式的にも欧州委員会(European Commission) が二〇〇七年に行った調査によると、ニューカッスル市は生活の質という点においてヨーロッパの都市の中で第三位にランクされている（North East England 2009: p. 32)。地域外の人々の持つイメージについては、ＣＩＳＩＲが調査を行っており、多くの人たちが文化政策による都市再生の結果ニューカッスル・ゲーツヘッドは非常によくなった、魅力的で生活の質の高い場所になった、と答えている。このような外部の認識もニューカッスル・ゲーツヘッド両市民の地域に対する自己認識に影響を与えている。特にゲーツヘッド市民においては、ゲーツヘッドが全国的に、しかもポジティブなイメージとともに認知されるようになったことが市民の誇りと希望に与えた影響は大きい。ゲーツヘッド市民は、これを「ゲーツヘッドが地図に載った」という言葉で表現しており、かつて地域外ではニューカッスル市民と称していたが、そうする必要がなくなったと話している（シーラ・ジョンソン氏へのインタヴュー（前掲注36より））。

文化に関わる政策は非常に明確な形で意味を伴うものであるが、ニューカッスル・ゲーツヘッドのようにかなり大胆に地域の方向性を示すような文化政策の推進は、ある種、一部の政治・行政エリートが政策的に案出して文化政策に込めた意味を地域全体の意思として表現することを意味している。前述したようにグラスゴーにおいては、強い批判の声が提示され社会的な議論が起こっている。ニューカッスル・ゲーツヘッドでは、そのような目に見える社会的な現象は起こっていない。市民に地域に対する自信や希望を与えたとして全体的に肯定的に見る意見が多い。しかし、ミドルトンとフリーストーンの研究では、この文化政策が与えたポジティブな影響は一部の人たちに偏っていて多くの人たちは受けていないという批判の声に注目している（Middleton and Freestone 2008）。文化政策は政策の焦点が専門職的な中間的な収入の人たちに置かれていて、大部分の低収入の人たちが視野から外れているため、文化政策によって提示された文化も後者の人たちにとっては関係ない（a sense of disconnection）ように感じられているというのである。さらには、文化政策は単に芸術や音楽のことであり、自分たちには関係ないという意見も見られる。

地域に対する市民のこのような態度の変化は、具体的にどのような形で表れているのであろうか。「かつてゲーツヘッドでは、チャンスがあれば外に出ていこうとする人たちが多かったが、今では、ゲーツヘッドにとどまることを希望する人たちが増えて来ている」（Bell 2012）というような変化が生まれている。これは、とりわけ大学卒業生の地域への滞留率に表れている。外からも創造産業等に人材を引き寄せており、前述したように地域の経済に大きく貢献している。

グラスゴーで問題とされたような、文化政策の推進によって地域が経済的に活性化したとしてもそれによって地域社会において格差を生み出してしまう問題については、二〇〇八年のヨーロッパ文化首都年を開催したリヴァプールでも十分に検討すべき問題として取り上げられているが、それに対してニューカッスル・ゲーツヘッドではあまり論じられていない。現実にどのような状況であるのか、大きな問題は生じなかったのか、あるいは、なぜ問題とされないのかについて明らかにする必要があるが、本書ではそこまでは追究することができなかった。

3 政策の評価・考察

都市再生の目的である地域の活性化や経済の再生については、グラスゴーもニューカッスル・ゲーツヘッドも概ね成功したと見ることができる。もちろん、必ずしも文化政策が地域の活性化等を導いたと断定するだけの検証が得られたわけではないが、文化政策がそれまでの地域の停滞状況からの変化をもたらしたこと、ツーリズムを始めとする産業が活発になったこと、文化に関連する文化産業・創造産業が発展してきていることを考えれば、文化政策が果たした役割は小さくないと評価することは難しいことではない。しかし、このような成果が持続可能なものなのか、改めて問う必要がある。ここでは、1で設定した論点に従って、①文化を都市再生という目的のために道具的に利用することの持つ問題、あるいはその場合文化をどう扱うべきかという問題、②文化を用いた政策の持つ意味的側面に関わる問題、の二点について政策の評価及び考察を行う。

(1) 文化政策と経済目的との関係

まず、グラスゴーの文化政策は、明確にグラスゴーの経済的再生を目的としており、産業構造の変化に合わせて経済の脱工業化、新産業の形成を図るための手段となるものであった。そこでの文化政策による脱工業化のロジックを再掲すると、イメージ戦略を中心にすえて、各種の文化的投資を行うことで文化環境を整え文化消費を拡大するとともに、市のイメージを新しく文化都市として再構築することによって新規投資を誘導し、新しい産業の形成を図るというものであった。そして、実際にもグラスゴーの都市再生のプロセスは、基本的にこの脱工業化のロジックに沿って展開したと解釈することができる。すなわち、グラスゴーの文化政策はかなり明確に経済的再生という目的のために文化を道具として利用したということになる。

これは、文化・芸術を基本的には経済的な目的のために道具的に利用することにより、文化・芸術の本来の意義や価値、社会的役割を損なうことになるのではないか、加えて文化活動の自律性や文化・芸術の質・多様性に影響を与えるのではないか、という文化の利用に関わる一般的な問題につながる。文化による都市再生の問題としては、そのような文化への影響が文化の質を低下させること、あるいは、文化活動の自律性に影響を与えることによって都市再生自体に跳ね返ってくることが問題となる。すなわち、文化政策の持続可能性の問題となる。グラスゴーのケースでは正面からこの問題に切り込んだ議論や調査は見られないが、一つ言えるのは、グラスゴーの文化政策はツーリストや投資を誘導することを直接の目的としたイメージの再構築に偏った政策であり、文化都市としての装備は備えたものの、それ以上に新しく固有の文化を生み出したとは言えないということである。[42] また、その後のフォローアップが足りないという指摘もあり、一九九〇年代に見られたような目立った文化活動が見えなくなってきていると指摘されている（Palmer/Rae Associates 2004）。そのため、ヨーロッパ文化首都年というグラスゴーの文化政策が花開いた年以降、次第にグラスゴーの都市政策から文化的色彩が薄れてきている。ただし、これが経済の持続的な発展にどう影響しているかについては明らかではない。

それに対して、ニューカッスル・ゲーツヘッドの場合は、文化それ自体の再生を狙ったものであった。これは、1で挙げた文化と都市再生についての三つの考え方のうちのA 文化自体の再生であり、経済目的が優先されその道具として文化を用いるというのではなく、地域の文化を見直したり新しく創造することを目指したりするような、文化自体に主眼を置いている政策である。これには、一つには地域の文化・芸術の発展・普及の推進を担う組織であるノーザン・アーツが主導したということがあり、また、ニューカッスル市、ゲーツヘッド市のうち、長い間文化的空白地と言われ新たな文化の創造を目指していたゲーツヘッド市がイニシアティブを取って政策を進めたということがある。その頃のニューカッスル・ゲーツヘッドという地域は、衰退した状況から脱却するために新たな文化を創り出し市民に提示することで未来への展望と自信を与える必要があり、そのために長い期間をかけ、多額の資源を投入し、文化への投資を行ってきたのである。そして、タイン川沿いの文化景観に象徴されるニューカッスル・ゲーツヘッド固有の文化を生み出してきたのである。その文化が魅力となって、経済の活性化を導いたということができる。別の言葉でいうと文化資本への投資を行うことでその文化的価値を高め、結果としてそれが生み出す経済的価値も高まったということができる。現在、ニューカッスル・ゲーツヘッドは、その政策が生み出してきた文化の価値が高く評価され、ミレニアム・ブリッジやセージ・ゲーツヘッドのような目立った施設の整備でなくても、地道な文化への投資が続いており、文化活動も活発である。そして、その魅力のためにツーリズムや文化産業等の経済活動も振興・発展している。今後もこの状況が持続していけるかどうかは不明だが、ニューカッスル・ゲーツヘッドの、経済を目的として文化を利用するのではなく、文化的価値を高めることを第一の目的とした政策がその結果として経済活動を導くという方法は、文化を活用した持続可能な都市再生政策の一つのあり方と見ることができる。

(2)　文化政策の意味をめぐる問題

文化政策によって創造された新しい地域イメージは、単に市外の資本やツーリストに訴えるだけではなく、市民の自己認識に変化を与え、地域社会の活性化を導いたと考えられる。グラスゴーでは、文化政策はイメージ・

キャンペーンを中心に展開され、そこで創り出した新しい文化的なグラスゴーのイメージをグラスゴーの外に対してだけではなく、市民に対しても投げかけることになった。そして、グラスゴー市民は、それを裏づけるべく整備された文化的環境[43]と次々に打ち出される様々な文化イベントを目の当たりに経験するだけでなく、文化首都年を中心にして数多くのメディアが変わりつつあるグラスゴーの姿を多くは肯定的なスタンスで報道したため、市民はそうした報道の影響をも受けることになったのである[44]。同様にニューカッスル・ゲーツヘッドにおいても、文化施設、文化的環境の整備を中心にした文化政策の展開は地域に対する自己認識を大きく変えている。やはり外部の評価が大きな影響を与えており、とりわけゲーツヘッドでは外部から認知されたということが地域への自信につながっている。そのような外部の評価もあって、市民は文化政策を肯定的に評価し、それによって自分たちの地域が創造的になったと自己認識している。かつて多くの人たちが可能であれば地域から出ていくことを望んでいたことを考えると大きな変化である。

しかし、文化政策によって提示された文化に込められた意味は、必ずしも政策が意図した通りに受け容れられたわけではなく、違和感を示す人たちも多く現れ、その意味を問い直す動きも伴っている。グラスゴーにおいては、文化都市というグラスゴーの地域イメージや文化政策のあり方に対して、グラスゴーを本来代表する労働者階級の意思が反映されていない、グラスゴーの過去の歴史が顧みられていない等の批判の声が上がり、広範な議論が巻き起こっている。ニューカッスル・ゲーツヘッドにおいても、自分たちは疎外されているという声が聞かれている。これについて、ミドルストーンらは、文化政策の方向性に関しては市民の承認や参加が必要であり、これがないままに政策を展開していけば地域社会内部の不協和音が増大し、短期的には経済的に成功したとしても長期的な持続可能性を損なうことになるのではないかと論じている（Middlestone and Freestone, *op.cit.*）。英国政府も「真の持続可能な変化は地域の人々が最初から運転席に座らない限り達成しえない」（DETR 2000）と言明している。すなわち、グラスゴーやニューカッスル・ゲーツヘッドの文化政策は意味の押しつけであり、市民の広範な意見を反映させる手続きを取っていないというのである。これに対して、マイルズは、意味の押しつけという批判に疑問を呈し、文化政策が提示した文化の意味は基本的には個人の解釈に委ねられるもので、潜在的には開かれている、問題は文化政策から解釈しうる意味がその地域の固有の特徴、それまでの歴史や伝統、育まれてきた集合的アイデンティティにどのように根拠を持っているかにあると主張する（Miles 2005）。後発の事例であるニューカッスル・ゲーツヘッドは、その点において基本的には未来志向の文化政策ではあるものの、地域を特徴づける産業の歴史、遺産に配慮した政策の展開が行われてきたといわれるが[45]、先発のグラスゴーでは急いで新しい経済を創造することを目指していたため、過去や地域の固有性との関係に対する配慮が弱かったということができるかもしれない。

確かに文化という意味に関わる領域の政策において市民の広範な意見をどう反映させるかということは考えるべき問題である。しかし、ここで考えてみたいのは、グラスゴーにおいてもニューカッスル・ゲーツヘッドにおいても、文化政策を開始した動機、そしてそのときの地域の状況を思い浮かべてみると、当時、市民の意見の反映、すなわち代表のあり方という問題よりもいかに地域に変化をもたらすかという問題が切実で喫緊の課題だったのではないかということである。産業が衰退して地域が長期にわたって停滞・荒廃し、自信を大きく喪失して未来への展望も持てない状況にあって、衰退から再生という変化をもたらすこと、その変化の方向性として未来への展望・希望を提示し、そして地域に対する自己否定から自信を新たに創り出すことが強く求められていたのではないか。そのため、文化政策としては、政策主体の変化を起こそうとする強い意志、地域の進む方向についての真剣なメッセージを提示する必要があったのである。パディソンによると、グラスゴーのイメージ・キャンペーンの狙いには、市民の士気を高めることが含まれており、そのためにグラスゴー市庁は自身がグラスゴーの変革に積極的であることを市民に示そうとしたのである（Paddison 1993: p. 346）。ニューカッスル・ゲーツヘッドの文化政策が提示した象徴的な意味をめぐって、マイルズは、「政策担当者も地域住民も同様に、自らを（プロジェクトが提示する）想像された地域像、この場合では脱工業化の未来像に同調させようとしている」（Miles 2005: p. 923）と論じている。グラスゴーにしてもニューカッスル・ゲーツヘッドにしても、文化政策が提示した新しい地域像は、脱工業都市、文化都市としての未来の明るい肯定的な展望を市民に与え、多くの市民はその地域像に地域の未来を託そうとしたのだということになる。そのため地域の文化はそのような未来像にふさわしい形で新たに再構成されることになったと解釈できるのである。

文化政策に広く市民の声を反映させるべきではないかという問題は難しい問題である。とりわけ都市の公共空間を文化政策の対象として文化的にどう表現すべきかということについて、ズーキンは、「一つのグループにとっての文化は、他のグループにとっては抑圧になるかもしれない。……公共空間は多様な公共の文化を創り出し、……都市の全体に関わる公共の文化は異なるグループ間の対話になるのである」（Zukin 1995: pp. 293-4）と論じている。これを踏まえて一つの考え方を提示すると、文化政策がある種の意味を内包することは避けられないとしても、それが意味の押しつけではなく、市民の解釈に開かれていることが必要で、政策が提示する公共の文化はそのような解釈を包括するようなテーマ、メッセージを示せることが重要なのではないであろうか。文化や芸術の役割を考えると、文化政策の提示する公共の文化においては市民の声を広く反映させることの必要性は否めないとしても、グラスゴーやニューカッスル・ゲーツヘッドのケースのような抜け出せないような衰退した状況にある都市の再生というテーマと結びついた文化政策であれば、社会に新しい息吹を与えること、新しい見方・考え方を提示することに大きな意義があるのであり、将来の展望を失っている市民にこれまでとは異なる地域の未来像を示し、自信と希望を与え、変化への道筋をつけることこそが求められていたと考えられるのである。なお、第三節において、二〇〇八年の英国リヴァプール市のヨーロッパ文化首都のケースについてこの問題を再度取り上げる。

4　まとめ

本節では、「文化と都市再生」を取り上げ、文化を用いた都市再生政策の持続可能性について、①文化を都市再生という目的のために道具的に利用することの持つ問題、あるいはその場合文化をどう扱うべきかという問題、②文化を用いた政策の持つ意味的側面に関わる問題、の二点について検討した。そのために、このような政策の経験の蓄積がある英国の事例から、グラスゴー市、ニューカッスル市・ゲーツヘッド市を取り上げ分析し、その結果、次のことがわかった。

まず、第一の点について、経済目的のために文化を道具的に利用するというアプローチをとり、短期的な経済効果を上げることを優先するのではなく、文化それ自体の創造、文化の価値を高めることを目的として文化への投資を行っている政策では、文化自体の魅力を高め維持しているだけでなく、その結果として経済的な活性化を導いている。これは、理論的にも経済的価値を生み出す文化的価値が維持されているため都市の発展に持続性を与えることになると説明することができるが、現実に事例の分析を通じて確認することができた。

第二の点は、市民に何らかの意味の提示を行うことになる文化政策においては、市民の声を広く反映させるべきである、あるいは、そのための手続きを踏むべきであり、コンセンサスの得られない文化であればそれによる再生政策は持続できない、という問題である。これは、文化や芸術の役割に関わる問題であり、市民の参加を認める場合その役割を損なわないようにしなければならないという難しい問題を伴う。二つの事例の検討から得られたのは、文化政策の提示する公共の文化においては市民の声を広く反映させ文化の内容を問うことは必要だが、地域社会に抜け出せないような状況からの大きな変化が求められているような状況では、政策によって変化を導くこと自体が求められる場合があり、二つの事例では自治体が強いイニシアティブを取って文化政策を進めることでそれを導くことになった、ということである。しかし、その場合でも文化政策は意味の押しつけではなく市民の解釈に開かれていることが必要で、政策が提示する文化はそのような解釈を包括するようなテーマ、メッセージを示せることが重要である。

第三節　ヨーロッパ文化首都の経験

第一節では、国内のアートプロジェクトに焦点を当て、第二節では文化と都市の持続可能性をテーマに英国の事例を取り上げたが、本節では、前節の中でも重要な文化政策／プロジェクトとして論じられたヨーロッパ文化首都を改めて対象として検討を行う。ヨーロッパ文化首都（European Capital of Culture）は、EUによって指名を受けたEUメンバー国の都市が該当する年において一年間にわたり総合的な形で一連の文化イベントを都市をあげて行う大規模な文化プロジェクトである。現在では、その文化的、社会的、経済的効果が認められ、都市再生の一助としても都市のイメージの再構築の手段としても評価されている[46]。そのため、世界の他の地域にも影響を与え、同様の取り組みとしてアメリカ文化首都（American Capital of Culture）、アラブ文化首都（Arab Capital of Culture）、さらに二〇一四年からは東アジア文化都市も始まっている。

ヨーロッパ文化首都を改めて取り上げるのは、日本国内の文化プロジェクトと比較すると都市再生への貢献という目的が明確だからである。そのため、都市再生との関係という視点から多くの研究の蓄積もある。第一節で論じた国内のアートプロジェクトは地域の活性化への関わりをうたっていても、多くの場合明確な形では主張しておらず、そのため地域再生・活性化という側面における評価や研究は十分な形では行われていない。本節では、二〇〇八年に開催された英国のリヴァプール市のヨーロッパ文化首都を事例として取り上げ、主に英国内での先行研究を参照として分析を行い、都市をあげて行うような大規模な文化プロジェクトが地域再生・活性化に対して果たす役割として実際どのようなものが期待できるのか、そこから何を引き出すことができるのか等について検討するものである。

1　ヨーロッパ文化首都から何を学ぶか

世界的に、地域的な文化プロジェクト、ここでは端的には文化イベントが地域にもたらす効果に対する期待が大きくなってきている。その中でもヨーロッパ文化首都は、大規模で総合的な文化プロジェクトであるために注目を浴び議論を呼ぶとともに、既に三〇年以上の経験の蓄積もあることから多様な視点から多くの研究が行われている。ここでは、文化プロジェクトと地域再生・活性化との関係について、日本で検討する場合ヨーロッパ文化首都の経験から何を学ぶことができるかについて考えてみたい。

(1)　ヨーロッパ文化首都政策と都市再生との関係

ヨーロッパ文化首都はＥＵにおいて公式には広義の目的が掲げられているが[47]、文化首都を実施する各都市は、これを再解釈してそれぞれの持つヴィジョンや戦略に基づいて再設定している。やや古くなるが、ＥＵの欧州委員会の委託により実施された二〇〇四年までの文化首都についての調査（Palmer/Rae Associates 2004, *op.cit.*）によると、主要な目的としては、都市／地域の国際的なプロフィールを向上させること、長期的な文化的発展をもたらすこと、観光客を惹きつけること、市民の誇りや自信を高めること、市民が文化に触れる、あるいは参加する機会を広げること等が挙げられており、また、創造性やイノベーションを促進させることや地域のアーティストの能力やキャリアを開発することも含まれている。これらの目的を見ても文化首都が都市再生と大きく結びついていることを見ることができるが、これは前節でも見たように、一九九〇年のグラスゴーのときに行った、都市再生戦略の一環として文化首都を活用するという取り組み方法が成功したことから[48]、その後の文化首都がグラスゴーをモデルにして文化首都を位置づけるようになったためと考えられている。

ヨーロッパ文化首都では、一九九〇年のグラスゴーの事例に見るように多種多様な文化イベントが盛り込まれているが、多くの場合、演劇、ダンス、ヴィジュアル・アーツ、音楽、パレード、野外イベント、遺産と歴史に関するプログラム、建築プログラムなどから構成されており、平均すると五〇〇のプログラムが一年間を通じて行われる。事業費は平均二六〇〇万ユーロであるが、EUからの補助金は二%以下に過ぎず、開催国や当該都市に関わる自治体からの支援金や民間からの協力金などで賄っている（*ibid.*）。

文化首都の選定にあたっては、まず当該年の都市の開催国が持ち回りで決められ、その国の中で候補都市が選ばれ、オリンピックの開催都市の決定過程と同様に候補都市がキャンペーンを展開して、最終的に通常開催年の四、五年前に行われるコンペでの審査で指名が決定される。二〇〇八年のケースでは、英国内で一二都市が立候補し最終的にリヴァプール市が選ばれている。重要なのは、このキャンペーンと指名を受けてからの準備プロセスである。この間に自らの都市戦略や文化政策に文化首都をどのように結びつけ、最大限の成果を得るためにどのような運営体制を整え、どのように準備し、そして事前プログラムをどのように組織するか等について検討することが不可欠なのである。これは、ヨーロッパ文化首都が大規模で、かつ一年間という長期にわたる文化プロジェクトであるために周到な計画と準備が必要だということだけではなく、そうすることで文化首都をツールとして当該都市の長期的戦略の実現を促進すること、さらには、都市のその後の変容の契機とすることが可能になるからである。その点において、ランドリーが主張する創造都市の考え方と通底している。

(2) 取り上げる視点

ヨーロッパ文化首都に対する研究上の関心は高く、これまでも様々な報告や研究がされてきた。ここでは、都市再生・活性化との関わりという側面を中心に次のような視点を取り上げたい。

A　創造産業にはどのような影響を与えるか、その育成・発展にどのように貢献するか

B　どのような体制で運営したか、また、そのもたらした成果をどのように持続させていくか

C　リヴァプールの文化首都は成功したと言われているが、この成功の経験はモデル化可能か

まず、一般的に文化プロジェクトついて問われる、どのような効果・影響があり、それをどう捉えるかという問題がある。ヨーロッパ文化首都は、一年間の長期にわたって多数のプログラムから構成されるプロジェクトであるため、地域に与える影響も広範囲の領域にわたり、それをどう捉え評価するかは難しい問題である。しかも、ヨーロッパ文化首都は、大規模であるがゆえに都市の長期戦略に資することを期待されているために、長期的な影響をどう捉えるかということがさらに重要性を帯びてくる（Garcia 2005）。そのような効果・影響の中でも、文化やアートを対象としているために一般的にも文化プロジェクトには創造産業の育成や発展への影響が期待される場合が多いが、大規模であり、国際的なアピールをもっているヨーロッパ文化首都においてはその傾向はことさら強く、多くの文化首都では主要な目的として創造産業への発展に資することを掲げている（Campbell 2014）。ヨーロッパ、とりわけ英国では、産業分野全体の中で創造産業に対する期待が大きいということもある。ここでは、文化プロジェクトに期待される効果・影響の中でもこのような創造産業への影響に焦点を当て、リヴァプールの文化首都のケースにおいてこの影響をどう見るべきか、どう捉えるべきかについて論じたい（A）。

次に、どのような体制で運営し、そのもたらしたものをどう持続させていくかというプロジェクト全体のマネジメントやガバナンスに関わる問題がある（B）。ヨーロッパ文化首都のような大規模な文化プロジェクトの場合、

プロジェクトにとどまらず、その都市の文化政策を中心とした公共政策の一環として捉え、その中で望ましい成果を得るためのガバナンスのあり方が問われる。さらに、プロジェクトによって生み出された成果や影響を「遺産（Legacy）」として捉え、これを活用し持続させていくことにこそプロジェクトの意義を見出そうとする考え方がある（Garcia 2004a）。そのためにはどのような仕組みが必要であるかが問われる。その一つの回答として行政だけではなく文化に関わる専門的な知識を持つ多様なアクターが参加することによって形成され、彼らの持つ知識や情報、あるいは現場での経験が文化政策の形成や展開を支えるような、政策ネットワークによるガバナンスが考えられる。リヴァプールの文化首都ではそれが登場したと言われている。

最後に、これまでのヨーロッパ文化首都の経験から得られた知見をもとにモデル化し、それによって次の文化首都や他の文化プロジェクトに知見を伝えていくことができるのではないかという考え方がある（C）。現在、英国では英国文化首都（UKCC: United Kingdom City of Culture）というプロジェクトが展開されているが、これはリヴァプールのヨーロッパ文化首都を成功例として捉え、それに倣う形で始まったものである。このような試みはどのように見るべきか。そこではどのような点がモデルとして一般化できるか。

以下においては、二〇〇八年の英国リヴァプール市のヨーロッパ文化首都を取り上げ、その政策過程や計画内容、実施の状況等について概観した上で、前述のような視点に基づいて検討を加えていきたい。

2　二〇〇八年英国リヴァプールのヨーロッパ文化首都の開催

(1)　リヴァプール市の社会的・政治的背景

一九七〇年代から九〇年代にかけての社会経済的状況と都市再生事業の展開

リヴァプール市は英国イングランドのノースウェスト地方（North West）のマージーサイド州（Merseyside

County）[49]に位置し、人口約四七万人（二〇一四年）、都市圏人口約二二〇万人を擁する、地域の中心都市である。かつては英国有数の港湾都市・工業都市として産業革命以降の英国経済を支え、最盛期には八〇万人の人口を抱えていた。第二次大戦以降、他の英国の旧来型の産業都市と同様に経済的に衰退し、一九七〇年代以降、多くの産業と雇用が失われ深刻な経済的停滞、社会的貧困を抱えるようになる。しかも、英国経済全体の復調もあって一九九〇年頃以降他の産業都市が復興しつつあった時期においても、例外的とも言えるような依然とした衰退傾向が続いていた。一九八四年から一九九八年にかけての英国の雇用統計を見ると、英国全体で雇用は一二％増加しているのに対して、リヴァプール市では約一六％減少している。リヴァプールの経済的停滞は一九九七年まで続く。それ以降雇用も徐々に増加し始め、二〇〇一年頃には人口減少も落ち着き次第に回復し始めるが、それでも英国の他の都市よりはスローペースであった。

このような状況に対する政策的対応としては、民間の投資が期待できない中で一九八〇年代、九〇年代は都市再生の実験場として中央政府のイニシアティブのもとで数多くの再生事業が展開される。これらの事業は、マージーサイド開発公社（Merseyside Development Corporation）[50]によるアルバートドックの改修をはじめとして物理的な面では成功したが、十分な雇用を生み出すことにはつながらなかった。地域の最大の政策当事者であるリヴァプール市（Liverpool City Council）には、長期的で包括的な政策枠組みがなく、リヴァプールの長期的衰退に対応する計画も欠如していたと言われている（Parkinson and Bianchini 1993）。

リヴァプール市の文化政策

リヴァプールでは、このような社会経済状況は政治にも反映されて、七〇年代、八〇年代は政治的に不安定な状況が続き、文化政策においてはゲームのルールが支配的であったと言われている。そのため、英国の自治体で文化政策が通常取るべき体制が整えられず、その頃増大していた文化や芸術への政策的対応の要求にも十分に応えられなかった（O'Brien and Miles 2010）。その頃英国の都市では、グラスゴーのように文化を戦略的に活用するアプローチをとり都市再生に効果を挙げる都市が現れていたが、リヴァプールはそのような機会を逃してしまったと言われている（Parkinson and Bianchini, *op.cit.*）。ターニングポイントとなり得る機会は一九八六年で、一九七〇年代にマージーサイド州庁（Merseyside County Council）に移管された文化政策権限が、当該州庁がその年に廃止されるに伴ってリヴァプール市に戻り、文化政策の実施に伴う資金もリヴァプール市とアーツカウンシルの地域団体であるマージーサイド・アーツ（Merseyside Arts）に分配されることになった。しかし、その後もリヴァプール市の文化政策には積極性は見られず、むしろ受動的な対応という性格が強く、九〇年代においても文化プロジェクトへの関わりがあまり見られなかった。また、リヴァプール市では文化を道具的に利用するという姿勢が強く、そのこともあってか一九九〇年代においては市内の主要な文化施設・団体とは望ましい協力関係を創り出すことができなかった。

新たな都市再生政策の展開とヨーロッパ文化首都に向けての動き

一九八〇年代以降の英国の自治体では、グラスゴーやマンチェスター、バーミンガムで特に顕著であったように、都市政策の展開においてD・ハーヴェイが論じる都市企業家主義的アプローチ[51]が大きな影響力を持つようになってきていた。その頃見られたリヴァプール市の政治的な混乱はこのアプローチの台頭を遅らせることになるが、それでも九〇年代には、マンチェスター等の似たような経済的停滞状況にあった都市の経済的再生を目の当たりにして、リヴァプールの政治文化にも浸透するようになる（Jones and Wilks-Heeg 2004）。一九九八年には、新しくリヴァプールの自治を担当することになった自由民主党（Liberal Democratic Party）体制下で、都市企業家主義への傾斜は明白になり、その考え方に基づいてリヴァプール市が置かれた状況の打開を図るべく長期戦略の策定に乗り出すことになる。

一九九九年、リヴァプール市は、最初のコミュニティ戦略、「第一級のヨーロッパ都市を目指す（To become a premier European City）」を公表する。[52] これは、その後一〇年間にわたってリヴァプールの都市ヴィジョンを支えることになる。同じ年、イングリッシュ・パートナーシップ（English Partnerships）[53]や地方開発機構（RDA: Regional Development Agency）[54]とともに英国の最初の都市再生会社（Urban Regeneration Company）[55]であるリヴァプール・ヴィジョン（Liverpool Vision）を創設する。二〇〇〇年になると、リヴァプール・ヴィジョンは戦略的再生枠組み（SRF: Strategic Regeneration Framework）を策定する。これはリヴァプール市の都心地域の再開発を方向づけるマスタープランで、リヴァプールに第一級の商業中心地としての地位を回復させようとする高い目標をもつものだった。このSRFという再生枠組みに基づいて都心の物理的側面の改善やインフラの再整備計画が策定され、二〇〇〇年以降大規模な再開発が精力的に実施されていく。その結果、二〇〇八年の終わりまでには、リヴァプール都心部に高品質の商業センター、会議場、新しいホテル群、新しく改善された文化施設、都心居住施設、大きく改善された公共空間を備えることになり、魅力的な空間を創り出すことに成功する。

このように、都市企業家主義的志向をもった行政が主導権を握り精力的にリヴァプールの変革に乗り出そうとする気運の中で、さらに都市再生への起爆剤として、二〇〇八年に英国で開催されることになったヨーロッパ文化首都を絶好の契機として捉え、その指名獲得を目指すことになる。

(2) 運営体制の推移[56]

LCC（リヴァプール文化会社）を中心とした推進体制

まず、リヴァプールとしては二〇〇八年のヨーロッパ文化首都の指名競争を勝ち抜く必要があったが、リヴァプール市ではそれまで積極的な文化政策が展開されてこなかったため、推進体制の基礎となるような関係団体が連携するための既存の枠組みがなかった。そこでリヴァプールにとって非常に重要なこのイベントのために、二〇〇〇年に市によってリヴァプール文化会社（Liverpool Culture Company: LCC）が創設されるが、これは文化首都の指名競争から当該年の文化プログラムの企画・実施・運営において中心的な存在となる。[57] この組織は、中心的なスタッフはほぼリヴァプール市から派遣されており、市のコントロール下にあったといえる。[58] 二〇〇二年から二〇〇三年にかけての文化首都の指名獲得という目的が文化芸術関係者の枠を超えて、都市開発、ツーリズム、地域コミュニティ、地域フットボールクラブ、各種公共サービス関係等のアクターをLCCを中心とした体制に集結させるが、二〇〇三年に指名が獲得されるとこのような関係は簡単に崩れることになる。

二〇〇三年に文化首都の指名を勝ち抜いて以降も、LCCが二〇〇八年の当該年までの文化プログラムの企画・実施・運営において中心的な存在として活動していく。しかし、LCC主導、すなわちリヴァプール市役所主導の運営は混乱が続き、行政セクターが文化首都の推進・準備において十全たる主導的役割を果たせない状況が現れ、それを埋める形で市の文化芸術セクターの主要な団体が、都市再生を主導する組織であるリヴァプール・ヴィジョン等とともに文化首都の実施・運営において重要な役割を果たすようになっていく。

二〇〇八年の運営

二〇〇八年には、英国政府が定めた地域における政策のガバナンス形態である地域戦略パートナーシップ[59]の組織として設立されたリヴァプール・ファースト（Liverpool First）が中心となって、文化首都プロジェクトの運営をめぐって関係する団体間（LCCやリヴァプール・ヴィジョン、市内の文化団体をはじめとする関係諸団体）の対話や協力関係を推進するためのフォーラム等の枠組みを組織することを通じて文化政策の政策づくりのネットワーク形成を推進していく。そのような状況下で、リヴァプール市内の八つの主要な文化芸術団体が、LARC（リヴァプール芸術再生協会：Liverpool Arts Regeneration Consortium）[60]という組織を結成、LCCとは緩いながらも官民のパートナーシップを構成し、ヨーロッパ文化首都の運営や市の将来の文化戦略・計画にコミットするようになる。

ポスト２００８の文化政策のガバナンス

二〇〇八年以降は、当初文化首都の成果・影響を適切に活用していくためにリヴァプール市の文化戦略・計画をどのように進めていくかが重要な政策的課題であり、この課題に対応するためにそれまでのリヴァプール市中心ではなく、リヴァプール市、リヴァプール・ファースト、ＬＡＲＣを中核とする文化芸術や都市再生に関わる主要なアクターが参加する政策づくりのネットワークが形成されていく。その中でもＬＡＲＣが次第に主導的な役割を高めるようになり、現在ではリヴァプールの文化政策のガバナンスにおいて中心的な存在になっている。これについては、後述の4分析・考察で論ずる。

(3) プロジェクトの概要

ここでは、二〇〇八年のヨーロッパ文化首都のプロジェクトの概要について説明したい。(61)

ヴィジョン

リヴァプールの都市再生を導き都市の位置づけを変えることが二〇〇八年のヨーロッパ文化首都の中心的な狙いであり、文化首都は長期的な経済的社会的変容のための触媒として捉えられていた。そのヴィジョンを構成するものとして次の四つの主要な目的を見ることができる。

Ａ　国内及び海外のオーディエンスに対してリヴァプールを新たに位置づけ直し、リヴァプール及びノースウェスト地域にさらなる来街者を呼びよせる

Ｂ　マージーサイド及びそれを超える地域の人々が文化活動に参加することを奨励する

C　リヴァプールの文化セクターの持続可能な長期的な成長のための遺産を創造する

D　アートや文化のはたらきによって、これからのリヴァプールが生活し働く場所として望ましく、また訪問するに値する場所になっていくということを国内的、国際的に宣伝する

明確には都市再生には言及していないが、このヴィジョンがリヴァプール市の都市戦略的視点から設定されていることは明らかであり、リヴァプール市の場合は都市戦略はそのまま都市再生に結びつくことになる。AとDは文化首都を都市戦略の手段として設定しており、BとCは文化自体が目的になっているが、これもリヴァプールの文化的発展が都市再生あるいは都市の発展に欠かせないという認識に基づくものと見ることができる。

プログラムの基本構成

リヴァプールのヨーロッパ文化首都のプログラムは、次のような文脈の異なる三層の運営に基づくプログラムから構成されている。

A　総額一二九・九百万ポンドの予算に基づいてLCCと一連の関係者とによって調整された主要なイベントプログラム及びそれに関連する活動

B　官民のパートナーシップに基づく広範囲の都市再生及び都市のイメージ再構築と交差するプログラム

C　ヨーロッパ・コミッションのガイドラインや他のEU諸国のヨーロッパ文化首都の関係者と関わるヨーロッパという広い文脈に基づくプログラム

基本的には、Aがリヴァプールとしての文化首都本来のプログラムであり、全体のプログラムの大部分を構成している。Bにはリヴァプール市の都市戦略への活用が明確に反映されており、Cでは文化首都に込められた

EUの理念が反映されたプログラムが展開されている。

実施状況

リヴァプール市は二〇〇三年に指名を受けて以降二〇〇八年の文化首都年までの間にも年ごとにテーマを決めてプレイベント的なプロジェクトを展開している[62]。二〇〇八年には、公式にリヴァプールの文化首都のウェブサイトに登録されたもので八三〇の文化イベントが開催され、そのうちハイライト的として認識されるものは二七六を数える。トレーニングや教育的ワークショップ等を含めた文化首都に関連する文化活動は、二〇〇八年で七〇〇〇を超え、二〇〇五年から〇八年にわたっては四万一〇〇〇を超える。そのうち、一万五〇〇〇の活動はLCCによって手配されかつ助成を受けており、二万六〇〇〇の活動は小規模なアートやコミュニティ関係の団体から助成を受けている。

オープニングセレモニー：約 40,000 人が集まった

アーティストやアート関係者の二〇〇八年の活動総時間は六万六〇〇〇時間、二〇〇五年から〇八年にわたっては一二万三〇〇〇時間を超えている。これは、フルタイムのアーティスト一四〇人の四年間分に相当する。また、プロのアーティストの五〇％はリヴァプールに活動の基盤を置いており、残りの三〇％がその他の国内、二〇％が海外から参加している。リヴァプールの文化首都には多くのボランティアが協力しているが、二〇〇五年から〇八年までの期間九七一人が活動しており、延べ日数は四年間で六九七四日、そのうち二〇〇八年が五六一一日となっている。

表3-3　リヴァプールのヨーロッパ文化首都にかかる経費の収入源及び支出内容

収入先	収入額（£m）	支出内容	支出額（£m）
リヴァプール支役所	74,811	文化プログラム	77,920
アーツカウンシル及びDCMS	10,528	マーケティング	24,912
ERDF	14,268	運営管理費	19,509
EUからの支援（ERDFを除く）	809	その他	7,546
その他の公的支援	3,112		
イベント収入	4,070		
各種スポンサー	22,289		
合計	129,887	合計	129,887

出典：Impacts 08（2010）.

二〇〇八年の来客者は九八〇万人、二〇〇五年から二〇〇八年までの四年間のプログラムのトータルでは、一八三〇万人を超えている。また、リヴァプールへの来街者数との関係については、二〇〇八年の市への来街者全体の三五％が文化首都を目的として来ている。

収入及び支出

二〇〇三年に指名が決まったときから二〇〇八年の開催年までの六年間の総収入及び総支出は、約一・三億ポンド（・四二億ユーロ）であり、そのうち二〇〇八年の開催年は〇・七五億ポンド（全体の約五八％）を占めている。これは、一九八五年から二〇一四年までのヨーロッパ文化首都の中では最大で、全体の平均の約四倍という予算規模であり突出した数値となっている（Richards and Palmer 2010）。

収入は、上から順にリヴァプール市役所から約五八％、各種スポンサーから一七％、ＥＵの地域開発関係資金であるＥＲＤＦ（European Regional Development Funding）から約一一％、アーツカウンシル及びメディア・文化・スポーツ省（DCMS）から約八％を獲得している。支出は、主なところで文化プログラムが六〇％、マーケティング活動が約一九％、運営管理費一五％となっている。

3　効果・影響

文化政策／プロジェクトは直接・間接を含めて多様な効果・影響が考えられるが、中でもヨーロッパ文化首都は非常に大がかりな年間イベントであり、プログラムも広範囲で多岐にわたる内容を含んでいるため、社会の多様な領域にわたって効果・影響を見る必要がある。このような効果・影響をどう捉え評価するかは検討すべき問題となる。ここでは、まず、リヴァプール市の主導の下で行われている調査の方法について概観し、その上で、文化政策／プロジェクトの効果・影響として重要と思われる項目を取り上げ論じたい。

(1)　効果・影響の捉え方／調査体制

リヴァプールのヨーロッパ文化首都では、リヴァプール市役所が委託して、リヴァプール大学（University of Liverpool）とリヴァプール・ジョンムーア大学（Liverpool John Moores University）とが共同で効果・影響の調査及び評価を進めている。客観性・公正さを確保するために、大学という独立した研究機関に調査を委託しており、大学自体は文化政策や文化の社会的役割についての研究を発展させる形で調査を行っている[63]。文化政策／プロジェクトの都市再生にもたらす効果・影響としては、短期的・直接的なものよりむしろ長期的・間接的な影響が重要であるが、直接的なデータには現れないためこれをいかに捉えるかが問われる。リヴァプールの文化首都のケースではImpacts 08という短期調査とImpacts 18という長期調査（二〇一八年六月現在調査中）による二重の評価を行っている。この調査プログラムは、同時に、リヴァプールのヨーロッパ文化首都の短期・長期の効果・影響の調査を通じて文化政策や文化プロジェクトの多様な影響を評価するための調査モデルを構築することをも目的としている。

まず、短期的な調査として既に実施、公表されているImpacts 08を取り上げてみたい。大がかりなプログラムを抱えたプロジェクトでは、その内容による違いはあるものの、多様な効果・影響のどこに焦点を当てて調査対象を設定するかが重要であり、それによって評価も変わってくる。リヴァプールの文化首都では、前述したようにそのヴィジョンにおいて四つの主要な目的を掲げており、基本的にはこれらが文化首都の効果・影響を評価するための重要な指針となる。リヴァプールでは、ヨーロッパ文化首都を明確に都市再生に結びつけてヴィジョンを打ち出しているため経済的な影響は当然対象になるが、文化が都市再生にとって重要であるとして捉えている以上リヴァプールの文化自体をエンパワーすることが求められる。文化は対外的にはその意味的側面が重要な役割を果たすことが多く、既にリヴァプールの一八年前にグラスゴーがイメージの再構築に成功したように、リヴァプールにおいても同様の効果を狙っている。また、リヴァプールの文化首都ではとりわけ地域社会の参加を強調しており、これが指名獲得につながったとも言われているため調査すべき重要な対象となる。Impacts 08では、これらの問題に加えて、プロジェクトの運営に関わる問題——ガバナンス及び実施プロセスのあり方——にも目を向けている。これらを整理すると次のようになる。

A　文化的アクセス及び参加
B　経済及び観光
C　文化的活力及び持続可能性
D　イメージ及び認知
E　ガバナンス及び実施プロセスのあり方

文化首都に関わったリヴァプールの文化関係あるいは政策関係の人たちの間では、ヨーロッパ文化首都によって生み出された成果や影響を遺産（Legacy）として捉え、これの検証・捕捉を重視しているため、長期的な影響に対する関心が非常に高い。これについては過去にグラスゴー市が同市のヨーロッパ文化首都年(一九九〇年)について、人々の意識や態度への影響を中心に長期的な影響に関する調査を行っている。[64] リヴァプールではグラスゴーの調査方法を参考にしつつ発展させる形で、短期調査で用いた調査枠組みに基づき収集したデータを拡張、新たなデータを追加収集する等によって現在調査を進めている。[65]

(2) 短期的な効果・影響の概要

ここでは、具体的に二〇〇八年のリヴァプール文化首都の効果・影響について、Impacts 08を主要な資料としてその中で挙げられた主要項目AからDを取り上げ見ていきたい。なお、E、ガバナンス及び実施プロセスのあり方については、4分析・考察で取り上げる。

文化的アクセス及び地域社会の参加

これは、リヴァプールの文化首都が開催にあたって重視した点である。地域社会の人々の文化的活動への参加は、自信や自尊心、さらには技能を高めることによって地域社会の発展に貢献すると言われている。リチャーズとパーマーによると、都市が文化イベントで成功するということは、その都市の文化的エコロジーを涵養することを意味するが、そのためには文化イベントはその都市の文化的生活の不可欠な一部になるべきであり、地域社会と深い関係を持たなければならない。これはすなわち、文化的再生という目的を達成するためには、イベント・プログラムへの高いレベルの地域社会の関与と参加がなければならないことを意味する(Richards and Palmer 2010, *op.cit.*)。実際に、多くのヨーロッパ文化首都では地域社会の人々のアクセス性や参加を高める試みが行われており、リヴァプールでも市民の参加についてはCreative Communitiesというプログラムが展開され多くの市民が参加している。[66] Impacts 08によると、六六%のリヴァプールの市民が文化首都の少なくとも一つのイベントに参加、一四％の市民がこの政策に関連して何か新しいことをやっている、六〇％のノースウェスト地方の住民は文化首都のために以前よりも多くの文化活動や文化的機会が増えたと見ている、文化プログラムは一般の人々にも向けられたものであるという意見が〇八年の前後で一六％改善されている等の、比較的好ましい結果を得ている。しかし、調査結果には、イベントが都心に集中しており、都心外の人々にとってアクセス性に問題があることも指摘されている。

地域住民の関わりについては、ボランティアとしての活動も重要である。現実に九七一人の人たちが活動に参加し、二〇〇五年から〇八年までの四年間で延べ六九七四日、〇八年に限ると五六一一日に上っている。Impacts 08 の調査によると、ボランティアとしての活動は、参加した人たちに他者に援助の手を差し伸べる機会を与え、それを通じてつながりや友人関係をもたらしている。ボランティアは、また、自分たちの活動を通じてリヴァプールの国内及び国際的な評判の回復に積極的な貢献をしたという感覚を得ることで大きな満足を得ていると報告されている。

地域社会の主体的な参加という点では疑問もある。地域住民の文化プログラムへのアクセス性を高めたとしても、Impacts 08 が論じているように彼らの立場は依然としてオーディエンスであり、また、ボランティアとして活躍する機会が得られ

表 3-4　ヨーロッパ文化首都への来客数（1995-2008 年）

ヨーロッパ文化首都の開催都市（年）	来客数（百万）
ルクセンブルク（1995）	1.1
コペンハーゲン（1996）	1.5
アヴィニョン（2000）	1.5
ボローニャ（2000）	2.2
ヘルシンキ（2000）	5.4
ロッテルダム（2001）	2.3
ポルト（2001）	1.2
サラマンカ（2002）	1.9
ブルージュ（2002）	1.6
グラーツ（2003）	2.8
リール（2004）	9.0
ジェノヴァ（2004）	2.8
コーク（2005）	1.3
ルクセンブルク（2007）	3.3
シビウ（2007）	1.0
リヴァプール（2008）	10.0

出典：Palmer and Richards（2009）.

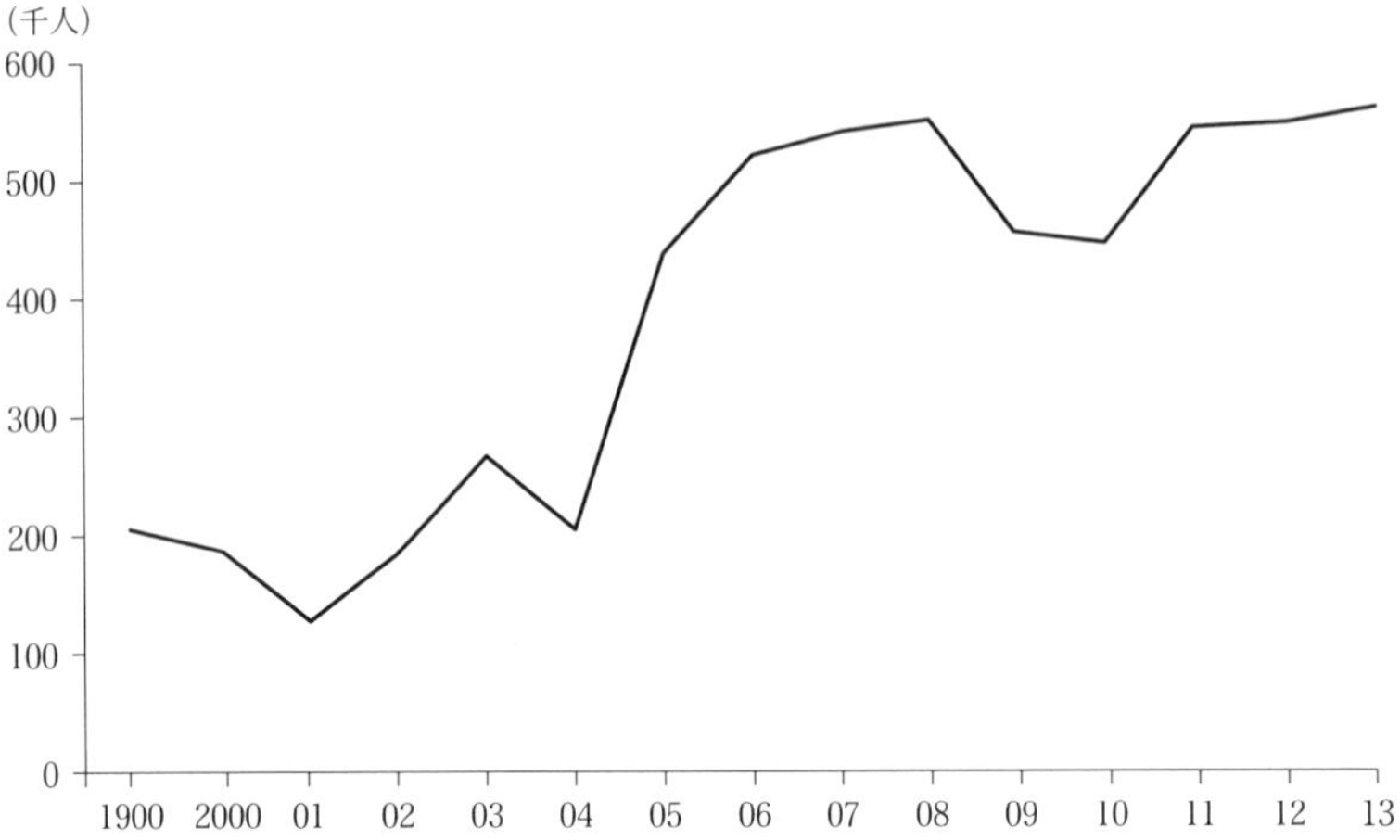

出典：Visit Britain（2015）.

図 3-5　リヴァプールへの海外からの来客数の推移（1993-2013 年）

たとしても政策策定に関わったわけではなく、政策推進者以外の一般市民の主体的な参加への道が用意されたとは言えない。調査結果には現れていないが、文化首都の運営やプログラムに地域社会の人々の意見が反映されているか、代表されているかという点については、リヴァプールにおいては、一部のプログラムを除いてそのような手続きを踏んだという資料が確認できないため、評価を与えることは難しい。

観光・経済

リヴァプールのヨーロッパ文化首都は、他の都市に比べて予算規模が大きかったこともあり、非常に多くの観光客、来街者を引き寄せるのに成功している。二〇〇八年の来街者は九七〇万人だが、この数字は一九九五年から二〇〇七年までの文化首都の開催都市の実績を大きく超えている（Richards and Palmer 2009）。既に触れたように、二〇〇八年のリヴァプールの来街者の三五%が文化首都を目的としているが、そのうちの九七%は、リヴァプールを初めて訪れている。その結果として、七・五億ポンドの直接的な経済効果を生み出したと推計されている。また、間接的な経済効果として約二億ポンドを生み出しており、直接・間接効果併せて約一万五〇〇〇人の雇用を生み出している。

ヨーロッパ文化首都を開催した各都市では、その開催年においては普段の年の数倍の来街者を引き寄せることに成功しているが、問題は開催年以降の来街者をどう維持するかということにあり、多くの都市はこの問題にはうまく対処できていない。その点において、リヴァプールは来街者数の維持にある程度成功している。海外からの来客数に焦点を当てると、二〇〇八年から一旦は低下したものの、二〇一一年には二〇〇八年の開催年と同程度に回復し、二〇一三年には二〇〇八年を上回り記録を更新している。この年、リヴァプールは海外からの訪問客にとってロンドン、エディンバラ等に続く英国内五番目の人気地域になっている。二〇〇八年の文化首都がリヴァプールを大いにアピールすることになったと評価することができる。もちろん、これは文化首都年の効果・影響だけではなく、その後も引き続き展開した数々のイベントや大規模なプロジェクトの展開、既存の文化施設の改善・再整備等が大きく関与していると思われる。これをヨーロッパ文化首都を含めた都市再生戦略の一環として捉えれば、文化首都の成果を適切に活用し、そこで高揚した都市再生の機運を維持することに成功しているということができる。

観光以外の経済領域では、文化首都の取り組みがとりわけ注目する創造産業については、Impacts 08 によると、文化首都年の直接的な効果として二〇〇四年に比べリヴァプール市内の創造産業事業者が二〇〇八年では八％増加している[67]。二〇〇八年では、リヴァプール市には一六八三の創造産業事業者がおり一万九八七人を雇用しているが、これはリヴァプールの雇用全体の三％強にあたる。文化首都はリヴァプールのプロフィールを向上させたが、とりわけ外部の認知に大きく影響した。創造産業についても同様で、Impacts 08 の調査によると、この外部の認知を通じてリヴァプールの都市地域内の創造産業の人たちのやる気を高めるとともに、彼らが提供する製品や作業、サービスの質に対する信頼性を高めている。また、調査に協力した創造産業従事者のほぼ四分の三の人たちがリヴァプールの文化首都は彼らの仕事に長期的に有益な影響をもたらしたと感じている。

その他の経済領域への影響については、Impacts 08 等の公式な調査では詳細には論じられていない。経済全体に対する影響については、文化首都によってリヴァプールのビジネス上の立地に対する産業界の評価がどう変わったかを見ることで、その一端を捉えることができる。地方開発機構（NWDA。この場合はノースウェスト開発機構：North West Development Agency）の調査によると、英国内では、産業界では八八％の人たちがリヴァプールの文化首都を認知しており、六八％がリヴァプールのイメージに有益な影響があったと捉えている。ただ、全体的な影響については長期的な影響評価に多くを求めるべきと考えられているため、その結果が待たれるところである。

リヴァプール中心街を練り歩く巨大なクモ型の Machine

文化活動

文化イベントが文化セクターに大きな影響を与えることはいうまでもない。アーティスト等の文化活動のアクターにとっては、直接的には活躍の機会や収入が得られることになるが、それとともに創造性への刺激を受けたり、技能を獲得したりする機会にもなると考えられている。また、文化イベントは文化活動を支える文化インフラの形成・整備にも貢献する。Impacts 08 によると、アーティスト・文化関係者等の文化セクターの人たちは概ね肯定的な評価をしている。リヴァプールの文化首都はリヴァプールの文化都市としてのプロフィールを向上させた点、及びアートや文化の提供、そしてそれによって来街者の増加、市民の文化の享受の拡大をもたらしたこと、アート・文化関係に対する投資が増えその結果新しいプロジェクトが生まれたこと等の点において成功したと見ている。五一％の回答者が、リヴァプールは文化首都によって世界クラスの文化都市としての位置づけを獲得したと評価している。

ここで重要なことは、このようなイベントが、個々のアーティスト・文化関係者やクライアント、あるいは種々の関連団体間で新たにネットワークが形成されたり、既存の関係が強化あるいは新しく生まれ変わったり、新たな連携の枠組みが形成されたり、というアクター間の関係構築の機会になることである。Impacts 08 の調査では、回答者（アーティスト・文化関係者等）の三分の二が文化首都はネットワークの形成や情報の共有に貢献したと答えている。とりわけ、セクターを超えるネットワークの形成・発展はリヴァプール文化首都の一つの大きな成果と見られている。多くの回答者が新しい接点を開拓できたこと、地域内・国内・国際的なネットワークが形成できたこと、そこで生まれた機会を活用できたことを成果として挙げている。このネットワークには、アーティストと実務家等との間の水平的なネットワークやパートナーシップ、リヴァプール内での独立したアーティストや小規模事業者と大規模な芸術団体との垂直的なネットワークやパートナーシップも含まれている。団体間の連携の形成――これも一種のネットワークであるが――という点については、前述したように八つの主要な文化芸術団体が、二〇〇八年に文化首都の運営の問題が持ち上がってきたことを契機にＬＡＲＣ（Liverpool Arts Regeneration Consortium）という組織を形成しているが、より小規模の文化活動団体もこの頃同様にＣＯｏＬ（Creative Organisations of Liverpool）という連携組織を形成している。いずれも、その後のリヴァプールの文化政策を支えることになる。

多くの評価は肯定的だが、他方で否定的な意見もある。とりわけ重要なのは、従来からの地域内の活動に対する影響である。大規模プロジェクトやイベントを重視するあまり小規模な事業者にはあまり機会がなかったこと、大規模イベントの展開に注力していて市内のアートのためのインフラの改善がおろそかになったこと等が挙げられている。

なお、Impacts 08 では、文化活動への影響は、Ｃ、文化的活力及び持続可能性としているが、ここまで見てきたことは文化首都の直後に観察された結果であって、持続可能性についてはそれを可能とするような前述のネットワークや枠組みが形成されたことは指摘できるが、具体的な数値として示されるような調査結果は現在のところ得られていない。

この分野のアクターは創造産業の従事者としても捉えられるが、この面については次のサブセクションで論じる。

都市のイメージ

一九九〇年のグラスゴーのヨーロッパ文化首都以来、このプロジェクトは都市のイメージ再構築の重要な手段とみなされるようになった。ガルシアの研究（2004a, *op.cit.*）によると、グラスゴーの文化首都の最大の遺産は対外イメージと地域アイデンティティを変えたことにある。今ではヨーロッパ文化首都は、都市の国際的なプロフィールを向上させるための一つのブランドとなっているということすらできる。

リヴァプールは、一九九〇年のグラスゴーと同様に、文化首都をイメージの再構築と新しい地域ブランドの形成のまたとない機会と捉えた。マージー・パートナーシップ（Mersey Partnership）[68]とLCCが中心となって市内の様々な組織の連携の下に、文化首都を活用して都市の新しい文化イメージ構築のための活動を展開する。二〇〇〇年以降二〇〇八年まで毎年テーマを決めてマーケティングおよびプロモーション活動を精力的に展開したのである。マーケティングに使った費用は二・七千万ユーロという膨大な額に達している。これは、一九九五年から二〇〇八年までの文化首都の中でやはり突出した規模で、次に多いオーストリアのグラーツ市の二倍となっている（Richards and Palmer 2009, *op.cit.*）。

結果として、二〇〇八年の文化首都は英国内外の人たちがリヴァプールに対して持つ認識を大きく変えることになった。Impacts 08 がまとめた主要な調査結果は次のとおりである。

・二〇〇五年から〇八年にかけて英国内でのリヴァプールに対する肯定的な印象が五三％から六〇％へと上昇しており、他方で否定的な印象は二〇％から一四％に下がっている
・七七％の来街者はリヴァプールは思っていたより安全と感じ、九九％はリヴァプールの全体的な雰囲気を気に入り、九七％が歓迎されていたと感じている
・六八％の英国内のビジネス関係者は文化首都年がリヴァプールに対して肯定的な影響を与えたとみなしている

リヴァプール市外ではなく、市民の自分たちの都市に対して持つイメージはどのように影響を受けているのであろうか。そもそもリヴァプール市民はリヴァプールに対して肯定的なイメージを持っている人が多いという事実があったが（二〇〇五年から〇八年にかけての調査で約六〇％）、外部からは低い評価を受けているということも認知していた。この外部の評価に対する市民の見方は文化首都年の前後で大きく変わる。外部は悪いイメージで見ているという意見は二〇〇七年の五三％から〇九年では三八％へと大きく減少、外部の持つイメージは改善していると見る意見は六四％から六九％へと上昇している。また、リヴァプールは文化首都の後よくなったかという質問に対しては、二〇〇九年の調査では五七％が肯定している。[69]

一つのプロジェクトによって構築されたイメージは、時間とともに変わっていく。ポジティブなイメージもそのままでは維持することは難しい。リヴァプールでは、文化首都を戦略的に活用し都市再生の触媒として位置づけているため、文化政策ではカルチャー・リヴァプール（Culture Liverpool）[70]とＬＡＲＣ、都市再生ではリヴァプール・ヴィジョンが中心となって文化首都の遺産の持続と活用を図っており、それに伴う形で文化首都が創り出したイメージの維持に努めている。

4　分析・考察

ここでは、冒頭で挙げた三つの論点に焦点を当てて分析・考察を行う。

(1)　創造産業への影響

ヨーロッパ文化首都の効果・影響については、すべてを論じることには無理があるため、このプロジェクトについては政策的にも焦点化され、研究上の関心も集めている創造産業への影響を取り上げたい。

リヴァプールのヨーロッパ文化首都のヴィジョンでは、「リヴァプールの文化セクターの持続可能な長期的な成長のための遺産を創造する」という目的を掲げている。これは産業的な側面では創造産業の成長への影響について論じているものである。LCCが二〇〇二年に提出した指名競争コンペ用の書類では、「ヨーロッパ文化首都は、当市を文化・創造産業やツーリズムの主要な目的地にすることになる」(Liverpool Culture Company 2002: p. 301)、「文化首都年を展開することに伴う実践から出現する創造性の風土が、芸術、スポーツ、ツーリズムや創造産業において、イノベーションを生み出す持続可能な文化や優れた質、成果を生み出すことになる」(*ibid*.: p. 303) と論じている。ここには、ヨーロッパ文化首都というプロジェクトに創造産業の振興・発展の礎を形成する契機を見るという大きな期待とともに、そのベースとして「ヨーロッパ文化首都のような文化プロジェクトには創造産業を発展させる可能性がある」という仮説を見ることができる。創造産業に関する具体的な成果としては、前述したように、Impacts 08 では文化首都年の成果として、二〇〇四年に比べリヴァプール市内の創造産業が事業者数において二〇〇八年では八％増加していることを挙げているが、これは文化首都の当該年において付加的に生み出された活動を指しているものであり、評価すべき効果としては非常に限定的である。創造産業とはやや異なるカテゴリーではあるが、デジタル及び創造セクター（digital and creative sector）において、二〇一〇年から一三年にかけて新企業の形成において英国内で二番目の成長率（一一九%）が見られたという報告がある（Tech City UK 2015）。これらはどう見たらいいのであろうか。

創造産業やそれに関わる政策等については第Ⅳ章で改めて詳細に論じるが、ここでは文化プロジェクトと創造産業の関係について考えてみたい。先に取り上げた「ヨーロッパ文化首都のような文化プロジェクトには創造産業を発展させる可能性がある」という仮説を検討すると、そこには、ある程度の条件が備わった文化プロジェクトは、開催する都市に対して次のような可能性を持っていることが仮定されている。すなわち、A 都市の文化的プロフィールを向上させることでクリエイティブな人材を惹きつける、及びビジネスの機会をもたらす、B 文化的環境が整備されることにより、あるいは開催期間内のプログラムを通じて、人材を惹きつけるとともに文化活動の発展を支える、C 文化プロジェクトの開催を通じてアーティスト、クリエイター、文化事業者等の創造産業に関係するアクター間のネットワークが形成される、D 文化活動が盛んになりネットワーク形成が進むことで創造性あるいは創造的スキルを発展させる。[71] これらに加えて、リヴァプールの文化首都については、E ヨーロッパ文化首都のような大規模で長期間のプロジェクトはイノベーションを支える文化を作り出す（Liverpool Culture Company, *op.cit.*, p. 303）、という仮定を加えることもできる。これらの仮定それぞれが前述の仮説を支えることになるが、これらもまた一つの仮説である。したがって、これらの個々の要素仮説自体を問う必要がある。

ここでもう一つ考えてみなければならないのは、創造産業の文化的側面と産業的側面である。創造産業はこの両側面があって成り立っている産業ということができる。文化的側面とは、創造産業が扱う文化的財・サービスの商品的価値の主要な構成要素である文化的価値の創造、すなわち文化の生産に関わる側面であり、産業的側面とは、その文化的価値を活用してビジネスとして成り立つ形で文化的財・サービスを生産・供給する側面である。

詳しい議論は第Ⅳ章で行うが、文化の生産は社会的に埋め込まれていると見られ、地域の中で文化生産に関わる多様なアクターの織りなす社会的関係が作り上げる文化生産システムにより支えられている。文化プロジェクトが創造産業に影響を与えるという場合、この文化生産システムの形成・発展に寄与することになる。したがって、対象となっている「文化プロジェクトには創造産業を発展させる可能性がある」という仮説の成立は、前述した要素仮説が成り立つことで、文化プロジェクトが結果的に創造産業のこのような文化的側面、すなわち地域の文化生産システム、あるいは産業的側面にはたらきかけることに大きく関わることになる。これらAからEまでの要素仮説について、その蓋然性について検討してみたい。

まず、Aについては、文化プロジェクトの開催を通じて当該都市は、文化活動や文化的事業が盛んである、あるいはそれらに関わる政策を行っている都市として魅力をアピールすることになり、それによってそのようなアクターを引きつけることになるという論理である。これは文化プロジェクトを推進する多くの政策担当者が依拠している考え方である。実際に、データ上でもそのような裏づけはあるが、問題となるのは引きつけられるアクターの数や職業あるいは専門家としてのカテゴリーであり、それが創造産業の発展に資するに十分なものなのか――もちろん創造産業の重要な構成要素である文化的なアクターを引きつけるという点で一定の貢献を期待することはできる――については定かではない。また、都市のプロフィールが向上することによって、とりわけ文化的なイメージが強調されることによって、外部の事業者がその都市に関心を持ちビジネス機会の潜在的可能性を感じるようになり、それが契機となって新しいビジネスが展開する可能性は多く論じられている[72]。Bについては、ヨーロッパ文化首都のような大規模な文化プロジェクトの場合、都市のインフラ整備も伴う形で文化的環境が整備されるケースが多く、また、文化プロジェクトは文化活動に刺激を与えることを主目的の一つとしており、開催期間内に各種の文化プログラムが多数用意されているため、これらによってクリエイティブな人材、あるいは文化活動に関わる人材を惹きつけるという前半の部分についてはAと同様である。後半の文化活動の発展を支えることについては、Aと相俟ってこのような人材を惹きつけること自体でかなりの部分の説明は可能だが、それに加えて文化環境の整備による効果としても、文化的インフラが文化活動を支えるという議論はC・ランドリー(Landry. *op.cit.*)や佐々木雅幸(2001)をはじめとして多くの論者が展開しているように、無条件ではないものの疑問の余地は少ないと思われる。

Cについては、関係のあり方、相互作用のあり方が問題となる。第Ⅱ章第三節では、ネットワークの中に〈意味のある関係〉が形成されていることが必要であると論じた。これは、何らかの具体的な価値を生み出すような関係ということである。文化プロジェクトでは個々のプログラムにおいて、明確な目的の実現のためにアーティストをはじめとした文化に関わるアクターを結びつけ、プログラムが目標とする成果を生み出すことを目指してアクター間で連携や協働を伴う密接な相互作用が生まれることが考えられる。このような個々のプログラムの展開を通じて知り合ったアクター間でその後の発展的な関係が形成され、そこからビジネスが生まれることも十分に考えられる。これは地域の文化生産システムの要素間関係を活発化させるという点で創造産業の文化的側面に影響しているが、ビジネス関係の形成という点では産業的側面に与える効果ということができる。ヨーロッパ文化首都は、そのための重要な機会を提供すると見ることができる。Dの論ずる文化活動が盛んになりネットワーク形成が進むことが創造産業に必要な創造性や創造的スキルに及ぼす影響については、創造性やイノベーションの研究が論ずるように交流・相互作用の視点から捉えることができる。それによると文化活動が盛んになり連携・協力を含むアクター間の交流や相互作用が盛んになれば情報や知識が獲得され、学習を通じてスキルは向上し、新しいアイディアや異なる視点・考え方等と出会うことによって創造性は開発されると理解することができる。このような理解は今やこの分野の研究では常識化しているところである。ただ、その効果については、Cでも論じたように交流や相互作用のあり方が重要となる。したがって、Dは仮説自体の正しさを問うというよりも、現実にはBやCが成り立つことでこの仮説も意味を持つため、その点に留意する必要がある。

Eは、リヴァプールの文化首都のような大規模で長期間にわたるプロジェクトにおいては、これらAからDまでの仮説が論じるような効果・影響が顕著な形で現れる結果、創造産業を支える地域のこれまでの文化風土を一新する可能性が期待できることを意味していると思われる。これは、端的には創造産業の文化的側面として論じた地域の文化生産システムを大きく変化・発展させることを意味する。そこまでの大きな変化が現れないとしても、AからDが論じるような効果・影響は、地域の文化生産システムのコンポーネントである各種アクター、そのコミュニティ、それらの間の相互作用に対してポジティブな変化をもたらすことが十分に考えられる。すなわち、アクターやコミュニティのメンバーを数・種類において豊富化しその能力を向上させるとともに、システム内での文化活動を盛んにし、システム内外とのネットワークの形成を進め、アクター間の交流・相互作用を活発化させること等が容易に想像されるのである。しかし、地域の文化風土が変わるというのは簡単ではない。このような文化活動や相互作用が高密度に持続的に展開して行く中で次第に行動様式や志向性にある一定の傾向を持つような変化が生じる場合、それが文化風土の変化と捉えられる。即座にそのような変化を生み出すとは考えられないが、文化首都のような大規模な文化プロジェクトにおいては、AからDまでの仮説が多少とも成り立つ場合には、そのような変化をもたらす契機としての役割を果たす可能性を見ることができる。他方で、産業的側面については難しい問題がある。英国の創造産業のキャパシティの問題として、Cに見るような具体的なプロジェクトの実現を通してビジネス的な関係が生まれる効果が期待できるとしても、既にロンドンを中心とした創造産業の供給構造が出来上がっている中で、このような地域のプロジェクトによってその地域の文化供給がどこまで限られたキャパシティに食い込んでいけるのかというビジネス的な実現可能性を考えなければならない[73]。

文化プロジェクトに期待される可能性として、AからEまでの仮説成立の蓋然性や地域の文化生産システムに対する影響、創造産業の産業的側面への影響については、前述のように論ずることができる。では、これらの議論はリヴァプールの文化首都のケースでは具体的にはどのように検証されているのであろうか。創造産業を支援する政策の効果・影響については、一般にそれを裏づける証拠が十分ではないことが多くの研究者から指摘されている。(74)リヴァプールのケースにおいても、これらAからDについて十分に検証できるだけの資料は確認できない(Campbell 2014; O'Brien 2014)。ただし、ビジネス的側面に関しては、Impacts 08 の調査によれば、創造産業事業者においては文化首都はリヴァプールの創造産業のビジネスに対してポジティブな影響を与えたと概ね評価されており、Aの論じる都市の文化的プロフィールを向上させることでビジネス機会を作り出すという点についてもリヴァプールの文化首都では確認されている。Cについても、3効果・影響で見たように、ネットワーク形成の機会として貢献したと評価されている。ここにはそのネットワークから新たなプロジェクトが生まれたような関係も含まれており、その点では前述の〈意味のある関係〉が形成されたということができる。これについて少し付け加えると、台湾の研究者リューが二〇一四年に独自にリヴァプールの創造産業事業者に対して行った調査では、ネットワークについて四二人の回答者のうち三二人が既存の関係を発展させた、二五人が関係をより強固にした、一一人が新しい関係を形成したと答えている(Lieu 2017)。これに基づけば、後述する地域の文化生産システムの重要な構成要素であるネットワークの形成という面においては実質的な影響を持っていたことになる。E及びこれを具体的に説明する文化的側面への影響については、AからDが論じるような効果・影響が地域の文化生産システムにどう作用したかということになるが、このシステム自体がブラックボックスであるためこれを明らかにするためには特別の調査が必要である。

これに関連して、Impacts 08 によれば、リヴァプールの創造産業の関係者に行った調査の中で最も多くの回答者に共通していた意見は、文化首都が彼らのやる気を鼓舞したことである。しかし、このような変化がリヴァプールの創造産業の文化風土を変えることになったのか、あるいは、一過性の現象だったのかは定かではない。社会学的視点から創造産業を研究しているP・キャンベルがリヴァプール市内の創造産業従事者に二〇〇九年の後半に行ったインタヴュー調査では、直接的に文化首都のプログラムに関わった人たちを除くと、大多数の人たちにとって文化首都がリヴァプールの創造産業に影響を与えたという感覚をもっていないことが確認されている (Campbell 2011, *op.cit.*)。そうであれば、創造産業にとって非常に重要な役割を果たす文化生産システムに対する文化首都の影響は小さいということになる。ただし、この問題については、文化首都に関わっていた人たちがどれだけいて、そこから間接的に文化首都の効果・影響がどのように波及していったかということを考慮に入れて検討する必要がある。その調査では、リヴァプールの創造産業の従事者にとって文化首都の最大の功績はリヴァプールという都市のイメージを改善したことにあるという。文化首都との関わりが強い人はもちろん弱い人たちにおいても、リヴァプールの文化首都においてはその文化的プロフィールの向上が大きな意味を持っていたことがわかる。

以上見てきたように、リヴァプールのヨーロッパ文化首都という大規模な文化プロジェクトは、その後のリヴァプール市の創造産業のデータを見ればこの産業にポジティブな影響を与えたことは推論できるが、それが実際にどのような形で影響を与えたのか、どこまで文化首都の効果と言えるのか、単なる短期的な効果として現れているだけなのか、あるいは、この産業の今後の発展に資するものなのかについてはデータ上では明確に確認することはできない。「ヨーロッパ文化首都のような文化プロジェクトには創造産業を発展させる可能性がある」という仮説についても、それを構成する四つ、あるいは五つの要素仮説が成り立つような十分な検証は得られていない。しかし、前述の蓋然性の推論や十分ではないものの得られた調査結果からは、リヴァプールの文化首都の経験がそれらの成立要件をかなりの程度充足している可能性を見ることができる。ただし、これは地域の状況やプロジェクトの進め方に大きく左右されるものであり、リヴァプールの文化首都においてもこの点について追究する必要があると思われる。また、プロジェクトだけで仮説が論じるような創造産業の発展を導くと考えるのではなく、文化プロジェクトはそのような発展の契機をもたらす手段としての可能性を持っていると見るべきである。その点において、他の論点においても同様ではあるが、ヨーロッパ文化首都のような文化プロジェクトは、それ自体において対象となる効果を生み出すことを期待するのではなく、戦略的に創造産業を育成・発展させようとする取り組みを推進させるための、重要な契機を提供する役割を果たすものと考えるべきではないかと思われる。

(2) ガバナンス——文化首都の運営体制及び「遺産」の維持

大規模な文化プロジェクトの運営には資金面も含めて数々の問題が伴うが、ここでは、プロジェクト全体の運営体制に関わるガバナンスのあり方について論じる。ここで重要なのが、開催する都市の地域戦略の展開という文脈においてヨーロッパ文化首都をどう活用するか、都市再生とどう関連づけるかという視点からガバナンスのあり方を捉えることである。リヴァプールのケースでは、大きな注目を集めるような大規模プロジェクトによって地域のそれまでの様々な取り組みに活力を与え、また、都市の位置づけを変える等によってその後の都市再生に大きな弾みをつけるという目的が明快であり、そのような政策の展開という文脈においてガバナンスを問う必要がある。しかし、留意しなければならないのは、そのような手段的な態度で本来文化の振興・発展を目的とするプロジェクトを戦略的に利用することによって、前節で論じたように文化にネガティブな影響を与える可能性、しかも、それによって文化政策自体を歪める可能性である。このようにヨーロッパ文化首都のような大規模な文化プロジェクトでは、地域戦略という文脈に位置づけられること、及び包括性をもつため開催都市の文化政策に大きな影響を与える可能性があることを考慮する必要があるため、それらの調整を含んだガバナンスのあり方を検討することが求められるのである。

ヨーロッパ文化首都のガバナンスについて、パーマーの調査（Palmer/Rae Associates, *op.cit.*）では、次のように報告している。まず、全体的なガバナンスの形態としては、三つのモデルに整理できる。すなわち、A 法的な立場をもった非営利組織としての自治的なタイプ、B 既存の自治体内の直接的な管理運営タイプ、C 両者の混合形態。多くの文化首都ではAの形態を採っている。共通する問題点としては、ガバナンスを担う中心的な組織である理事会が政治的な関心に支配されていること、理事会メンバーと実践的な運営チームとの関係に齟齬が生じること、理事会は十分に文化領域に関わる利害を代表してないこと、ガバナンスの構造が大きすぎること、を挙げている。A、B、Cのいずれのタイプにおいても、関与の程度の違いはあれ自治体の存在が大きいことはいうまでもなく、場合によっては文化首都の目的から乖離した行政のスタンスが入り込むことも考えられる。前述したように文化首都は開催都市の地域戦略のツールとしての役割を大きく期待されているため文化政策本来の文化自体の振興・普及等の目的と戦略的目的とを調整できるようなガバナンスが求められるのである。また、パーマーの調査では、文化首都で生じた効果・影響の文化首都開催後の持続可能性を問題とし、それらを持続させるために文化首都に関わった関係者間でパートナーシップを構築する必要性を強調している。Impacts 08、そして現在ではLiverpool 2018の調査を主導しているリヴァプール大学のB・ガルシアも文化首都を開催することの最大の意義はその生み出した遺産にあり、これをどう維持していくかが非常に重要であると主張している(Garcia 2005, *op.cit.*)[75]。このような指摘は、文化首都のガバナンスを超えて都市の文化政策のガバナンス全体をどう展開していくかという問題でもある。

リヴァプールの場合は、もともと確立された文化政策の体系をもっていなかったため、当初からヨーロッパ文化首都のガバナンスをどう構築するかということは非常に大きな問題であったが、二〇〇三年の文化首都の指名獲得のための準備体制の構築、その後の二〇〇八年に向けた予行的な期間及び開催年の運営及びプログラムの実施をめぐって、文化首都及びそれに関連した文化政策のガバナンスに関わる問題に直面することになる。その過程でリヴァプール市が文化首都のために創設したリヴァプール文化会社（LCC）を中心としたガバナンスが前述したように崩壊し、代わりに、地域戦略パートナーシップのリヴァプール・ファースト（Liverpool First）が中心となって、もちろん行政も含めて文化芸術や都市再生に関わる主要なアクターが参加する、文化首都を推進するための政策ネットワークを形成し、文化首都の推進・実施を担うようになった。そのとき重要な役割を果たしたのが、既に触れたリヴァプール市内の八つの主要な文化芸術団体が形成したLARCという組織である。[76]二〇〇八年の文化首都年以降もこの政策ネットワークはリヴァプールの文化政策のガバナンスを担うことになるが、LARCがその中において主導的な役割を果たすようになっていく。LARCは、彼らの持つ文化芸術領域における専門的能力を発揮して「市民活動の中で文化セクターのリーダー的な役割を果たすこと」[78]をミッションとして掲げ、都市再生への関与を明確にしている。[77]また、その後主要なメンバーとしてCOoLという、LARCとは異なり小規模の文化活動が集まった組織もこのガバナンスに参加する。

リヴァプールの文化政策のガバナンスを支えるこのような政策ネットワークは、公式的な枠組みは持たず、定期的な会合も文化首都期間まではあったもののその後はなくなり、必要に応じて政策課題やプロジェクトに対応する形で関係するメンバーによる会議や集まりが開催されている。そのためネットワークのメンバーに対しても拘束力は弱く、ネットワーク内ではメンバーはゆるく結びついており、自発性に基づいて会合等に参加している。[79]構成メンバーについて整理すると、都市戦略や都市再生に関わる政策課題やプロジェクトがアジェンダとなる場合は、リヴァプール市の文化政策部門、LARC、COoL、リヴァプール大学とリヴァプール・ジョンムーア大学の提携によるICC (Institute of Cultural Capital) といった文化政策系に加えて、パートナーシップの推進を中心に政策形成全体に関わるリヴァプール・ファーストや都市再生関係のアクターであるリヴァプール・ヴィジョン、さらには、リヴァプールやマージーサイドを超えてノースウェスト地方の経済開発を主導する政府組織であるNWDA (North West Development Agency)[80] のような団体も含まれている。その中では、やはり中心となるのはリヴァプール市の文化政策部門とLARCである。このネットワークは、リヴァプールの文化政策に関わる計画策定、事業促進等を担っているが、とりわけ特定の大がかりな文化プロジェクトの基本計画や事業計画の策定及び実施に大きく関わっている。このような政策ネットワークによって、文化それ自体の目的と都市再生と

ビートルズを育んだキャヴァーンクラブがあるマシュー・ストリートのフェスティヴァル

いう都市の戦略目的との調整も行われながら、二〇〇八年以降は、とりわけ文化首都の遺産の維持活用という重要な課題が取り組まれている。そのため、二〇一五年にはユネスコの創造都市への登録を行い、現在では、二〇〇八年の文化首都から一〇年たった二〇一八年に照準を合わせた大がかりな文化イベント（Liverpool 2018）の計画策定やプログラムの具体的な検討を重要な事案としている。[81] なお、ここで対象となる遺産とは、二〇〇八年前後の来街者の増加による交流経済の成長のような短期的な成果ではなく、長期的な影響——市民の自信の向上、様々な活動におけるパートナーシップの形成・発展、対外イメージの向上、市内外にわたるビジネス間のネットワークの形成・発展など——を意味している。

ここに見られる状況は、文化政策の研究者D・オブライエンによると、第I章で論じたR・A・W・ローズのいうネットワークによるガバナンス（governance-by-network）という理論枠組みに合致していると解釈される（O'Brien 2011）。そこではガバナンスの概念が論じる、参加する組織間の相互依存関係、行政と市民社会との公共性をめぐる垣根の曖昧化という状況のもとで、政策に関わるアクターが資源を共有して政策を取り決める姿が見られるという。現代のように機能分化が進み個々のアクターに自律的な行動が求められる社会においては、政府が主導するヒエラルキー的な関係では社会に分散する必要な資源が十分には調達あるいは活用できない。文化政策／プロジェクトにおいてはこの傾向はさらに顕著で、文化関係の個々の分野における専門知識や人材、各種の情報という資源的要素については、行政よりも民間の文化関係団体や個人といった様々なアクターに広く分散している。そのためリヴァプールの文化政策では、水平的な関係を前提とした政策ネットワークによって、文化政策やプロジェクトの政策形成・実施に必要な資源を動員したり、活用したりすることが可能になる。

この政策ネットワークは、クーイマンによるガバナンスの三つのモードの中では、主要な社会組織・機関の代表者から構成されるエリート層がリーダーシップを担い、半ばフォーマルな相互作用に基づいて意思決定を行っているという側面に着目すると、その点ではコ・ガバナンスに分類することができる。他方で、リヴァプールの文化政策のケースでは強い拘束力のない自発的な参加が基調であり、ガバナンスとしての枠組みも明確ではないという点では、セルフ・ガバナンスの持つ、自発的な社会的相互作用を基調に自律的なアクターによって構成される比較的柔軟かつ開放的という性格も持っている（Kooiman 2003）[82]。これについてはどこまでガバナンスとして理念的に論じられる形態が実現しているのか、もう少し詳細な分析が必要である。また、意思決定や内部での様々な調整についても、リヴァプールの文化政策をめぐる政策ネットワークの実態に関してはこれ以上は明らかではない。ネットワーク内で具体的にどのように行われているかという点について観察あるいは調査が必要である。しかし、文化首都の遺産の維持活用という目的のような、少なくとも自治体の持っている文化領域に関わる知識や情報、専門能力だけでは対応しきれない問題——しかも、それらは文化領域を超えて都市戦略や都市再生に大きく関わっている——に対して、市内の文化団体に加えて、都市戦略や都市再生を担う団体等が参加することで、それらが持っている情報や知識、運営能力などが活用されることによって、自治体が単独で行うよりもより明らかに適切な対応（政策の策定、プログラムの詳細決定・準備、実施等）が実現されているということができる。そのような文化と都市戦略・都市再生という要素を含んだ構成を持つガバナンスによって、冒頭で提示した、本来文化自体の振興・発展という目的のために存在する文化政策を都市の戦略目的のための重要な手段として活用することに伴い発生する問題（文化にネガティヴな影響を与える、文化政策を歪める等）を回避あるいは緩和することが可能になるのである。

政策ネットワークによるガバナンスには大きなメリットがあるとしても、現実には文化政策に限らず多くの領域における政策の形成や展開については、行政——地域においては自治体——が主導権を握り、他の関連するアクターについてはその力を借りる、あるいは活用するにとどまる場合が圧倒的に多い。これは英国の文化政策においても同様である[83]。では、どうしてリヴァプールの文化政策では、そのような政策ネットワークによるガバナンスが現れたのであろうか。オブライエンは、行政であるリヴァプール市に文化計画の強固な伝統がなく、そのため一〇年以上にわたって文化政策を活用した都市再生の機会を逃してきたことや、文化政策に関する制度的な能力が欠如していたこと、そして、リヴァプール自体に文化的蓄積がありそれに応じた有力な文化・芸術団体が存在していたことが、このようなガバナンスを結果的に招くことになったのではないかと論ずる（O'Brien 2011. *op.cit.*）。リヴァプール市主導（多くはLCCを通じて）で行ってきた文化首都の運営をめぐる混乱が、行政主導ではないオルターナティブなガバナンスを求めることになり、結果的にLARCを中心とする政策ネットワークによるガバナンスを導くことになったと解釈できるのである[84]。

しかし、これだけでは、文化首都年以降も政策ネットワークによるガバナンスが続いていることが説明できない。文化政策をめぐるリヴァプール市の基本的状況を考えてみる必要がある。リヴァプール市役所のトンプソン氏によれば、リヴァプール市役所が直接展開している文化政策が市全体で展開されている文化に関わる活動、取り組みに占める割合は相対的に小さい[85]。市が間接的に関与する取り組み、他の団体と協力して展開している取り組みは多く、さらに、市の関与がなく民間を併せた他の団体が行っている取り組み・活動も非常に多い。したがって、市が文化政策のイニシアティブを放したくないとしても現実にはそれを超えて文化活動や文化的取り組みは展開しているのである。もちろん、市は依然としてリヴァプールの文化政策における中心的な存在である。しかし、文化首都を開催している時点においてその運営が市だけでは難しかったように、都市再生の推進という目的を併せ持つ文化首都の遺産の維持活用という、文化政策を超える大きなテーマに対応するためには、市としても関係する他の団体が参加して構成するガバナンスが必要なのである。もう一つ指摘したいのは、このような多元的主体の参加により構成されるガバナンスの実現においては、リヴァプールにおいて文化首都年以前に鋭意な都市再生の取り組みが進行しており、それを実現させるための枠組みとしてのパートナーシップが制度的形態としてだけではなく実態として推進されていた[86]という状況と経験が、地域の多様なアクターが参加して連携・協力するというガバナンスにとって不可欠な条件を形成していたことである。

(3) 都市再生のモデルとなりうるのか——英国文化首都への展開

英国では、このリヴァプールのヨーロッパ文化首都を文化プロジェクト主導の都市再生の成功体験として高く評価し、これをモデルとして英国独自のプロジェクトとして英国文化首都（UKCC: United Kingdom City of Culture）をスタートさせることになった[87]。これは四年ごとに開催されるイベントで、二〇一三年に北アイルランドのロンドンデリー（Londonderry）で初めて開催され、二〇一七年にはイングランドのハル市（Hull：正式にはKingston upon Hull）で開催されている。英国政府文化メディアスポーツ省（DCMS: Department for Culture, Media and Sport）の資料によると、英国文化首都の目的は、①変化への触媒として文化を積極的に活用すること、②新しいパートナーシップを発展させること、③文化的・創造的活動の志、イノベーション、ひらめきを奨励すること、④英国の芸術組織の持つ文化的卓越性を連携させて開催年を文化的ハイライトで支えることでメディアの関心を喚起し、ツーリズムを促進し、その都市に対する認識を変えること、としている（DCMS 2014）[88]。ロンドンデリーもハルの英国文化首都も、その成果は現時点（二〇一八年四月現在）では概ね成功と評価されており[89]、二〇二一年にはコヴェントリー市（Coventry）での開催が決まっている[90]。

リヴァプールの文化首都というプロジェクトを成功としてどこまで評価していいかという声もあるが、問題は、成功体験は一般化できるのかということである。この問題は文化領域に限ったことではないが、文化政策に関連した領域では創造都市あるいは創造産業政策について、A・プラットやJ・オコナーはある地域で成功した事例が他の地域に輸出できるのかという疑問を提示している（Pratt 2009; O'Connor 2005）。特定の政策がある地域で成功したとしても、それはその地域の持つ固有の条件がその政策の展開に適していたということが十分に考えられる。[91]その政策が生まれ展開された地域の文脈から引き離して異なる文脈を持つ地域に適用することについては検討すべき点も多いと見るべきであろう。

コックスとオブライエンによると、リヴァプールのケースが文化主導の都市再生という点で成功だったとすると、それはリヴァプールが置かれていた状況、条件に多くを負うと見るべきであり、ヨーロッパ文化首都はそのための触媒としてははたらいたが決定的な要因ではなかったということになる（Cox and O'Brien 2012）。リヴァプールは、文化施設という点で非常に豊かな財産をもっている。美術の分野では、ロンドン以外で唯一の国家的なコレクションや国の芸術施設、長い伝統をもつ主要な芸術学校を有しており、パフォーミングアーツの分野では主要な三つの劇場や交響楽団を抱えている。しかも、リヴァプールは国内的には地域としての評判もブランドイメージも低位置に甘んじているが、サッカークラブ、重要な建築物、貴重な歴史的資源、そしてビートルズに代表される影響力のあるバンド等を輩出した歴史及びその足跡という、国際的には潜在的な来街者の関心を呼ぶような多くの資源を擁している。これらの文化的なインフラや資源はヨーロッパ文化首都の運営において非常に有利な材料を提供したのである。

もう一つ考慮しなければならないのは、リヴァプールを含めたマージーサイド地域の社会的・経済的な貧困状態は、当時EUの地域政策において最貧困地域に対応するオブジェクティブ1という位置づけをされており、そのため英国政府やEUから多額の補助金を受け、活発にインフラの整備や再開発が行われていたことである。この目的のために一九九四年から二〇〇八年にかけてEUから受け取った資金は一四億ポンドに達するが、それに比べてヨーロッパ文化首都のためにEUから受け取った資金はその一〇分の一にも満たない一・三億ポンドでしかない。リヴァプールの文化首都は、このような巨額の資金により実施されていた都市再生の渦中にあって、その展開を活用しつつそれと連動する形で行われたのであり、リヴァプールの文化首都の成功は、このような状況を無視して評価することはできないのである。この点から、コックスとオブライエンは英国文化首都というプロジェクトに対する英国政府のスタンスに疑問を投げかける。このプロジェクトを開催都市で展開されている他の事業、活動と切り離して位置づけているというのである（*ibid*: p. 98）。リヴァプールのImpacts 08の調査でも文化首都のようなプロジェクトに関わる投資はそれ自体で独立したものというよりも複合的に構成されていると見るべきものであると指摘している（Garcia et al. 2010）。

しかし、逆に、このようなリヴァプールの特殊な事情を取り除いて二〇〇八年の文化首都がその後のリヴァプールの都市再生に貢献したと思われる側面を見ることはできないのであろうか。開催期間中の観光客を中心とする来街者の大幅な増加はリヴァプールの経済にも、そして市民の認識にも大きな影響を与えたことはImpact 08の調査結果からも明らかであり、それがリヴァプールの都市再生の推進に貢献したことも、このことがコックスとオブライエンが主張するリヴァプールの特殊な事情、固有の優位性に大きく関わっていることも確かであろう。しかし、リヴァプールの文化首都において都市再生の推進に貢献したことを一般化できない特殊な事情ばかりに起因させることに違和感を覚える。都市再生には、短期に収束してしまう経済的な成果それ自体よりもむしろ、長期的にはその都市自体の変化、すなわち、都市再生への取り組みの姿勢やそれを支え・推進するための協働関係の構築や体制づくりこそが求められるのであり、その点においてリヴァプールの文化首都は少なからぬ貢献をしたと評価できるのではないか。英国文化首都の目的に掲げられている変化への触媒、新しいパートナーシップの発展などは、リヴァプールのこのような経験を踏まえたもののように思われる。

当時の文化長官（Culture Secretary）アンディ・バーンナムは、リヴァプール文化首都年直後の二〇〇九年一月に同市を訪れ、新しく創設しようとしている英国文化首都について「市民を鼓舞し、将来への見通しを変え、そして都市が自分自身をどう見るか、他の地域からどう見られるかということについての人々の認識を変える」（The Independent 2009）と発言している。また、英国文化首都の諮問委員会の議長を務めるフィル・レッドモンドは、リヴァプールの文化首都においてＬＣＣの副代表兼クリエイティブ部門ディレクターを務めた人物であるが、その経験を踏まえて、「文化年を通じてどのような変革や重要なインパクトがもたらされるか。……持続する変化をもたらすのは一つの文化イベントでも芸術様式でもない。（文化首都を通じて）重要な文化イベントを展開することから生じる自信や協働の精神である」（DCMS Blog 2013）と語っている。

このような英国文化首都を主唱する人たちの意見や主張からは、変化の触媒という言葉を裏づける、地域の人々の意識や行動に変化をもたらすような大きな影響がリヴァプールのヨーロッパ文化首都に見られたという認識を見ることができる。リヴァプールの文化首都の経験は、リヴァプール市民としての自己意識を変え、将来への共有された展望を見出し、それに向かって必要となる協働を生み出したという解釈を引き出していると思われる。これは、前節で取り上げた一九九〇年のグラスゴーの文化首都やニューカッスル・ゲーツヘッドの取り組みにおいて見られたことと重なるところである。リヴァプールの文化首都は、それまでの他の文化首都に比べてその予算規模は大きいが、それでも前述したように都市再生に投じられている予算に比べれば格段に小さい。このことは、リヴァプールの文化首都が都市再生に果たした役割を低く評価する見方にもつながるが、都市再生予算がインフラの再構築や荒廃した空間の再開発等の物理的な整備に向けられたのに対して、文化首都というプロジェクトは、市民の自己意識のポジティブな変化や協働精神の構築をもたらしたという点で、認知や精神面を都市再生に向けて整備したと解釈することができる。その意味では、リヴァプールの文化首都が都市再生への貢献において高く評価されるものであるとすれば、それまでの物理面に加えて認知・精神面に働きかけることで都市再生の推進に貢献した点にあるのではないか。

以上のような考察を通じて、リヴァプールの経験から一つの示唆を得ることができる。すなわち、ヨーロッパ文化首都のような文化プロジェクトは、開催都市の地域戦略の中に明確に位置付けられれば――その都市が置かれている状況・条件の違いは当然あるとしても、それらは適切な地域戦略であればその中で十分に理解され組み込まれる――包括的で大規模な文化プロジェクトであるがゆえに文化の持つ高いイメージ喚起力に訴え、市内の多様なアクターを動員することが可能である。そのため、その都市が持つ固有の条件・特性を考慮し、その上で文化を最大限に動員・活用した場合には、開催都市の自己認識、自信等に大きな変化をもたらし、地域戦略、すなわち、リヴァプールのような都市再生を大きく推進する契機をもたらすという可能性を見ることができる。もちろん、都市再生のあり方について検討すべき点はあるが、ここではそれは問わない。

5　おわりに――文化首都はリヴァプールに何をもたらしたか

本節ではヨーロッパ文化首都を取り上げ、文化プロジェクトが地域再生・活性化にどのような役割を果たすのかについて、二〇〇八年に開催された英国のリヴァプール市のケースを対象に検討を行った。ヨーロッパ文化首都の取り組みから学ぶべき点として、A 創造産業への影響あるいは貢献、B 実際の運営の体制及び成果の持続にかかるガバナンスの方法、C 成功例としてのモデル化の可能性、の三点を取り上げた。

まず、Aについては、その後のリヴァプール市の創造産業のデータを見れば文化首都がこの産業にポジティブな影響を与えたことは推論できる。しかし、より一般化して「ヨーロッパ文化首都のような文化プロジェクトには創造産業を発展させる可能性がある」という仮説を設定して検討したが、このプロジェクトに関わる調査や研究からは十分な検証は得られていない。ただし、文化プロジェクトによって仮説が論じるような創造産業の発展を導く可能性は検証できないとしても、文化プロジェクトには直接的な効果というよりもそのような発展の契機をもたらす手段としての可能性にこそより重要な価値を見出すことができるということができる。Bについては、リヴァプールでは文化芸術や都市再生に関わる主要なアクターが文化首都のガバナンスに参加して、ローズの唱えるネットワークによるガバナンスが実現している。しかも、この政策ネットワークは文化首都年を超えて文化首都の遺産の維持・活用を中心にその後のリヴァプールの文化政策を主導している。このような状況が実現したのは、リヴァプール市の文化政策をめぐる特殊な歴史的事情が大きく関わっているが、より根本的には都市再生というリヴァプールの大きな戦略目的を抱えた文化政策の展開は行政だけでは対応できず、市としても関係する他の団体が参加して構成するガバナンスが必要であるという認識が伏線として存在していたことが指摘できる。Cについては、特定の政策がある地域で成功したとしても、その政策が展開された地域とは異なる文脈を持つ地域に適用することは問題であるという議論がある。しかし、都市再生には、長期的にはその都市自体の変化、都市再生への取り組みの姿勢やそれを支え・推進するための協働関係の構築や体制づくり、さらには自己認識や精神面の変化こそが求められるのである。その点においてリヴァプールの文化首都は都市が持つ固有の条件・特性を考慮し、その上で文化を最大限に動員・活用することでそのような大きな変化をもたらし、都市再生を推進する契機となる可能性、その意味では一つのモデルを提示したということができる。

最後に、改めてリヴァプールの文化首都というプロジェクトをどう評価すべきか考えてみたい。文化首都はリヴァプールの都市再生、そして都市戦略にどう貢献したか。リヴァプールは全体として変わったのか。この節では、短期的な効果・影響についてはImpacts 08を中心に検討し、さらに三つの論点に焦点を当てて議論してきたが、これを成功として評価すべきかどうかについては、このプロジェクトに伴う、あるいは生み出したマイナス面にも目を向けなければならない。Impacts 08でも提示されているように文化的アクセス性や市民参加の問題、ジェントリフィケーション等の問題がある。さらには二〇〇八年の文化首都が関わったと考えられる大規模な都市開発によって住みにくくなったという地域住民の声も上がっている。効果・影響のプラス面についても巨大な支出額――少なくとも文化プロジェクトとしては――を考慮して評価すべきという問題もある。これらを総合化してプロジェクト全体の評価をするのは困難であり、また、取り上げたような問題を含みながらの総合評価にどれだけの意味があるのかという疑問もある。長期的視点に立った調査結果もまだ得られていない。ただし、都市再生への貢献という点に絞って論ずれば、リヴァプールの都市再生を大きく推進したということについては否定できないであろう。実際に、まだまだ地区内の格差の問題等を含みながらもリヴァプールの都市再生は経済の発展を伴いながら進みつつある。一番重要なのは、市民の自己認識を前向きに変えたこと、市全体として自信を回復したこと、都市再生に弾みをつけるための契機を与えたことと思われる。その意味では、都市再生推進の契機をもたらしたという点ではカタリスト、本来の都市再生予算と比べればはるかに少ない支出額で都市再生に貢献したという点では英国の都市政策でよく論じられるレバレッジとしての役割を十分に果たしたということができる。

注

（1）熊倉（2014）p. 9 を参照。

（2）この説明は以下の資料を参照している。中山亜美、二〇一八年三月一五日、「サイト・スペシフィック」、アートスケープ：http://artscape.jp/artword/index.php/

（3）熊倉・長津は、日本のアートプロジェクトの大きな特色として、目的も対象者も達成目標も明確に定まってないことが多いことを挙げている（熊倉・長津 2015)。

（4）熊倉（2014）pp. 17-21 を参照。

（5）個々のプロジェクトによって問題の内容も程度も異なるものの、多くは資金調達の問題、行政とはどのような関係を持つか、協力者とはどのような関係を作っていくか、住民参加をどう引き出すか、ボランティア等の協力メンバーをどう確保し、彼らのもつ力をどう引き出すことができるか、プロジェクトをどう継続させていくか、プロジェクトによって生まれた成果を次の展開にどう持っていくか等の様々な問題に直面しているが、ここでは運営体制を中心とした基本的な部分を概観するにとどめる。

(6) 行政主導においても、実際のプロジェクトの企画内容についてアートディレクター等の主要な役割をアート関係者に委任した場合にはその専門的知見が発揮されるではないかとも思われるが、その場合でも地域のアート関係者がその地域で経験してきた知見がどこまで反映されるのかという問題は残る。

(7) 大地の芸術祭のケースでは、二〇〇七年の実行委員会規約を見ると、総合プロデューサーの任務について、「大地の芸術祭に係る作品制作や運営全般を統括する」となっている。詳しくは長畑・枝廣(2010)を参照されたい。

(8) 別府現代芸術フェスティバルはトリエンナーレ形式で三年ごとに開催されてきたが、二〇一五年の第三回で終了している。

(9) 以下の記述は、次の資料、関東学院大学・相模湾三浦半島アートリンクプロジェクト(2016, 2017, 2018)、及び二〇一八年三月二九日に行った松澤親利氏へのインタヴューに基づく。

(10) 関東学院大学・相模湾三浦半島アートリンクプロジェクト(2016 前掲書)によると、金沢文庫芸術祭(1998)、逗子海岸映画祭(2010)、大磯芸術祭(2011)、逗子アートフェスティバル(2013)の四つが葉山芸術祭から派生している。

(11) SaMAL は、関東学院大学の申請により文化庁の大学を活用した文化芸術推進事業に採択され、二〇一五年よりその支援を受けることで発足している。

(12) 海外においては、日本の地域の市民主体のアートプロジェクトのような小規模な取り組みについての研究も見ることができる。例えば、英国においては、やや古くなるが、ニューマンらは、コミュニティに足場を置いたプロジェクトの地域にもたらす効果・影響についての先行研究のレヴューを行っている(Newman, Curtis and Stephens 2001)。それによると、経済的効果に加えて、コミュニティ・エンパワメント、社会的統合、地域内の協働の促進、地域アイデンティティの確認、健康への影響等の社会的影響、孤立状態の緩和や創造性の向上等の個人への各種の影響、教育的効果が挙げられている。

(13) 多くの研究を挙げることができるが、ここでは次のものを主な参考とした。松本・市田・吉川・水野・小林(2005)、吉田(2012, 2018)、鷲見(2014)、寺尾(2014)、野呂田・椎野(2014)、Arcodia and Whitford(2006)、Kay(2000)、Sacco and Blessi(2009)、Ferilli, Sacco and Noda(2015)、Lieu(2017)。

(14) 大地の芸術祭を調査した松本・市田・吉川・水野・小林(前掲)、鷲見(前掲)、寺尾(前掲)に基づく。

(15) より詳しくいうと、稲葉は、ブリッジ型の一種として、町会レベルと行政レベルの間に存在するものとして、立場上の上下間関係にある集団をつなぐというリンキング型のソーシャル・キャピタルという概念を当てている。また、文化資本との関係については、前述のように醸成されるソーシャル・キャピタルが山田が論ずるような文化資本を育むことになると主張する（稲葉前掲書）。

(16) これについてはMiles（2005: p. 923）を参照されたい。

(17) ここでは言及していないが、もちろんアーティスト個人自体も重要な要素である。多くの調査でもアーティストの熱意が地域の人々の参加意欲に影響していることがわかる。ここでは簡略化して、これもアートが媒介するものとして捉えている。

(18) ここでは稲葉（前掲書）の整理に従っている。稲葉が作成した下図を掲示するが、ここでの議論にとって重要なのは、あくまでミクロ、メゾ、マクロの分類であり、それがどのような社会から構成されているかを捉えることである。

(19) 諸富はバングラデシュにおいてグラミン銀行が貧しい人々に行っているマイクロ・クレジットと呼ばれる融資の試みを引用し、この銀行が借り手を組織して形成したグループの中で見られる借り手間の協力関係の中にソーシャル・キャピタルの形成を読み取り、ダスグプタの議論を適用し解釈を引き出している（諸富 2010: pp. 265-7）。

(20) ソーシャル・キャピタルが相互作用の積み重ねから形成、あるいはそれによって変化が生じることは、前述の諸富に限らず多く指摘されているが、例えば経済学では関係財（relational goods）の蓄積という議論がある。また、社会学では交換理論を中心により詳細な議論が展開されている。

(21) この概念の主要な提唱者である伊丹敬之（1999, 2000）の主張に基づく。

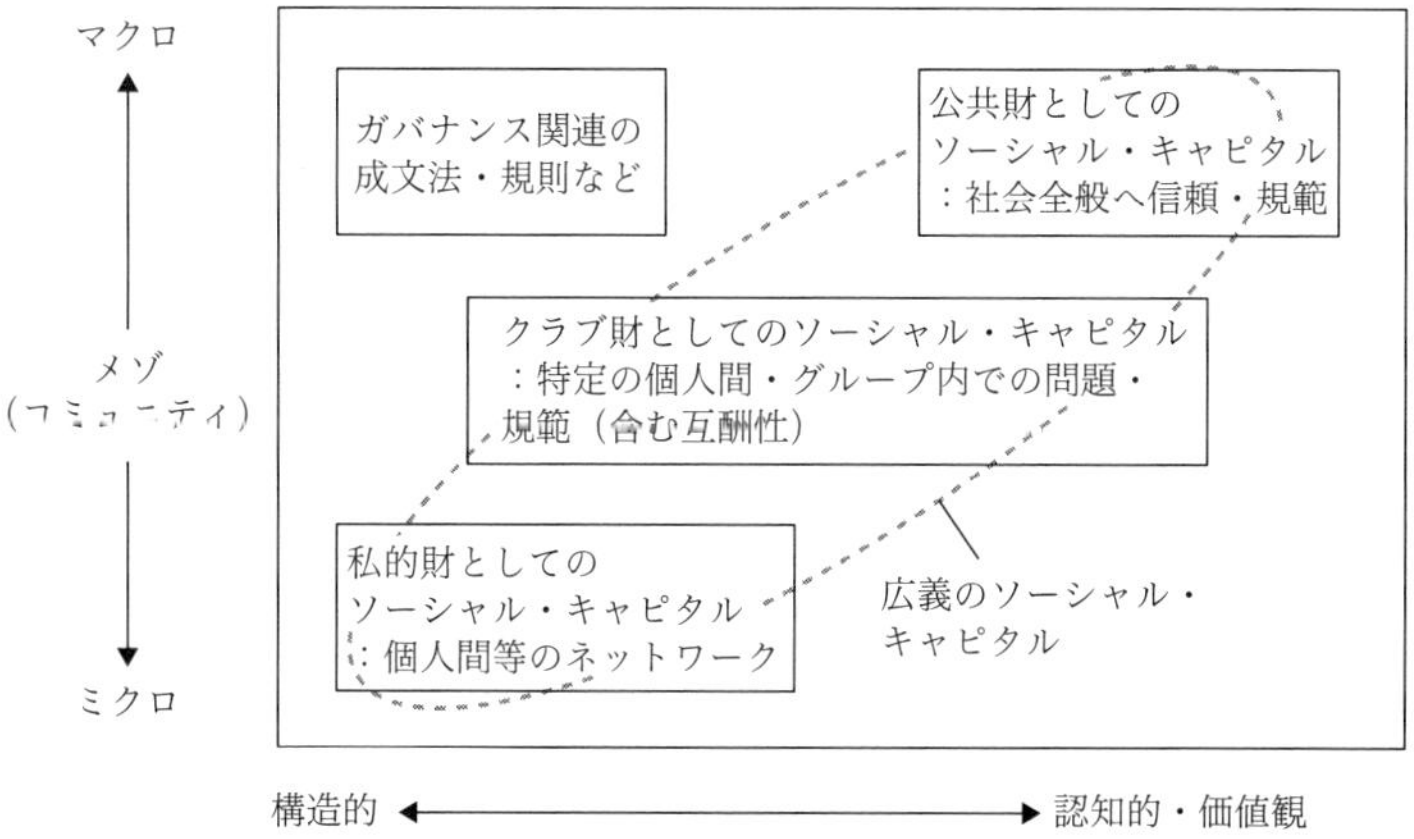

出典：グロタルトらの論文を参考に稲葉陽二が作成.

ソーシャル・キャピタルの概念整理――3つのソーシャル・キャピタル

(22) 詳しい検討は同右を参照されたい。

(23) 本節のサブセクション1で取り上げた葉山芸術祭についての記述を参照されたい。

(24) なお、四つのカテゴリーの政策は明確に区別できるものではなく、相互に関わっているものである。例えば、第一に挙げた消費志向の政策は、第二で論じた都市の生活の質に関わるだけでなく、そこで生じた需要を生産につなげることで第三の創造産業政策にも結びつく。第四の方策は、結果として都市の基礎的な創造的能力を高め、また、地域の社会的環境を向上させることになるため、第二の方策の創造的人材の育成に結びつくとともに、地域の創造的活動を刺激することで間接的に第三の方策の目的である創造産業の育成・発展に貢献すると考えられる。

(25) これらの政策の内容に説明を補足すると次のようになる。

第一の方法は、ツーリズム、スポーツ、レクリエーション、エンターテインメント、芸術等に対する拡大する文化・余暇支出に対応して都市景観の美的改造、歴史的空間の保存／再創造、文化／娯楽／スポーツ施設の整備等を行うものである。これは直接的な経済的成果を狙った消費志向の政策ということができる。この方法には、都市の中心部から転出したミドルクラスの人たちを呼びもどすという狙いも含まれていた。第二の方法は、文化施設や文化活動は都市が提供できる地域の生活の質を構成するとともに都市のイメージを高めるため、激しい都市間競争において浮動的な国際資本を勝ち得るために必要であると考えられる。生活の質は、とりわけ新しい知識集約型の産業が求める技術や能力のある人たちが住み働く場所の条件として重視しているため、生活の質を高めることでこのような人材を惹きつけ、その結果新しい産業の立地を招いたり、生み出したりすることになると考えられるのである。そのため、しばしば場所のマーケティングとイメージ戦略に基づいて、第一の方法と同様に都市空間の再創造や文化施設の整備、さらにアート・フェスティバル等の文化イベントを行うことを通じて、都市の魅力や国際的なイメージを高めることが試みられる。第三の方法はいわゆる創造産業政策である。文化産業・創造産業領域における革新の試みへの支援やこの産業の多くを占める中小事業者に対する経営実務支援、情報支援、ネットワーク支援、あるいは特別に文化産業を奨励する地区の創設等を通じてこの産業を育成し、都市における新たな基盤産業を創出しようとするものである。第四の方法は、市民あるいはコミュニティが政策の主な対象であり、文化や芸術を通じて彼らの創造的活力を引き出し、それによって社会的な相互作用、アイデンティティ、コミュニケーションを活性化させ、地域内の教育や健康、福祉等の様々な公的分野と結びつけることによって、地域コミュニティの問題解決や活性化に貢献することを狙いとしている。その意味で、この方法はコミュニティ・エンパワメントの一つの方策と見ることができる。なお、この方法は、創造都市論のアイディアの一つのモチーフとなっている。

(26) グラスゴー市の都市再生政策に関する以下の記述は、拙著『都市の自己革新と文化』(2009)に多くを負っている。

(27) 人口データは、Population Estimates for UK, England and Wales, Scotland and Northern Ireland, Mid 2014 (2014) に基づく。

(28) 以下の記述は、主に次のインタヴュー及び資料に基づく。グラスゴー大学文化政策研究センター・研究員(当時)ビアトリツ・ガルシア氏(Beatriz Garcia)へのインタヴュー(二〇〇四年一二月一〇日)、グラスゴー市役所・開発及び再生事業部経済社会事業部長リチャード・ケアンズ氏(Richard Cairns)へのインタヴュー(二〇〇四年一二月一〇日)、Booth, P. and Boyle, R. (1993)、Bianchini, F., Greenhalgh, L. and Landry, C. (1991)、Maver, I. (2000)、OECD (2002)、Centre for Cultural Policy Research, University of Glasgow (2004)、Garcia (2004a, 2004b, 2005)。

(29) ヨーロッパ文化首都については、詳しくは第三節を参照されたい。

(30) 英国の情報会社 Experian 社が British Council of Shopping Centres の承認のもとに発表した National Retail Ranking for 2003によると、グラスゴーのショッピングの目的地としての位置づけは、商業地の規模及び質の点から、ロンドンのウェスト・エンド地区についで二番目にランキングされている。

(31) 残念ながら、これらのデータに見られる創造産業、知識産業、情報通信産業の定義については明らかではない。そのため、知識産業は、創造産業や情報通信産業を含むのか、創造産業と情報通信産業との関係はどうか等、三者の関係が不明である。

(32) Centre for Cultural Policy Research, University of Glasgow (2004, *op.cit.*) 及びガルシア氏 (Beatriz Garcia) へのヒアリング(前掲)に基づく。

(33) 例えば、ニューヨーク・タイムズは、'Newly scrubbed off soot, the city bustles with cultural events, commerce and fresh hope' (*New York Times*, 25 June 1989)、シドニー・モーニングヘラルドは、'Glasgow's reputation as Scotland's biggest dirtiest, slummiest, most violent city is no more … The ghost of an ugly past has been laid to rest' (*Sydney Morning Herald*, 13 July 1989)、ロサンジェルス・ヘラルドは、'The ugly duckling of Europe has turned into a swan' (*Los Angeles herald Examiner*, 27 August 1989)、ヴァンクーヴァー・サンは、'From tough industrial town to cultural macca' (*Vancouver Sun*, 10 March 1990) と報じている (Garcia 2005, *op.cit.*)。

(34) なお、当センターの分析はテレビの報道にまでは及んでいないが、一般の人たちに影響力のあるテレビ報道は新聞・雑誌よりも表面的な事実を取り上げる傾向が強いため国際報道と同様にグラスゴーの変身ぶりを大きく伝えていたものと考えられる。

（35） 'Glasgow's image improvement has also led to the belief that local artists and business groups have re-gained their "self-esteem" and confidence in the city' (*ibid.*: p. 107).

（36） 両市の人口データの典拠はグラスゴー市と同様。

（37） 以下の記述は、主に次のインタヴュー及び資料に基づく。リーズ・メトロポリタン大学教授クリストファー・ベイリー氏（Christopher Bailey）へのインタヴュー（二〇一二年七月五日）、ゲーツヘッド市役所・開発及び事業部門副主任シーラ・ジョンソン氏（Sheila Johnson）へのインタヴュー（二〇一二年七月五日）、ニューカッスル・ゲーツヘッド・イニシアティブ文化・イベント部長キャロル・ベル氏（Carol Bell）へのインタヴュー（二〇一二年七月六日）、元ニューカッスル市議会議長デヴィッド・フォークナー氏（David Faulkner）へのインタヴュー（二〇一二年七月六日）、North East England, 2009, *A decade of World-Class Culture*' Newcastle City Council and Gateshead Council, 2009, *NewcastleGateshead: The making of a cultural capital*.

（38） 現在では、文化・芸術の発展・普及を推進する政府機関であるアーツ・カウンシル（Arts Council England）と合併し、改組されて Arts Council North East となっている。

（39） 「ゲーツヘッドは文化的空白地として、長い間自分たちの文化の形成に取り組んでいた」（前掲のベイリー氏へのインタヴューより）。

（40） 二〇〇五年、サンデー・タイムズ紙は英国の七不思議の一つと命名した。

（41） 調査は、Market Research UK に委託している。調査は、ニューカッスル市およびゲーツヘッド市内の一〇〇〇人のサンプル、それ以外のノースイースト地方からの五〇〇人のサンプルに対して、アンケート調査、文化関係の専門化等に対してインタヴュー調査という、二つの方法を取っている。

（42） その一方で、グラスゴーはもともと経済活動が盛んだった産業革命以降二〇世紀初頭までの時代に蓄積されてきた文化的資源に恵まれており、一九八〇年代以降の文化を用いた都市再生政策が展開した文化投資（この場合は文化資源の改修等の再整備、付加価値化）によってそれら文化資源の文化的価値を高めたということができる。この文化的価値はグラスゴーの都市空間の文化的環境としての魅力として現れ、ツーリズムや新しい産業への投資という形で経済活動を誘導したということができる。

（43） 前の注でも触れたように、もともとグラスゴーには産業革命以来蓄積された富や活動実績が有形の文化財や無形の文化活動という形で市内に残されていたが、それまで有効には活用されていなかった。イメージ・キャンペーンによって、グラスゴー市民自体が、このような文化資源を再発見、再認識し、それらを新しくイメージ再構築や文化都市としての実態構築につなげることができたのである。

(44) 地域についての自己イメージは、田中が論じるように、地域の外部で形成されたイメージと内部で形成されたイメージとの相互作用により変化していくと考えられる（田中1997）。

(45) 例えば、エンジェル・オブ・ザ・ノースやゲーツヘッド・ミレニアム・ブリッジでは、タインサイドの造船技術が用いられ、バルティック現代芸術センターでは過去の産業のシンボル的な建物を改築・再利用している。

(46) 英国の文化政策の研究者であるエヴァンズは、全体的には文化政策の経済目的への活用には批判的だが、ヨーロッパ文化首都をヨーロッパの都市における文化主導の都市再生のツールとしては非常に優れた手段と評している（Evans 2001）。

(47) Palmer/Rae Associates（2004, *op.cit.*）では、次のように説明されている。'to open up to the European public particular aspects of the culture of the city, region or country concerned and to highlight the richness and diversity of European culture and the features they share as well as to promote greater mutual acquaintance between European citizens.'

(48) Palmer/Rae は、グラスゴーのこの都市再生戦略の成功によって、ヨーロッパ文化首都は、「都市の変化のための触媒としては先例がないくらいの機会を提供するような規模で運営されるという点で文化開発のための強力なツールとなっている」（*ibid.*: p. 23）と論じている。

(49) イングランドに六つある都市州（metropolitan county）の一つ。リヴァプール市を含む五つの基礎自治体から構成され、人口は約一四〇万人（二〇一七年六月）。

(50) マージーサイド開発公社（Merseyside Development Corporation）とは、保守党サッチャー政権時代の一九八一年に設置された都市開発公社（Urban Development Corporation）の一つで、マージーサイドの都市開発を担当する組織である。都市開発公社は都市再生を特に必要とする特別な地区に設定された国直属の組織で、担当する地区においては英国の都市地域計画（Town and Country Planning）の適用の外で再生計画を策定し、推進・実施をすることができる。

(51) 第Ⅱ章第三節2(2)（p. 54）を参照されたい。

(52) 以下、この段落の記述の多くは、Thompson（2011）に基づく。

(53) イングリッシュ・パートナーシップ（English Partnerships）とは、イングランドにおける都市再生を担ったイギリス中央政府の特殊法人である。イングランド各地方（region）において後述する地域開発機構（RDAs）が果たしている役割を、イングランド全域レベルで担う組織であった。二〇〇八年一二月一日に、その権限は後身組織である住宅・コミュニティ庁（Homes and Communities Agency, HCA）に引き継がれた。

(54) 労働党のブレア政権のもとで一九九八年の地方開発機構法に基づき一九九九年に創設された機関で、各地方ごとに置かれ、担当する地方の経済開発を中心とした戦略策定及び実施に包括的に関わり、多くの地方の経済発展を支えた。二〇一〇年保守党政権への交代に伴って廃止された。

(55) 都市再生会社（Urban Regeneration Company）とは、特定の地域の都市再生の推進を目的として、該当する地域の自治体及び地方開発機構によって設立される会社組織で、独立した組織としての形態を持っている。活動の推進においては、後述する戦略的再生枠組みやマスタープランの枠組みのもとで、自治体、地方開発機構に加えて、該当地域の企業やコミュニティ団体等の利害関係者と連携することが想定されている。制度創設時の一九九九年に、リヴァプール、東マンチェスター、シェフィールドに設立され、その後イングランド全体で二〇地域に設立されている。

(56) ここでの記述は、Jones and Wilks-Heeg（2004, *op.cit.*）, Boland（2010）, O'Brien（2011）, O'Brien and Miles（2010, *op. cit.*）に基づく。

(57) 期待された役割は幅広く、文化首都の指名競争のための企画・提案の策定、文化首都年における統括的な立場での運営、主要なアートイベントの企画及び実施・運営、地域の文化活動への支援、文化遺産保護やインフラ整備のための投資、観光イベントの企画・実施、文化首都をめぐる他の主要な団体との調整、マーケッティング・広報活動等が挙げられる。

(58) 事実上は、リヴァプール市の文化政策部門の別組織であったということができる。

(59) 地域戦略パートナーシップ（Local Strategic Partnership）とは、英国のイングランドの地域において設置される地域全体を戦略的に検討するような包括的なパートナーシップの組織を指す。英国では、労働党ブレア政権において地域再生等の諸課題に対応するべく自治体をはじめとする各種の団体間のパートナーシップの形成が推進されていたが、地域戦略パートナーシップは、それらを包括して戦略的にパートナーシップによる地域の政策を推進することを役割としている。

(60) LARCについては4(2)（p. 183）で詳述する。

(61) ここでの記述は、主にImpacts 08（2010）に基づく。

(62) 正確には、終了後の二年についても設定している。これらを掲示すると次のようになる。2003: Celebrating Learning, 2004: Faith in One City, 2005: Sea Liverpool, 2006: Liverpool Performs, 2007: Liverpool's 800th, 2008: European Capital of Culture, 2009: Year of Environment, 2010: Year of Innovation.

(63) この調査体制の中心的な研究者は大規模文化プロジェクトの効果・影響についての研究を専門としているB・ガルシアである。以前グラスゴー大学でグラスゴーのヨーロッパ文化首都の効果・影響について研究を行っていたが、その後リヴァプール大学に移ってグラスゴーでの調査で得た知識を活用、発展させる形でリヴァプールのヨーロッパ文化首都について調査を行っている。現在では、この長期的な効果・影響の調査は、リヴァプール大学とリヴァプール・ジョンムーア大学が二〇一〇年にジョイントで作った Institute of Cultural Capital において進められている。

(64) グラスゴーでは、二〇〇〇年代初頭にグラスゴーの一九九〇年のヨーロッパ文化首都から一〇年が経過したことでその長期的な効果・影響を評価するために、'The Cities and Culture Project: The long-term legacies of Glasgow 1990 European City of Culture' という調査プロジェクトが実施された。そこでは、人々の意識や態度への影響への把握を中心に次のような評価方法を採っている（Garcia 2005, *op.cit.*）。

a 専門家、業界・領域ごとのキーパーソンへのインタヴュー、

b 社会経済領域における文化首都に関連した機関の関連する資料の分析、

c マスメディアの報道内容の分析、

d 論文等の文献の分析 等。

(65) Institute of Cultural Capital が進めている Impacts 18の調査では、次の七つのテーマを掲げている（Institute of Cultural Capital 2018）。a イメージと評判、b 参加とアイデンティティ、c 文化的活力、d 経済とツーリズム、e ガバナンスとリーダーシップ、f ソーシャル・キャピタルと福祉、g 物理的環境と文化遺産。

(66) Creative Communities Programme は、二〇〇四年から二〇〇八年にかけて市民の日常生活に芸術を定着させることを目的に実施された。二〇〇八年には、三五〇〇の関連したイベントが開催され、六五〇〇人のアーティストと四万人の一般参加者の協働が実現した（Impacts 08, *op.cit.*）。

(67) 基本的にこの数値はヨーロッパ文化首都を開催することに伴って直接的に現れた効果であり、その後の創造産業の変化を示すものとして受け取ることはできない。

(68) マージー・パートナーシップ（Merseyside Partnership）とは、一九九三年にマージーサイド州の行政と産業界によって設立された官民パートナーシップの一つで、マージーサイド州を対象に主に経済開発やツーリズムのマーケティングに焦点を置いた活動を展開している。

(69) 二〇〇七年にも同様の調査を行っているが（リヴァプールは文化首都の後よくなると思うか）、そこでも五六％が肯定

しており、〇九年の五七％とほとんど変わらない。これをどのように解釈したらいいか難しいところだが、既に二〇〇七年時点では期待が高く、実際の文化首都のプロジェクトはその期待を裏切らなかったと解釈することもできる。

(70) 二〇〇八年の文化首都の後に、今後も文化に関わる活動や取り組みを支援、あるいは自ら文化プロジェクトを展開することを通じて文化首都によって高められたリヴァプールのブランドイメージを維持し、文化の持つ力を都市再生に貢献することを目的に、リヴァプール市役所の文化政策の一部門として創設された。

(71) 仮説からのこのような要素の析出は、次のような資料の検討を参考にしている。コミュニアンとモウルドは、文化主導の再生政策の創造産業に与える影響として主張されているものを、1 イメージに基づく作用、2 仕事の受託を通じたキャリア形成及び雇用関係の形成、3 ネットワーク形成、学習及び知識獲得に整理している（Comunian and Mould 2014）。キャンベル他は、創造産業に対する政策的支援策についての文献を整理しそれらに見られる仮説として、次のようなものをあげている。文化活動は創造的スキルや方法を刺激し創造的な雇用を生み出す、大規模イベントのような政策の介入は都市のプロフィールを向上させ創造産業の展開に貢献する。ただし、これらは明確な証拠により検証されてはいないと論じている（Campbell et al. 2015）。

(72) 政策的実例としても、スペインのビルバオ市、フランスのナント市がこの点において成功したことはよく知られており、英国でも本章第二節で取り上げたグラスゴー市やニューカッスル市・ゲーツヘッド市が同様の成功を収めている。

(73) ただし、もし創造産業の新しい成長領域がある場合には、その地域がその領域で他に先駆けて発展していくことも考えられるが、これは地域の文化生産システムに関わる問題となってくる。

(74) とりわけ、前述した英国の文化政策の研究者エヴァンズ（Evans 2005; Evans and Shaw 2004）や、後述する社会学者のキャンベル（Campbell 2014. *op.cit.*; Campbell et.al. 2015, *op.cit.*）がこの問題を取り上げ論じている。

(75) 前述した Impact 08 の調査項目に挙げられている C 文化的活力及び持続可能性は遺産に関わるものであり、他方で、ガバナンスについても E ガバナンス及び実施プロセスのあり方、として取り上げている。

(76) LARC（リヴァプール芸術再生協会 = Liverpool Arts Regeneration Consortium）は、二〇〇八年の文化首都のプログラムにおける積極的な関わりとそれを通じてマージーサイドの都市再生において主導的な役割をはたすことを目的として二〇〇七年にリヴァプールの主要な八つの文化芸術団体が集まって結成された。当時の構成メンバーは、次の通りである。Blue Coat, Foundation for Arts and Creative Technology, Liverpool Biennial, Liverpool Everyman and Playhouse, National Museum Liverpool, Royal Philharmonic, Tate Liverpool, Unity Theatre。現在では、National Museum Liverpool が脱退し、七団体から構成されている。LARCの設立の背景については、LARCのプログラム・ディレクターのBelinda Kidd氏は、リヴァプールの文化首都が都市再生を伴う目的を実現させるためには芸術団体が主体となった協力体制が重要であり、「一つの芸術団体ではできないことも、いくつかの芸術団体が集まることで実現できること、地方自治体が主導して芸術団体を集めたプロジェクトでは政治的な影響を受けやすく、プロジェクトの途中で計画が中止されるなど計画を維持できないケースがあること」（地域創造 2010: p. 69）と説明している。

（77）二〇〇八年の文化首都以降は、リヴァプール市の文化政策課題に影響を与えることを目的として、リヴァプール地域の文化セクターの力を高め、文化団体の地域の社会的・経済的再生への関与を推進する役割を発展させようとしている（LARC website、二〇一八年四月三〇日）。

（78）COoL（Creative Organisations of Liverpool）は、リヴァプール地域に拠点を置く三二の文化活動組織が集まった連携組織で、各種の文化的パートナーシップ形成を目指しつつ、アーティストや文化団体等の取り組みにおいて包摂性、多様性、参加及び協働的作業実践を支持することでリヴァプール地域の文化的供給を推進する役割を担うことを目指している（COoL website、二〇一八年四月三〇日）。

（79）二〇一七年一二月一一日にLiverpool Royal Philharmonic Hallで行ったRoyal Liverpool Philharmonicのチーフ・エグゼキュティブのMichael Eakin氏へのインタヴュー、一二月一三日にLiverpool City Hallで行ったリヴァプール市上級政策官のMartin Thompson氏へのインタヴューに基づく。

（80）NWDA（North West Development Agency）は、イングランドの各地方に置かれた地方開発機構（RDA: Regional Development Agency, 注53を参照）の一つである。二〇一〇年に廃止されたため、それ以降はこのネットワークから欠落することになる。

（81）このような文化プロジェクトの動きは、地域内に新たな文化的なパートナーシップ（Cultural Partnership）を誕生させており、リヴァプールの文化政策の新たなガバナンスの構成メンバーになっている。このパートナーシップは、リヴァプールを中心とした地域（Liverpool City Region）を対象として二〇一六年に形成されたもので、この地域をイングランド北部地方の文化的・創造的な原動力にすることを一つの目的としている。

（82）J・クーイマンは、ガバナンスのモードとしてコ・ガバナンス、セルフ・ガバナンス以外に、三つ目のモードとして、社会的アクターの間での権威的な関係により構成される、垂直的でフォーマルな社会的相互作用が基調となるハイアラキカル・ガバナンスを挙げている（Kooiman 2003）。これは、地域の政策形成においては、従来から見られる自治体が中心となって構成する政策形成の枠組みである。

(83) 二〇一七年一二月一三日にTate Liverpoolで行ったArts Councilのジェーン・ビアズワース氏へのインタヴューに基づく。

(84) この混乱時に、主要な文化団体が文化首都の運営において責任ある役割を果たすべくLARCが結成されることになる。この結成においては、Arts Councilが重要な役割を果たしたと言われている(前掲のRoyal Liverpool PhilharmonicのMichael Eakin氏、Arts CouncilのJane Beardsworth氏へのインタヴューに基づく)。

(85) 二〇一七年一二月一三日に行った、前掲のリヴァプール市上級政策官のマーティン・トンプソン氏へのインタヴューに基づく。

(86) 当時の労働党ブレア政権において、地域の行政を中心とした各種団体間のパートナーシップを進めるための中央政府と地域との間の協定であるLocal Area Agreementがリヴァプールで締結されており、リヴァプールの地域戦略パートナーシップであるリヴァプール・ファーストがそれに基づいて地域内のパートナーシップを鋭意に進めていたこと、また、前述したようにイングリッシュ・パートナーシップにリヴァプール市、地方開発機構が協力して都市再生会社のリヴァプール・ヴィジョンが創設されていたことに見られるように、リヴァプールにおいてはパートナーシップ推進のための社会的土壌が形成されていた。

(87) 英国文化首都についてのワーキング・グループの報告書(DCMS 2009)によれば、リヴァプールのヨーロッパ文化首都の経験からは次のような五つのキーとなる教訓があったという。①経済的な恩恵、とりわけ交流経済から得られるもの、②文化を社会的な場の中心に置くことによる広範な間接的恩恵、③文化が公共サービス、とりわけ教育や健康にもたらす貢献、いわゆる社会的なインパクトと捉えられるもの、④技能や新しい職、教育につながる強固な文化的基盤の形成、⑤政策的介入がこれらのインパクトを生み出すことを証明する基盤を育てることへの貢献。リヴァプールの文化首都が都市再生の推進という文脈で開催されたこと、そして英国文化首都も基本的には都市再生を多少とも含んだ都市戦略のツールとして位置づけられていることを考えると、都市再生という言葉が出てこないことにはやや違和感を覚える。

(88) また、文化首都のタイトルを獲得し、一年間にわたる文化イベントを主催することは、開催都市に多くの来街者を呼び、その都市に対するメディアの関心を高めるとともに、地域社会の結束をもたらし、さらに、職業的なアーティストの協働関係を高めることになる、と論じている(DCMS 2014)。

(89) BBCニュース(二〇一八年四月二三日)、'Does being a UK city of Culture create a lasting legacy?'に基づく。

(90) 英国政府・文化メディアスポーツ省では、英国文化首都のコンペに応募するためのガイドラインを設けている(DCMS 2017)。そこでは明確な目的の形成が求められており、具体的な評価対象項目と評価基準等が提示されている。評価対象項目には、全体的なヴィジョン、文化的・芸術的強み、社会的インパクト、経済的インパクト、ツーリズムへのインパクト、リーダーシップ・運営及びガバナンスの方法、資金の確保方法、パートナーシップ、文化首都の遺産の維持及び活用の方法等が提示されている。

(91) 一般的に知られているところでは、シリコンバレーのようなＩＴ産業のクラスター形成を図ろうとして政策を輸入してもほとんど失敗しているという産業政策の経験であろう。

第Ⅳ章　文化観光、創造産業と地域づくり

本章では、文化が地域づくりと深く関わる領域として文化観光と創造産業を取り上げ、そこでの重要な論点に焦点を当てて検討を行う。

観光は地域経済にとっては地域を活性化させる一つの手段として捉えることができる。とりわけ日本では、既に縮小し始めた国内人口により減少する需要を埋めるべく交流人口の増大が地域の活性化にとって重要であり、そのために多くの地域において観光に関わる形で地域づくりが展開されている。文化観光もその一つである。創造産業は、まだ日本では地域政策の対象としての認識は弱いが、ヨーロッパでは地域における重要な政策対象となっている。創造産業はそれ自体の経済的役割だけではなく、文化観光をはじめとして他の産業と大きな関わりを持っており、その役割は増大している。本章では、文化観光については地域づくりにおける持続可能性を論点とし、創造産業については政策展開における文化生産面の支援のあり方を中心に議論を行う。

まず、第一節では、文化観光、そしてそれを支える地域づくりの持続可能性を論じるための理論的枠組みについて地域づくり活動の形成・展開のプロセスを中心に検討し、その上で二つの事例を取り上げ、検討した理論的枠組みに基づき分析を行う。第二節では、地方都市において創造産業政策を検討する場合どのように考えればいいか、どこに論点があるかについて論じ、これを踏まえて地域において創造産業の支援に取り組む場合の重要な

問題として、地域の社会的文脈に根づいている文化の生産をどのように支援すればいいかについて検討する。

第一節　文化観光の持続可能性と地域づくり

1　問題の設定

文化観光は文化を活用して観光という経済目的を満たそうとする活動であるため、文化と経済の関係という文化経済学の根本的なテーマに関わるものである。D・スロスビーは、文化観光について、「観光の経済的及び文化的側面の交点にある主要な問題とは、観光産業を運用する経済的インセンティブと、観光が影響を与え依存する文化的価値との間で起こりうる軋轢を処理しなければならないことである」（Throsby 2001: p. 202）と論じており、持続可能性という問題が主要なテーマになることを指摘している。この節では、この問題を文化観光の持つ文化的側面と経済的側面の関係に地域の人々によって展開される地域づくりが介在し、それによって地域の文化を維持・支え、文化観光を支えるとした場合、それがどのように持続可能であるかという問題として捉えたい。

日本には観光まちづくりという概念があり、「地域が主体となって地域のあらゆる資源を活かすことによって交流を振興し、活力ある地域を実現するための活動」（西村 2002: p. 21）として定義されるが、そこでは、行政ではなく地域の民間の人々がイニシアティブを取って行う活動に焦点が置かれている。地域が自立して活性化を図っていくためには、結局は、営利も非営利も併せて民間の人たちの活動が展開し地域を牽引していく必要があるからである。本節は、文化観光に関わる民間の地域づくり活動に焦点を当て、それによる文化観光の持続可能性のメカニズムについて追究するものであり、文化観光を支える地域づくり活動が形成・推進され持続的に展開していくためには何が必要か、どのようなプロセスが介在するのかという問題を設定して検討する。

対象としては、地域づくり運動の一つのタイプとして、民間の活動が中心かつ起点となって起こる、民間主導／非行政主導、明確な全体計画がない／創発的、理念志向型／非利益主導型として整理される地域づくりの動きを取り上げ、その形成・推進と活動の持続的な展開を支える枠組み・基盤、すなわちプラットフォームの形成という視点を軸に検討する。ここで、明確な全体計画がない、あるいは創発的というのは、予め計画されたシナリオに基づいて事業を組み立てていく中で活動を起こしていくというのではなく、すなわち、全体をコントロールしようとする視点をもたず、創発という言葉が語るように状況の中から生まれる活動が地域づくり全体を動かしていくような運動のスタイルを指す。また、ここで取り上げるのは、一般的な営利目的の経済活動が地域を牽引していくものではなく、何らかのヴィジョンや理念に基づいて地域の公共的な問題に取り組んでいこうとする、公的志向性をもった活動が中心となる。(1) もちろん、このような活動に行政が関わったり、あるいは、行政の政策に活動が関わったりするケースも排除するものではない。

2　理論的枠組み

(1)　基本的論点

文化観光の持続可能性をどう見ることができるか。基本的な論点を挙げてみたい。

まず、冒頭でスロスビーの議論を引用したように、文化観光という経済的活動が持続的に成り立つためには、文化と経済が両立することが必要である。すなわち、資源となり経済活動に恩恵をもたらす文化が一方的に経済活動に活用されることによってその文化的価値が損なわれる、少なくとも低下することになった場合には、経済活動が文化から受ける恩恵も低下することになり、当然文化観光は持続できないことになる。これは、観光の対象となるのが地域の文化の場合重要な問題となる。したがって文化観光が持続可能であるためには、地域の文化が経済に恩恵を与えるだけでなく、経済によって支えられるという相互依存的な関係が必要なのである。

文化的価値への影響を考えた場合、経済が直接文化を支えるというよりは、その間に一種の公共圏を想定し、それを通じて地域の文化が支えられると考えた方がいい。そうすることで経済の直接的な文化への作用を避けることもできる。スクリードは、文化がその価値を維持するためには経済から準自立的な立場を確保することが重要であると論じている（Skrede 2015）。これは、文化を維持、支える活動の推進とその持続可能性を支える枠組みについての問題である。このような公共圏が形成され、それを通じて地域の文化を維持、支えるためには、地域の人々による公共圏を支えようとする、あるいは公的志向性をもった活動が必要であり、また、活動自体を支える地域内のアクター間の地域づくりに関わる何らかの枠組み、プラットフォームが必要である。このような活動がどのように形成され推進されるか、そして、活動を支える枠組みがどのように形成され、かつ維持されるか（活動が持続的であるためにはそれを支える枠組みも持続しなければならない）について検討することが必要である。

このように地域の文化が公共圏によって支えられるとしても、このような活動によって支えられたものが公共圏であるためには、当然、一部の人たちに占有されるものであってはならない。地域の文化である以上、一部のアクターだけが関わるのではなく、広く一般市民が地域の文化を維持、支える活動に参加することが望ましい。それによって維持されたり、付加価値が加えられたりしてはじめて、文化は地域の市民の文化ということができる。では、どのようにして広範な市民の参加を招くことができるのであろうか。

最後に、文化観光は地域の文化を主要な資源として活用する場合が多いが、現在では、それに加えてアートや文化を新しく導入することによって従来の地域の文化に何らかの価値を付加する試みが増えてきている。このような導入された文化・アートは地域の文化とはどのような関係になるのか、観光の地域づくりにはどのように影響するのかについて検討する必要がある。

以上見てきたところから、本節のテーマである民間の活動が支える文化観光の持続可能性という問題において核となる論点である、文化を維持、支える活動の形成及び推進、このような活動の持続可能性を支える枠組みについて詳しく検討してみたい。

(2) 活動の形成と推進

民間主導といっても多くの地域づくり活動は非営利の側面あるいは公的志向性を持っており、そのような活動が前述した地域の文化を支えている。何が民間のアクターにそのような活動を起こし、推進させていくのであろうか。この問題について、最初に非営利・公共的活動を支える民間の人々の自発性や自律性がどこから生じるのかという問題から考えてみたい。これは活動の動機付けの問題と見ることができるが、[2] 一般に地域づくりでは、地域への思いや地域の課題への関心が活動の重要な動機となっているケースが多い。観光まちづくりでは、対象となる地域の文化は地域の固有の価値を体現している財であり、それによって人々の地域アイデンティティやシヴィック・プライドにはたらきかけるような性格をもっている。地域アイデンティティについては、マイルズ(Miles 2005) が論じるように、人々の関心を地域に向けさせ地域に対する取り組みを支える役割を期待することができ、地域の再生が成功するためには非常に重要なものと考えられる。こうした関心の中から地域の課題を解決し、地域に対して描く理念やヴィジョンを少しでも実現させたいとする活動が生み出される可能性を見ることができる。[3]

これは地域づくりにとって不可欠な要素ではあるが、それだけでは活動の形成や推進を説明することはできない。地域に対して描く理念やヴィジョン[4]が活動として具体的に成立し推進されるためには、地域において実現すべき何らかの社会的価値の創造あるいは提供を伴う必要があると考えられる。これは、理念やヴィジョンが具体化されたものと見ることができる。このような社会的価値の創造・提供を伴うことで地域づくりの活動が現実に発進されるのである。

では、このような社会的価値の創造・提供という観点から捉えられる活動の形成は、関連する議論ではどのように説明されるのであろうか。地域づくりに関する議論では、まず、地域に関心のある人たちの思いがミッションとして具体化され共有化され、さらに、専門的知識を持っている人たちが参加して形成する関係の中で実現したい社会的価値を事業化することにより活動が生成されると論じられている（川原 2011）。また、ソーシャル・イノベーションに関する議論では、まず社会的課題が認知され共有化され、それに関心のある人たちが構成する関係の中で展開される相互作用を通じて社会的課題の解決に関わる新たな社会的価値が創造され、その実現を目指して新たな事業が生まれることが論じられている（谷本 2013: p. 25）[5]。二つの議論に共通するのは、新たな活動の形成においては地域への思いあるいは社会的課題の認知が共有化されることで活動形成に動き出し、具体的な活動の実現においては何らかの社会的価値の創造を伴うこと、そこではそれに関わる人たちの間で形成される関係の場が重要な役割を果たしていることである。

(3) 地域づくりのプラットフォームと〈場〉の形成と再構成

このような関係の場は、活動の形成だけでなく、その後の活動を支える地域づくりのプラットフォームの基礎になると考えられる。プラットフォームの概念は、もともとは経営学や知識科学の領域で論じられてきたもので、複数のアクターや情報・知識が交流あるいは相互作用するための共通の活動基盤あるいは共通の場というような意味で使われてきたが、多様な分野からのアプローチが見られる地域づくり研究においては、プラットフォーム概念は必ずしも明確に定義されておらず、一般にこのようなイメージを転用して使っていると考えられる（敷田ら 2012: pp. 24-6）[6]。その中で都市計画学を中心とする地域づくりの実践的な研究領域では、個々の活動を育み・

支え、地域づくりのための共同や連携を推進する役割を担う社会的枠組みとして捉えられており、本節においては、このような捉え方を踏まえて、地域づくり活動が持続的に展開することを支えるために重要なはたらきをするものとして位置づけている[7]。前述したような地域づくりに関わる人たちの間で形成される関係の場は、関わるアクター間の相互作用の積み重ね等を通じて地域づくりにおける意義や重要性が明確化することによって、すなわち、アクターたちの中でその存在や役割が明確に認識され、その機能を高めていくことによって、プラットフォームとしての実質を高めていくことになる。これは、必ずしも組織化されたり、制度化されたりすることを意味しない[8]。アクター間の相互作用によって創り出される状況が実質的に前述の機能を果たしていることが重要なのである[9]。

このような関係の場、あるいはプラットフォームについては、理論的には〈場〉[10]の概念によって説明できる。既に第Ⅲ章で触れているが、〈場〉は経営学上発展してきた概念で、関心を共有する多様なアクターが相互作用するような関係の一種の結節点を指し、その中で知識や価値が生まれる可能性に関心が向けられている[11]。〈場〉の概念を発展させてきた野中郁次郎は、〈場〉をアクター間の物理的、仮想的あるいは心理的な共有空間として捉え、その相互作用の中で知識創造が行われるものと見ている（野中 2000）[12]。この概念のもう一人の主要な提唱者である伊丹敬之によると、〈場〉とは、「人々が参加し、意識・無意識のうちに相互に観察をし、コミュニケーションを行い、相互に理解をし、相互に働きかけあい、共通の体験をする、その状況の枠組みのことである」（伊丹 2000: pp. 4-5）と定義される。伊丹は〈場〉を相互作用の「容れもの」とも呼んでおり、その中ではコンテクストを共有するメンバー間で目的あるいはミッションの実現に向けた相互作用が行われ、この相互作用を通じて情報集合（認識）が変化すると論じている。情報集合について伊丹は、別の表現で共通理解と心理的共振という言葉で説明するが、情報集合の変化という言葉で伊丹が意味しているのは、メンバー間の共通理解（認識）が高まり、心理的共振を得ることによってメンバー間の協働的行動をもたらすことである。このような〈場〉の概念は、前述したようなソーシャル・イノベーションの例に見るように、地域における事業の創造・発展の分析に応用され研究の蓄積を得ている。〈場〉は地域内において通常一つの活動領域に複数が形成されるが、地域づくりにおいても同様であり、それらの〈場〉の間でも相互作用が展開されている。目的やミッションが共有され強い相互関係をもつ場合には、複数の〈場〉の集合体は一つの統合的な〈場〉を形成することになる。

次に、〈場〉の形成、ここでは文化観光の地域づくりに関わる〈場〉の形成について考えてみたい。一つは、政策に基づいた何らかの制度的取り組みがあり、それに関わるアクターが集まって相互作用する中でそのような〈場〉を構成するケースである。このケースでは政策に基づく公式的組織が母体となるものの、〈場〉自体は公式のものではなく、メンバー間の公式・非公式の相互作用から生まれる非公式の、別の言葉でいうと行政の取り組みとは異なる関係に基づくものである。では、民間のアクターたちによる自発的な取り組みでは、どうであろうか。なお、〈場〉の前提となる協働関係の形成については、第I章の文化資源論の説明、第III章の文化プロジェクトがもたらすソーシャル・キャピタル及び協働の形成についての議論で論じた通りである。

具体的な〈場〉の形成については、再び伊丹の議論を参考としたい。伊丹は、〈場〉の成立要件として参加するメンバーが共有するものをもっていることと論じ、典型的なものとしてはアジェンダ、解釈コード（情報はどう解釈するべきか）、情報のキャリアー（情報を伝えている媒体）、連帯欲求の四つを挙げている（伊丹 1999: pp. 79-80）。要するに、メンバーが参加して相互作用するためのコンテクストが形成されることが必要なのである。同じ地域において地域づくりに関心のある人たちにおいてはこれが形成されることは難しいことではない。すなわち、地域づくりのアクターたちにおいて目的、ミッションあるいは目指す方向の共有と連帯あるいは共同しようとする意思が共有されている場合、コンテクストの基本的な土台が醸成されていると見ることができる。その上でそれに基づいて相互作用が行われる場合、その積み重ねの中からコンテクストがアクター間に共有され〈場〉が形成されていくと解釈することができる。

以上の説明において関係の場、プラットフォーム、〈場〉という概念が出てきたが、改めて前者二つの概念と〈場〉との関係について整理すると次のようになる。地域づくりの関係の場とは地域づくりに関わるアクターたちの間で何らかの関心に基づいて形成される一定の相互作用を伴う関係とそれによって形成される状況を指すものであるが、参加するアクター間で相互作用するためのコンテクストが形成され共有された場合、その関係の中に〈場〉という状況が形成され、その機能が獲得されることになる。プラットフォームは、関係の場がこのように〈場〉の機能を獲得し、さらに、その機能に基づいて持続的に展開していくことによって地域づくり活動を支える社会的枠組みとして役割が発揮され、関係するアクター間で認知されるようになった状態を意味する。

ここでコンテクストが〈場〉の形成に対して意味するところを改めて考えてみたい[13]。コンテクストという概念には広い研究の背景があり、言語学の領域で使われ始め、その後心理学や社会学、人類学、広い意味での文化研究へと広がり、さらには、本節の〈場〉の議論に関わる経営学や組織論、地域デザインに関する研究にも適用されるようになってきている。コンテクストとは、ここでは簡単に、人々の認知や行動を支える構造的前提または解釈枠組みのことであり、人の行為に意味を与えるもの（古賀 2007: p. 98）として捉えておきたい。ここで、コンテクストの概念を経営学における知のマネジメントの領域に適用している寺本義也の議論を取り上げたい。寺本は、組織で生み出す知識等をコンテンツとして捉え、コンテンツはその置かれたコンテクストによって価値や意味が異なってくるとして知の創造におけるコンテクストの役割を論じている。寺本（2005）によると、エスノメソドロジーでは、コンテクストは行為や発話に特定の意味を与える（コンテクスト表示性）一方、そのコンテクスト自体が行為や発話によって生み出される（コンテクスト再帰性）ことになると論じる[14]。コンテクスト上の行為や活動はコンテクストによって意味を与えられるだけでなくコンテクスト自体を生み出す可能性を持っていることになる。コンテクスト表示性については、寺本は企業等の組織において生み出される知識等のコンテンツがコンテクストによって価値や意味が変わってくると論じる。コンテクスト再帰性については、寺本が引用しているように、西垣の情報学（西垣 2004）やルーマン（Luhmann 1984）の社会システム論に同型の議論を見ることができる。ルーマンの議論を取り上げると、ルーマンはその社会システム論において、ヒト自体ではなく、ヒトの行う「コミュニケーション」を社会システムの構成要素とみなすモデルを導入し、コミュニケーションが再帰的・自己言及的に新たなコミュニケーションを算出し続けることにより社会システムが構成されると主張する（Luhmann 1984）。社会学ではギデンズ（Giddens 1991）も、相互行為と構造との関係について、構造は相互行為のあり方を規定し、あるいは可能にする条件であるとともに、相互行為によって絶えず生産・再生産されると主張しており、やはりコンテクスト再帰性との同型性を見ることができる。

寺本は、このコンテクスト再帰性の議論を発展させて、コンテクストが参加者の関係性の変化や新たな参加者の加入等によって相互作用を通じて変化する可能性に基づき、知のマネジメントの立場から、参加者の相互作用を通じて既存のコンテクストを転換し、新たなコンテクストを創造（止揚的融合）するマネジメントの重要性を主張する（寺本 *op.cit.* pp. 81-2）。このようなコンテクストの転換を図ることによって、コンテンツの多様な意味や価値を創出できるというのである。寺本の主張は、行為や活動がコンテクストによって意味や価値が与えられていることから、コンテクストを転換させることによってコンテンツがコンテンツの新たな意味や価値を生み出すことができるという含意を引き出しているのである。寺本は、コンテクストの構成要素として、コンテクストのメンバーとしてそれを構成するアクター（主体）、アクター間の関係性、コンテクストを支える価値の三つを挙げ、それぞれにおいてコンテクストの転換を見ることができるとする。さらに、寺本・原田（2006）は、これら三つにアクター間の相互作用を構成要素に加えて四つのコンテクスト転換を主張する。

寺本の議論は、コンテクストの役割を企業等の組織において想定されるコンテクストの中で展開するコンテンツの価値をどう生み出すかという議論に向けられている。本節における〈場〉の議論においては、〈場〉の中で生み出される価値やそれに伴う活動の創造について論じているが、前述のようなコンテクストの議論は企業組織に限定されるものではなく〈場〉の中に見られるコンテクストに対しても適用可能であり、寺本も、〈場〉の概念に密接に関連していると論じている[15]。この議論を地域づくりの〈場〉に導入すると、ここで得られるのは、既存のコンテクストに新たなメンバーが参加する等によって異質なコンテクストが持ち込まれることを通じて新たなコンテクストを持つ〈場〉が再構成される可能性が生まれるという解釈である。寺本はコンテクスト転換によって既存のコンテンツの新たな意味や価値を生み出す可能性を論じるが、〈場〉においては、伊丹が論ずるメンバー間の相互作用による情報集合の変化という議論に目を向けたい。伊丹は、情報集合の変化によってメンバー間の共通理解（認識）の増進と心理的共振によって協働的行動がもたらされると論じているが、その協働的行動の目指すものとして本節で論じる社会的価値の追求と実現を考えてみたい。ここで主張したいのは、地域づくりのアクターたちが地域の問題解決を目的として集まって形成している地域づくりの〈場〉において、コンテクストの転換あるいは再構成が意味する重要なことは、メンバー間の情報集合に大きな変化が起こり、それによって社会に対する新しい認識あるいは志向性が生まれ、そこから新しい社会的価値を求めるようになる可能性を見ることができることである。そこから、そこで生まれた社会的価値の実現を目指した活動が生まれると考えることができる。このようなコンテクストの再構成による新しい社会的価値の追求は、前述したコンテクストの構成要素それぞれにおいて考えることができる。

(4) 文化と経済の両立

文化観光の資源となる地域の文化を地域づくり活動が支え、それを地域づくりのプラットフォームが支えるという構造について論じてきたが、やはりそのような活動が持続可能であるためには経済的にも支えられることが必要である。ここで第I章で論じた文化資本と文化的価値という概念を導入して考えてみたい。そこでは、スロスビーの議論を引用して文化を経済的な観点から文化資本と見立てた場合、生み出す価値として文化的価値を見ることができると論じた。スロスビーは、文化資本は同時に経済的価値をも生み出すと論ずるが、本書では、経済的価値は、経済資本が介在して文化資本が経済活動に用いられることによって文化的価値から引き出されると見るべきだと論ずる。いずれにせよ、文化と経済が両立するためには、文化資本を活用して文化的価値を引き出し、それによって得られた経済的価値から生じる経済的利益を文化資本に再投資することが求められる。この議論を地域の文化による文化観光に適用すると、文化資本としての地域の文化から生み出される文化的価値が文化観光の資源になることによって経済的価値を生み出すことになるが、ここから得られた利益を地域の文化に再投資することになる。このような循環が形成されることによって文化観光は持続可能になる。地域づくり活動がこのプロセスに介在する場合は、公共的な側面をもったこの活動は地域の文化の魅力を維持あるいは向上、すなわち文化的価値を高めるように働くことになるが、このような非営利あるいは公共的な活動がどのように維持されるのかがこの循環の持続可能性にとって問題となる。

以下の議論では、ここまで活動の形成と推進及びそれを支えるプラットフォームの形成・再構成という視点を軸に行ってきた検討に基づき、事例の分析を通じて文化観光を支える民間の地域づくり活動の形成・推進及びその持続可能性を支える要因やメカニズムについて追究する。

3　事例の検討——長浜市と別府市

文化観光による地域づくりの事例として、滋賀県の長浜市と大分県の別府市を取り上げる。いずれも民間主導の地域づくり活動に支えられて文化観光が展開した事例である。事例の検討は、関連する資料と関係者へのインタヴューの分析により行った。

(1) 長浜市[16]

滋賀県長浜市の衰退した中心市街地において、「黒壁」と呼ばれる新しい事業が登場し活動を展開することによって生み出された地域づくりの運動が地域を変え活性化に導いた事例である。ここでは、黒壁の活動やそれが創り出した機運の中で行われた大規模なイベントが生み出した状況が現在に至る長浜の基本的な地域づくりの骨格を形成した、一九九〇年代から二〇〇〇年代前半にかけての時期に焦点を当てる。

黒壁の活動の登場と展開

長浜市は、滋賀県の北東部に位置する、人口約一一万九千人（二〇一六年六月現在）の小規模な都市である。豊臣秀吉が城下町として築いたことに由来しており、それに関連する伝統が、江戸時代に入って城が取り壊された後も綿々と受け継がれ、現在の黒壁の地域づくりにもつながっている。歴史的に交通の要衝としての位置を利用して商業の町として発展してきたが、一九八〇年代末頃には、その中心部は地方都市の中心市街地の例に漏れず、激しい衰退に見舞われ、空き店舗が目立つような状況になっていた。それに対して市としても何も手を打たなかったわけではなく、八〇年代には、長浜市博物館都市構想の策定、長浜城歴史博物館開館、風格ある建物を表彰する制度の発足など、ハード、ソフトの事業を展開していた。しかし、中心部の活性化にはつながらなかった[17]。

そのような頃黒壁が登場する。黒壁は正式には株式会社黒壁と称し、中心市街地の元銀行で当時キリスト教の幼稚園であった歴史的建造物、通称「黒壁銀行」の活用を目的として、長浜市と地元民間企業の出資により設立された第三セクターである。黒壁の中心となったのは笹原司朗氏と伊藤光男氏で、ともに中心市街地の商店主ではなく、市の郊外地域で非商業の事業を営んでいる事業家である[18]。両氏は、まちのひとつのシンボルであった黒壁銀行が売却され取り壊しの危機に直面したのを機に、買い上げ、その上で保存・活用し、それを核にまちを活性化させようと図ったのである。笹原氏たちの行動を動機づけたのは、かつて町衆といわれた中心部の商店の人

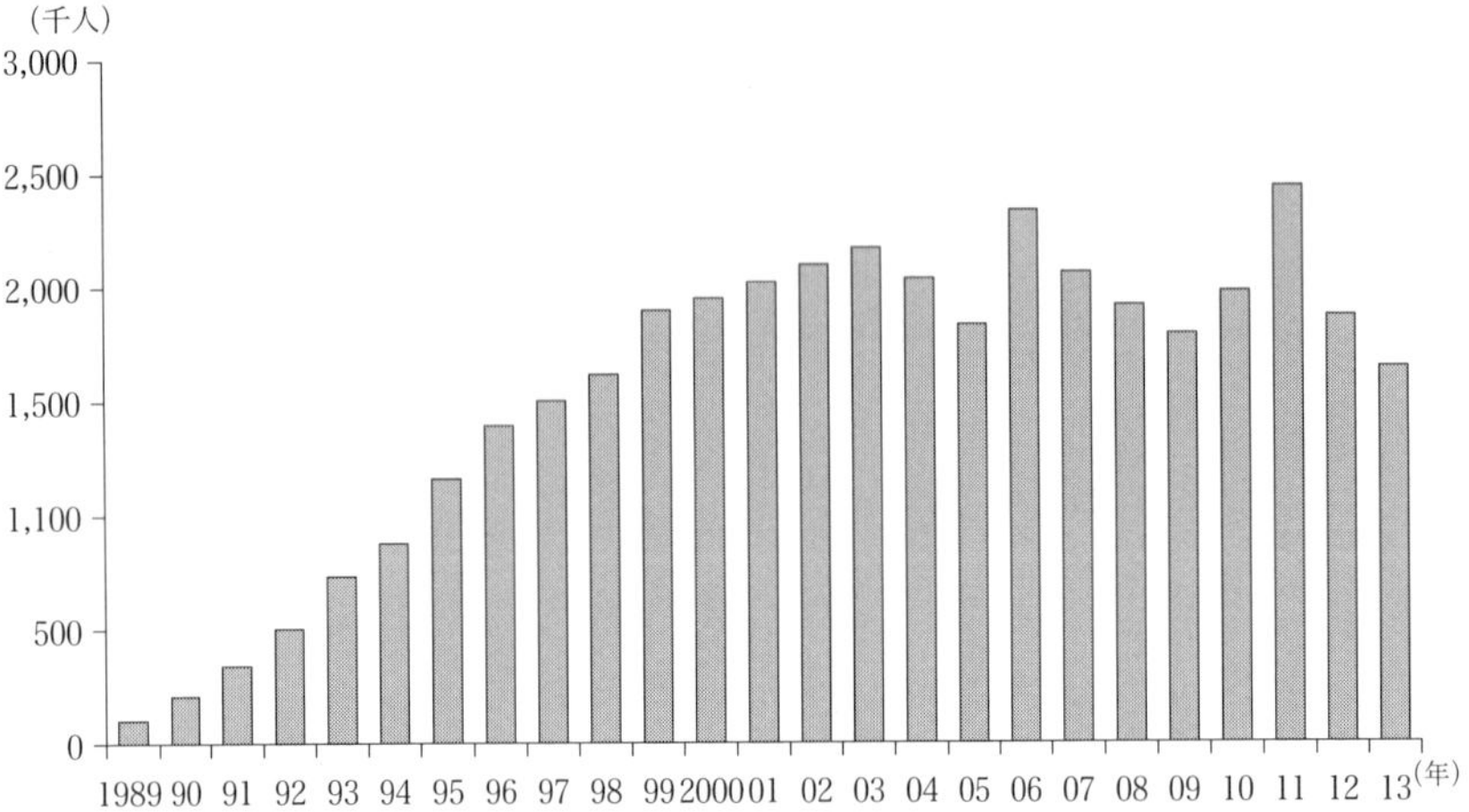

出典：株式会社黒壁 URL, http://www.kurokabe.co.jp/about/company.html, 2015 年 8 月 20 日.

図 4-1　滋賀県長浜市中心市街地・来街者数の推移

たちが支えてきた長浜の伝統行事である「曳山まつり」がまちの衰退により支えきれなくなってきたことに対する危機感であった。これは街並みについても同様であった。長浜の固有の文化である曳山文化を維持し、街並みを保存・再生していくためには、まちは以前のように活性化させる必要があったのである。

黒壁は、一九八九年に三店舗からなるガラス館としてよみがえり、一九九一年には四店舗開店というように積極的に事業を進めていく。その事業内容として長浜の地場産業ではなかったガラス事業——ガラス製品の製造・展示・販売——を選択したのは、ガラスには、歴史、文化、芸術性があり、世界に発信できる国際性があるという理由からである。事業は、伝統的な建築物である黒壁の店舗としての再利用を通じての街並みの保存・整備、さらには新しい文化的魅力の付与という側面を伴っていた。さらに、他の事業者が黒壁の活動やその考え方に共鳴して参加したり[19]、市外の企業と連携を行ったりして事業を拡大していき、現在では、黒壁とそのグループ店は三四店舗に及んでいる。

このような黒壁の事業の展開によって、また、開業直後からメディアが大きく取り上げてきたこともあって、長浜への来街者数は順調に増加する。開始当初の一九八九年には一〇万人だったものが、二〇〇〇年には二〇〇万人に達している。来街者数の増加に伴って黒壁の収益も順調に拡大する。他の商店も黒壁の活動に影響を受け、営業を再開したり、積極的な経営に乗り出したりするところも増えてくる。その結果、中心市街地の空き家・空き店舗は減少し、その後の一五年間の間にまち全体で五〇〇近い店舗のうち半数近くが、再オープンまたはリニューアルをしている。

長浜市中心商業地の黒壁スクエア

秀吉博の開催と地域づくりネットワークの形成

黒壁は、まちを活性化するという目的を、まちなかでの事業を拡大し、空き家・空き店舗を埋めていくことだけではなく、長浜の地域づくり推進のネットワークの核[20]として活動することでも果たしてきた。また、黒壁の活動は、商店などの事業的側面に影響を与えただけではなく、多くの市民活動組織も黒壁に触発されて誕生しており、黒壁はこれらの市民活動組織ともネットワークを形成している。黒壁による地域づくりのネットワークは、他にも、黒壁の事業のネットワークを含み、長浜青年会議所やそのOBである笹原氏らの個人的なネットワーク、市や商工会議所等との組織的なネットワーク等と結びつきを深めながら、全体としてネットワークが拡大・複合化していった。しかし、他方で、商店の組織等のネットワークなど市内には他にもネットワークが存在し、次に見る北近江秀吉博覧会の開催までは、相互の交わりがないまま並立している状況であった。以上のように、九〇年代半ば頃には、このような市民活動組織の叢生、黒壁を中心とした地域づくりのネットワークの拡大・複合化、そしてこれらの動きを受けた行政や商工会議所等の地域づくりへの関与等、長浜の地域づくり活動は全体的に活況を帯びるようになっていった。

このようなとき、一九九六年に、市を挙げて、当時のNHK大河ドラマ「太閤秀吉」にあやかった「北近江秀吉博覧会」が開催される。この秀吉博は、「フィナーレからプロローグへ」というコンセプトのもとで、長浜のこれまでの歴史や伝統、秀吉から始まるまちづくりを改めて見直し、長浜市の今後の歴史に新たな道を開こうとするものであった。長浜の地域アイデンティティに訴えるこのイベントは強い求心力をもっており、市民団体や多くの市民――一〇〇〇人もの市民ボランティアが活動した――が参加した。運営については、行政は大枠を示すだけで交通・駐車場対策を行う等の黒子に徹し、全体的には市民に任された。

このイベントでは、市民有志からなる実行委員会と運営委員会を中心に博覧会のあり方と運営について検討が重ねられたが、黒壁、青年会議所メンバー、商店街の人々、市役所、数々の市民活動団体、高齢者など、それまではあまり相互に接触することがなかった様々な人たちが参加し、協働するという経験が得られた（矢部 2001: p. 8）。とりわけ重要なのは、黒壁と商店街の人々やその団体がそれまでの対立的関係から交流する関係に変わったことである。このイベントを通じて形成されたネットワークの中から、プラチナプラザ[21]、出島まちづくり塾[22]、まちづくり役場等のソーシャル・エンタープライズあるいはNPOが生まれ、いずれもその後の長浜の地域づくりの重要なアクターとして活動することになる。これにより黒壁を中心に形成されてきたネットワークと秀吉博を契機に形成されたネットワークが相互に結びつき[23]、長浜の中心市街地の地域づくりが多面的に展開されるようになるが、黒壁はそこでも中核的な役割を果たしている。

なお、その後二〇〇九年には、長浜市や長浜商工会議所が中心となって中心市街地エリアのトータルマネジメ

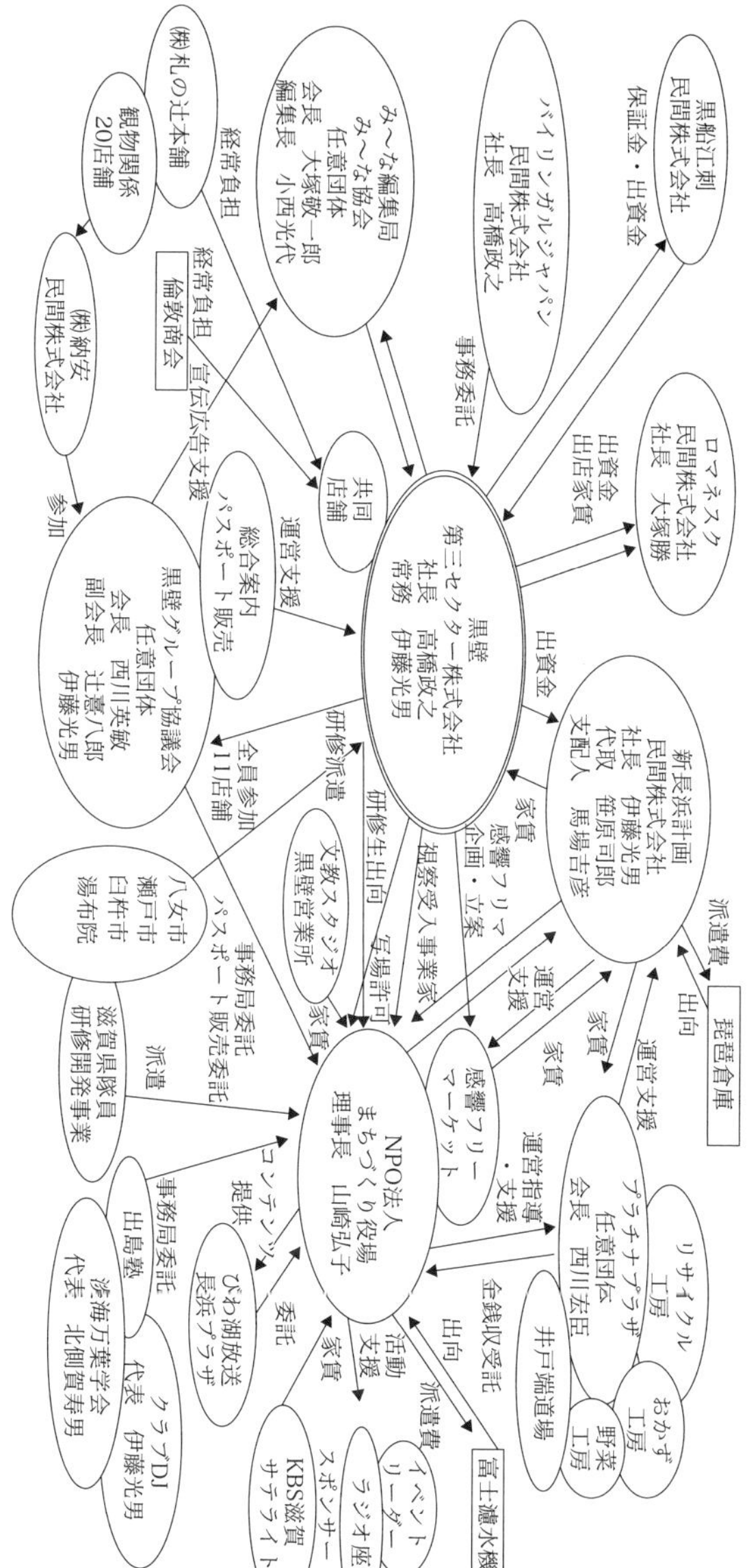

出典：株式会社黒壁 URL, http://www.kurokabe.co.jp/about/company.html, 2015年8月20日.

図4-2　滋賀県長浜市中心市街地・地域づくりの諸団体の関係

ントを担当する長浜まちづくり株式会社を設立、これが今では中心市街地の地域づくりにおける中核的な存在となってきており、地域づくりのネットワークは多核化しつつある。

(2) 別府市[24]

大分県別府市の、多数の地域づくり活動が相互に連携しながら全体として一つの運動体を形成している事例である。別府市では、一九九〇年代後半から温泉観光や温泉文化と結びつく形で地域づくり活動が活発化していたが、その後二〇〇〇年代に入って登場するBEPPU PROJECTというアートNPOによる活動が契機となって市民の文化活動に大きな影響を与え、別府市の地域づくり活動全体に新たな活力を注入している。

別府八湯のまちづくり運動の展開

別府市は大分県東部に位置し、長浜市とほぼ同規模の人口約一二万二千人（二〇一六年六月現在）の都市である。戦後、源泉数においても湧出量においても全国一という温泉を中心とした観光都市として発展してきた。ホテル、エンターテインメント、店舗、その他多くの事業が別府の温泉に訪れる観光客に大きく依存している。しかし、日本社会の成熟化とともに新しい旅行スタイルが求められるようになり、別府の旧式の観光業は次第に人気を失うようになった。観光業の衰退は市の経済、社会に大きな影響を与えたが、とりわけその影響は中心部で大きかった。

そのような状況において、別府の将来に危機感を覚えた民間の人たちの中から若手の経営者中心の研究会・別府観光産業経営研究会（以下、観光産業研究会と略称）が別府の活性化に向けた動きを起こす。一九九六年に、この研究会の呼びかけで八湯と呼ばれる別府の八つの温泉地区の代表者も参加して「別府八湯勝手に独立宣言」を行う。これは、地域の個性を活かした地域づくりを誓うもので、八湯が自立・連携しながら地域づくりを進めるという方向性を打ち出すことになる。同時に、観光産業研究会の一部のメンバー間で行われていたパソコン通信をベースに「別府八湯メーリングリスト」というインターネットのネットワークが構築され、地域づくりに関わる情報交換・共有が行われるようになった[25]。

一九九八年には、中心市街地の温泉のシンボル的存在であった竹瓦温泉の保存の問題が契機となって、観光産業研究会の主導で竹瓦フォーラム[26]が開催され、ここから別府八湯竹瓦倶楽部が結成される。そして、この竹瓦倶楽部により、「別府八湯ウォーク[27]」、「別府八湯温泉博覧会[28]」等の、その後も続く重要なイベントを含む地域づくりの数々のプロジェクトが企画・実施されていく。

別府現代芸術フェスティバルのイベント．元々は温泉客用のストリップ劇場を活用．

竹瓦倶楽部からは、その構成メンバーによって、そして上述のプロジェクトを通じて、その後の別府の地域づくり運動を支える主要な団体である、鉄輪湯けむり倶楽部、別府八湯トラスト、ハットウ・オンパク、自立支援センター等が結成されていく。これらの団体が相互に連携しながら別府の地域づくりを展開している状況は別府八湯のまちづくり運動といわれており、このような運動全体の中から新たな活動が生まれると同時に、個々の団体それぞれの活動による影響からも新しい活動が生まれ[29]、それらがまた別府の地域づくりを支えている。

BEPPU PROJECT の登場とアート活動の展開

アートNPOの BEPPU PROJECT（以下、BPと略称）は、以上のような別府の地域づくり活動の動きに触発されて二〇〇五年に設立される。活動のミッションは、「アートが持つ可能性を社会化し、多様な価値が共存する世界を創造する」（NPO BEPPU PROJECT 2015）というもので、別府市においてアート活動の実践を通じて実現しようとしている。創設者であり代表の山出淳也氏は、それまでアーティストとしてパリで活動していたが、別府市内の地域づくりの状況を知って、自分もその中に参画して別府という地域の中でアートが社会に与える可能性を試したいと考えたのである。[30]

BPは、実際に、別府のこれまでの地域づくり運動に参加する形で、その主要なメンバーの協力を得ながら現代アートの活動を展開していく。その最も重要な活動が、国際的な現代アートの祭典である「混浴温泉世界」[31]の開催である。これは、別府市や大分県、商店街連合会、経済団体、大学、地域づくりの主要なアクター等の様々な団体の支援・協力を得て二〇〇九年に開始され、三年ごとにこれまで三回開催されている。これは街自体をアート化する試みで、中心市街地を主要な舞台として別府市内の各所でアート作品の展示を中心に様々なアート活動が展開されている。[32]このイベントでは海外を含む別府市外のアーティストの表現活動が主体となっているのに対して、二〇一〇年から毎年開催されている別府アート・マンスは市民が主役のイベントで、BPは基本的に場所と機会を提供する役割にとどまり、市民が自分たちのアート活動の成果を表現する機会となっている。これも市内の各所で開催されている。もう一つ重要な取り組みとして、中心市街地活性化の事業として platform という市民のアート活動や地域づくり活動及び市民間の交流の常設的な拠点を市内中心部に八カ所設け、その運営を行っている。[33]

BPの活動は、別府市に大きな影響をもたらしている。別府市では、これまで別府アルゲリッチ音楽祭という国際的なイベントを除いて、特に文化や芸術に関わることは少なく、市民の認識としても文化と結びつけて自分たちの地域を捉えることはなかった。そこにＢＰは、市の空間を使って開かれた形で文化・芸術を、しかも、温泉文化等の地域の文化を尊重しこれと結びつける形で市民に提示した。当初は、現代アートを地域社会の中に持ち込むことに対して地域づくりのアクターや一般市民の中には違和感を覚える人も多く、地域づくりのメンバーの中ではしばしば拒否反応も見られた。しかし、粘り強く対話や交流を繰り返していくことで徐々に理解が得られ、結果的には、一般の市民にも文化・芸術に触れあったり、参加したりする機会を与えただけではなく、温泉浴を中心とする別府の文化に市民が持たない別の観点から光を当てることで地域の文化を市民に再認識させることになった。また、地域づくり活動のアクターたちには地域づくりにおける文化・芸術のもつ可能性に対する認識を与えることになった。このようなＢＰの活動に影響されて、それまでの地域づくり活動に文化的側面が加わっただけではなく、地域の活性化に関わるような文化活動が生まれてきている[34]。

別府現代芸術フェスティバルのアート活動の一つ.
日常空間がキャンバスとなっている.

地域づくり活動のネットワーク

別府八湯のまちづくり運動から続く別府の地域づくりでは、観光産業研究会の有志メンバーから起こった動きがその後の流れを創り出してきた。八湯独立宣言と竹瓦フォーラム、そこからの別府八湯竹瓦倶楽部の設立は、これらの有志メンバーが中心となって展開したもので、彼らはそれぞれ地域づくりの団体を立ち上げて、お互い理事を兼ね合ったり、お

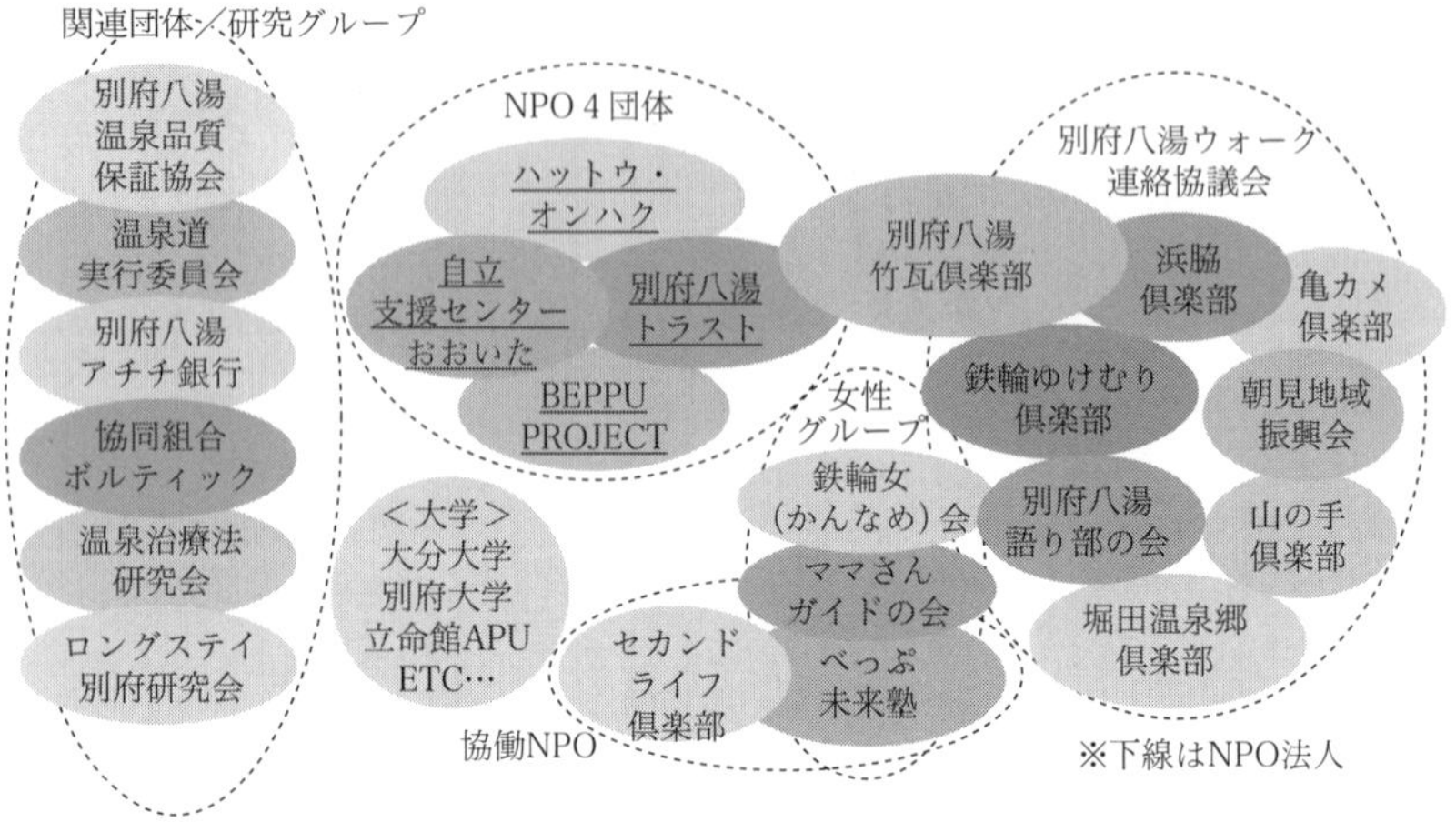

出典：「人を磨き，地域を磨く八湯のまちづくり」（牧田 2010）より．

図 4-3　別府地域づくりの主要なアクター間のネットワーク

互いのイベントに協力したりという形で、非常に密接な相互関係に基づくネットワークを形成している。また、別府八湯メーリングリストというインターネット上のネットワークは、より広く別府市の人々の地域づくりのネットワークを形成しており、別府の地域づくりを重層化させてきた[35]。BPが登場してからは、彼らの主要イベントである混浴温泉世界実行委員会が地域づくりの重要な交流の場となって地域づくりのネットワークに新たな要素を加えている。二〇〇八年からは、中心市街地活性化協議会も設立され、混浴温泉世界実行委員会と並んで地域づくりメンバーの公式的な交流の場となっている。他方で、各種の勉強会等の非公式の交流の場が設けられており、いずれも地域づくりのネットワークを支えている。

4　分析

ここでは、本節2の理論的枠組みにおいて検討したところに従って二つの事例を分析する。

(1)　活動の形成

2では、地域づくりのための民間活動形成においては、まず、地域への思い・関心あるいは社会的課題の認識が出発点となり、それらが共有化されること、社会的価値の創造／提供を伴うことが必要であり、そしてそこでは関与するアクターたちの関係の場が重要な役割をもつと論じた。

その最初の点について、長浜市の事例では、中心市街地の衰退という地域の問題についての関心・認識が活動形成の動機となっているが、そこでは地域の文化が大きく介在している。曳山祭や中心市街地の街並みという地域の文化が黒壁の人たちの地域への愛着・関心、一種の地域アイデンティティといえるものに大きく作用し、そこから地域の課題に対する認識を形成し、活動の哲学・ヴィジョンの形成を導いている。ここでは、社会的課題の認知の共有については、黒壁という活動を開始することになる創設者たち少数のサークルにおいて共有されていたとしても、黒壁の活動形成当時はまだそれを超えた地域づくりの関係の場は存在しなかった。そのため、黒壁の活動は、その事業者たちの地域の課題の認識や地域への愛着・関心から直接始まっている(36)。

別府市の事例では、観光業の衰退に伴う地域の危機という地域の課題への認識が出発点になっており、そこでは地域への愛着や関心が働いていたことが確認される。温泉文化という地域の文化が影響していたことも一部のアクターで確認できるが、明確ではない(37)。このような地域の課題への認識は直接的に活動の形成をもたらしたのではなく、まず、地域づくりに関心を持つ人たちの関係の場が形成され、その中で地域の課題への共通の認識が形成され、そこから地域づくり活動のヴィジョンやミッションが形成されている。

活動の形成には、2で論じた社会的価値の創造／提供を伴うことの重要性が確認された。長浜市の事例では、黒壁の内部で創設者たちのヴィジョンの中から地域に対して提案する価値が検討され生まれている。しかし、地域づくりのプラットフォームが形成されると、その中でのアクター間の相互作用を通じて新しい価値の創造を助ける等、それ以降の新しい活動やプロジェクトの一種のインキュベーター的な役割を果たしている。別府市の事例では、地域づくりのアクターたちの関係の場、それが発展した事実上のプラットフォームの中から多くのアイディアが生まれ、その価値を実現すべくそれに応じた多くの活動が誕生している。別府では、地域づくり運動が既に形成されている状況下にアート活動団体のBPが加わっているが、混浴温泉世界や別府アート・マンスのようなアートを通じた新たな価値の創造は、プラットフォームで共有されている認識や理念・ヴィジョンへの共鳴があり、それに創設者個人の思い・ミッションが加わってもたらされている。

(2) 地域づくりのプラットフォームと〈場〉の形成と再構成

プラットフォームや〈場〉の形成については、2では、地域づくりに関係する人たちの相互作用や共通の体験の積み重ねが必要であると論じている。

長浜市の事例では、地域づくりの関係の場は黒壁という活動の形成のときには存在せず、むしろ、黒壁の活動を通じて形成されている。長浜では、黒壁の活動が創造した社会的価値が地域づくりに関心のある人たちに地域の課題やそれに対するヴィジョンを提示し、それに共鳴あるいは関心を喚起された人たちが黒壁の地域づくりに参加することでネットワークを形成する。その中でアクター間の相互作用を通じてコンテクストが形成・共有され黒壁を中心とした地域づくりの場が成立し、一種のプラットフォームとして機能していた。地域づくりの関係の場は、それだけではなく複数が並立して存在していたが、相互の交わりはなかった。そのような状況は、長浜市を挙げた大規模なイベントである秀吉博によって一変する。このプロジェクトを協働して創り上げ、実現したことで得られた共通の体験と、そこで展開されたであろう関係者間の密な相互作用によって、長浜の地域づくりのネットワークは相互に結びつくが、それに伴って地域づくりの場も結びつき、関係の場の連携する状況が生まれたと考えられる。図4-4はそのような状況を説明している。この複合したネットワークの中から多くの新たな地域づくり活動が生まれていることから、このような関係の場の連携――これ自体を統合的な関係の場と見ることができる――に基づいて統合的なプラットフォームと呼べるような地域づくりの枠組みが形成されたと考えることができる。

別府市の事例では、別府の将来に危機を覚えた観光産業研究会の若手経営者が中心となって、他の人たちにも声をかけ地域づくりのネットワークが形成されるが、そこでの勉強会を通じて別府の地域づくり運動の出発点となる別府八湯独立宣言が行われる。ここからメーリングリストが構築され、竹瓦フォーラムというイベントが開催されるが、これらを通じて地域づくりのネットワークは広がりをもつと同時にメンバー間の密な相互作用をもたらす。竹瓦フォーラムの開催とそれに続く別府八湯竹瓦倶楽部の結成は、地域づくりの関係者たちの相互関係をさらに強めるものとなる。このように別府では、八湯独立宣言を通じて集まった人たちの間で関係の場が形成され、共有された地域の課題への認識とミッションに基づいて相互作用を重ねることでコンテクストが形成・共有され、地域づくりの〈場〉としての機能を持つことになる。これをベースにして、その後の活動に影響を与える重要なイベントの開催や組織の結成を通じて積み重ねられたメンバー間の相互作用や共通の体験の積み重ねによって次第に関係の場はプラットフォームとしての実質を高めるように発展していったと考えられる。

別府では、その後、地域外からBPという新しいアクターが参加して、状況を大きく変化させる。BPが地域づくり運動に持ち込んだ「アートにより新しい世界を創造する」という価値は、それまでに形成されていた〈場〉を再構成させることになる。別府のそれまでの地域づくりの〈場〉にはなかったアートの持つ価値は、BPが主導する国際的なアートイベントの企画に地域づくりのメンバーが参加することを通じて――その間現代アートが地域に対して持つ価値についての議論を重ねて――、メンバー間にその意義が認識され、地域づくりの〈場〉のコンテクストが再構成され、それによってプラットフォームも新たに再構成されたと解釈することができる。そして、その再構成されたプラットフォームにおいて文化という要素を含んだ新たな価値の創造／提供を伴う活動が生まれている。2では、コンテクストの転換あるいは再構成によって〈場〉のメンバーの情報集合に大きな変化が起こり、それによって社会に対する新しい認識が生まれ、そこから新しい社会的価値を求めると論じたが、今回の研究方法では情報集合の変化や新しい認識の創生自体は確認できない。ただし、結果的に、それまでとは異なる文化的要素もった社会的価値を実現しようとする活動が生まれていることから、2のロジックに沿って〈場〉の中の状況は展開していったと解釈することができるのではないか。

〈場〉の形成については、プロジェクトやイベント等を実現するための協働、連携関係に基づく相互作用が重要であり、また、BPのように新しい活動の参加が〈場〉の再構成をもたらしているが、それを分析すると、社会的価値の創造/提供や実現をめぐってこのような動きが起きていると解釈できる。プロジェクトやイベントはある種の社会的価値を実現しようとする試みであり、BPがもたらしたのもアートを通じた新しい社会的価値であった。価値の創造や実現をめぐって関係する人たちの相互作用が密になり共通の経験がもたらされることで、〈場〉のコンテクストが新たに形成あるいは再構成されると解釈することができる。これをコンテクスト転換という視点から解釈すると、別府では、BPの地域づくり運動への参加は、それまでの地域づくりの〈場〉に主体という点でも、価値という点でも、さらには新しいイベントのための組織が形成されているということから主体間の関係性という点でも、コンテクストの構成要素を大きく変化させることになったと捉えることができる。これら三要素間の相互関係は不明だが、別府についてはBPという一アクターの参加によるものであるため、コンテクスト転換がこのケースで意味をもつとすれば、主体、主体間の関係という要素よりも、価値という要素が大きくはたらいたと見るべきではないか。すなわち、現代アートに関わる価値を持ち込むことで大きな議論を起こすことにもなるが、メンバーのそのような積極的な参加を促すような相互作用を伴うことによって、かえって価値の点においてコンテクストを大きく転換することになったと解釈することができる。

それに対して長浜の事例では、秀吉博という大がかりなイベント以降、〈場〉が相互に結びつくことによってそれぞれの持つコンテクストが出会うことになり、それぞれの〈場〉の中ではどの要素というよりもコンテクスト全体において転換が生じたと見ることができる。その後長浜の地域づくりでは多くの社会的価値が生まれ新たな地域づくり活動が生まれるが、このような状況はコンテクスト転換によって生じたと解釈することもできる。

なお、このようにコンテクスト転換の重要な要因として価値に着目すると、〈場〉のコンテクストにおいて社会的価値が生まれることと考え合わせた場合、地域づくりの〈場〉の形成・再構成と社会的価値の創造＝活動の形成との間に価値という要素を通じた基本的に相互作用的な関係があるため、そこに一種の循環的関係が形成される可能性を見ることができる。ただし、別府や長浜のケースでは、それまでの地域づくりの〈場〉の外部から登場したアクターやネットワーク（別府の場合はＢＰ、長浜の場合は黒壁とは異なるネットワーク）が持ち込んだ価値によって〈場〉のコンテクスト転換が起きているのであり、その点において〈場〉の内部の自己組織的な力学の中から生じたものではないため、本節の議論の枠組みが捉えるところでは循環的関係にはならない。地域づくりの持続可能性の担保をコンテクスト転換によって新たな価値が生み出されることに求めようとする場合は、外部のファクターという偶発的な要素に依拠せざるを得ないということができる。外部のファクターを組み込んで内部化することで循環性を説明するモデルを検討することも考えられるが、本節の考察ではそこまでは及ばなかった。

組織形態については、二つの事例に共通して、プラットフォームはそれ固有の特別な組織はもたず、各種の公式・非公式の交流の機会が実質上のプラットフォームとして機能している。また、長浜では、プラットフォームは黒壁に主導された地域づくり運動のネットワークを中心に形成されており、その意味では黒壁がプラットフォームの核となっているということになるが、現在では、新しい動きが登場し発展してきており多核化しつつある。他方で、別府の場合は、八湯独立宣言以来の中心メンバーにより少数ながらもプラットフォームは多核的に構成されてきたといえる。ただ、ほとんど固定的なメンバーにより主導されているという状況が続いていたが、ＢＰの登場により変化している。

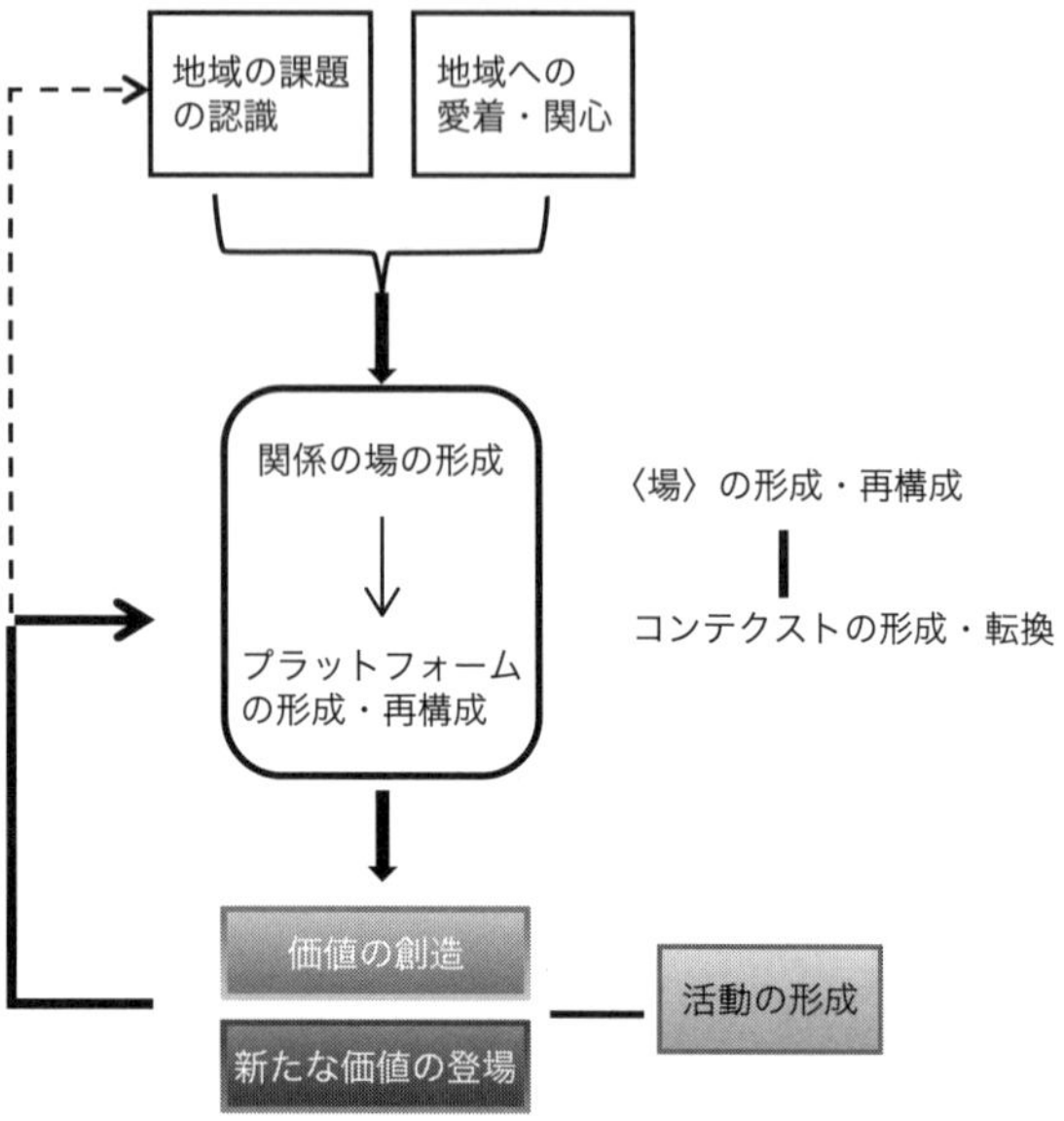

図 4-4　地域づくり活動形成・展開のプロセス

(3)　地域づくり活動形成・展開のプロセス

以上、2の理論的枠組みで論じた視点に基づいて二つの事例を分析したが、関係の場、プラットフォームが形成され、その中から価値の創造、それを担う活動の形成へと展開する別府市の事例に見られる地域づくり活動の展開を標準的なスタイルと見て活動形成・展開のプロセスを整理すると、図4-4のように示すことができる。

ここでは、まず、地域の課題の認識と地域への愛着・関心から、地域づくりに関心を持つ人たちの関係の場が形成され、そこで地域の課題についての共通の認識が醸成され地域づくりのヴィジョンやミッションが形成されている。関係の場では、ヴィジョンやミッションの共有と何らかの社会的価値を実現したいという意思に基づくメンバー間の相互作用を重ねることでコンテクストが形成・共有される。これは、関係の場において〈場〉としての機能が獲得された、すなわち〈場〉が形成されたと解釈することができる。〈場〉のもつ、メンバー間で社会的価値の創出・実現を目指した協働をもたらすという機能をベースにして具体的な取組みを通じた相互作用の積み重ねによって〈場〉自体が充実・発展し、関係の場は次第に地域づくり活動を支える社会的枠組みとして、役割が発揮され、関係するアクター間で認知されるようになっていく。すなわち、地域づくりのプラットフォームとしての実質を獲得する（プラットフォームの形成）。このプラットフォームの中で社会的価値の創造が行われ、それを実現する形で具体的な活動が生まれる。このプロセスに新たな価値が登場することによって（別府の場合は具体的にはBPの参加による）、プラットフォームの中の〈場〉のコンテクストが再構成・転換される場合がある。プラットフォームのもつ地域づくり活動を支える役割は〈場〉の機能に依拠しているため、これはすなわち、プラットフォームのもつ社会的価値の創造機能が変化することになり、プラットフォームが再構成されたことになる。その場合には変化したコンテクストの中で新しい社会的価値が創造され、そこから新しい活動が生まれることで地域づくりの持続可能性が支えられることになる。ただし、これは別府のケースであり、地域づくりの〈場〉においては価値だけでなくコンテクストを構成する他の要素のはたらきによっても同様のことが起きる可能性も十分に考えられる。

これに対して、長浜市の場合は、ソーシャル・イノベーションのプロセスにおいても見られるように（注36を参照）、活動の形成から関係の場の形成、プラットフォームの形成が導かれるケースである。ここでは、地域の課題の認識と地域への愛着・関心から活動の動機づけが形成され、活動のヴィジョンやミッションが形成されている。そこから生まれた価値を具体化して地域のための新たな社会的価値として創造するために地域づくり活動が形成されるが、その活動に影響されたり賛同したりする人たちが参加することでネットワークを形成し、その中でのメンバー間の相互作用や共通の体験によって――やはりプロジェクト等の取り組み実現のための協働を通じて――〈場〉の機能が獲得され、プラットフォームとして発展していく。ここから先の展開は図4-4のプロセスと同様である。(38)

二つの類型で確認できるのは、いずれにおいても価値の創造と〈場〉やプラットフォームの形成（再構成・更新）との間に基本的に相互作用的な関係があり、そこに新たな社会的価値の創造が加わることによって循環的な関係を形成し、それによって地域づくり活動の持続可能性が支えられていることである。

(4) 文化を媒介にした営利と非営利の相互関係

両方の事例において、価値の創造と場の形成・再構成の間に見られる循環的構造が地域づくり活動を支え、それによって文化観光の持続可能性を支える重要なはたらきをしていることが示された。しかし、活動が続くためには経済性も必要である。長浜市の事例では、黒壁は当初は地域の課題の認識や地域への愛着・関心に動かされて活動を始めている。黒壁は街並みの保全や改善を行うことで長浜の公共空間という一種のコモンズを魅力的にし、来街者を増加させているが、これによって黒壁の営利事業の収益の増大をもたらしている。そしてこの収益が黒壁の公共的な活動を支えることになる。ここに、公共目的に駆り立てられた非営利活動が営利活動を支え、そこから営利活動が非営利事業を支えるという循環的あるいは相互依存的関係を見ることができる。文化観光においても、文化と経済は直接的に相互に支え合うというより非営利活動によって支えられる一種の公共圏が介在することで循環的関係が成り立っているということができる。

第I章で論じた文化資本と文化的価値の概念を使うと、伝統的な文化遺産や街並みは文化資本、それらが創り出す文化的魅力は文化的価値と見ることができる。文化資本は文化的価値を生み出すが、文化的価値は経済的に活用されることによって経済的価値を生み出す。この議論を長浜市の事例に適用すると、次のような循環的な相互依存関係を指摘することができる。

民間活動の公共的な側面の活動の展開＝文化資本としての公共空間への投資↓文化的価値の向上↓経済的価値の向上↓経済的利益の増大／確保↓文化資本への投資↓……

このようなプロセスは別府市の事例にも見ることができるが、長浜市の事例ほど明確ではない。

(5) 広範な市民の参加、導入されたアート・文化と地域の文化との関係

2では、地域の文化が経済から準自立的な立場を確保するためには、文化と経済の間に一種の公共圏を介在さ

せることが重要ではないかと論じた。そして、公共圏を支える取り組みとして非営利の地域づくり活動の重要性とその持続可能性について検討してきた。しかし、公共圏ということであれば、そして対象が地域の文化であれば、一部のアクターだけではなく広く一般市民が参加することが望ましい。長浜のケースでは、地域の文化に関わる多くの活動においては黒壁を中心としたネットワークの地域づくり活動が行ってきたが、秀吉博を契機に多くの市民が地域づくり活動に参加するようになってきている。同様に別府においても、主要な地域づくり活動であるオンパク（温泉博覧会）やBPの主宰するアート・マンス等において市民が地域の文化に関わる活動に参加するようになってきている。しかし、市民が地域の文化に関わる地域づくり活動に参加しているだけでは、地域の文化を支える公共圏に関わっているとはいえない。本節での議論の核となっている地域づくりのプラットフォームに参加しそこでのガバナンスに関与することが求められる。両事例において、一般市民のそこまでの参加は見られない。もともと民間の自発的な活動から始まった地域づくりの運動であるため、そこで中核となるプラットフォームにおいても基本的には自発的な参加者によって構成されているため、一般市民の広範な参加についてはかなり難しい面がある。その点において、両事例ともに地域づくりにおいて十分な形で公共圏が形成されたとは言えない。ただし、これは地域の文化という公共的な資源を一部の人たちの意向に左右されることなくどう支えるかという点についての問題であって、地域の活性化を図る活動にとっての問題ではない。

導入されたアート・文化と地域の文化との関係については、それまで地域にほとんど縁のなかった現代アートを導入した別府のケースを取り上げたい。なお、ここではこのテーマについて深い議論をするのが目的ではなく、事実の確認から一つの認識を得るにとどまる。まず、新しく導入された文化が従来から存在する地域の文化とどのような関係になるのかという点については、本節のように観光やそれを通じた地域の活性化という目的のために一つの手段として導入された文化が地域の文化という地域固有の価値を持つものに対してどのような影響を与えるかという問題である。これは、非常に難しい問題を含んでおり、地域固有の文化といっても基本的には人の手によって見出されたり育てられたりしたものであり、場合によっては過去に外から持ち込まれたものであることも十分に考えられる。そのため、その影響に対する価値判断は難しいと言わざるを得ない。ここでできるのは事実としてどのような影響があったかの確認である。その点では、別府については、導入された現代アートは、別府の歴史や文化、とりわけ温泉文化に光を当て、別府の地域の文化の価値を市民に再認識させることになった。これは、現代アートのアプローチの仕方が大きく関わっていると思われる。現代アートは、対象となる人々が生きる現在の場所と時間を重視し、それらに向き合って何が見えるのか、それをどう表現するのかを問うアプローチを持っており、それによって別府の現在を生きている人たちの生活や取り巻く環境を解釈しようとするのである。

最後に地域づくりについて付言すると、文化やアートが市民の地域づくりへの参加に対してプラスの影響を与えることは第Ⅲ章で見たように多くの研究で報告されているが、別府においてもそのような状況をもたらしている。現代アートの独特のアプローチのスタイルは、当初市民や地域づくりのアクターに当惑を与え、場合によってはある種の拒否反応さえ引き起こすことにもなったが、丁寧な説明と対話が繰り返されたこともあって、そこからかえって市民等の関心を喚起し、アートとは特殊なものではなく自分たちも十分に参加できるものだという理解を生み出すことで、多くの市民のアート・文化活動、文化に関わる地域づくり活動への参加をもたらしている。ただし、第Ⅲ章で論じるような市民間の協働が生み出されたかという点については本書では確認が及んでいない。

5　まとめ

本節は、文化観光がいかにして持続可能であるのかを追究することを目的に、それを支える地域づくり活動に焦点を当て、そのような活動がどのように形成され推進されるか、それを支える地域づくりのプラットフォームがどのように形成・再構成されるかについて、活動形成・推進のプロセスに焦点を置いて追究した。それによって、第一に、地域づくりに関わる人たちの関係の場やプラットフォームが関係者間の共通認識の形成や価値の創造において重要な働きをすることが確認できた。第二に、関係の場やプラットフォームの持つ機能を理論的に説明する〈場〉の形成については、何らかのプロジェクト等を協働して実現することが非常に重要であり、それによって関係者間の共通の体験と密度の高い相互作用を重ねることが〈場〉の形成につながっていることが発見できた。プロジェクト等は何らかの社会的価値を実現しようとする取り組みであり、そこでは社会的価値の創造や実現をめぐって〈場〉のコンテクストが形成あるいは再構成されるという解釈を引き出した。第三に、〈場〉の再構成とそれによる活動の持続可能性を裏づける議論としてコンテクスト転換の議論を導入したが、地域づくりの〈場〉においては、新しい価値が外部から登場することによってコンテクストの転換あるいは再構成が生じ、そこから新しい社会的価値の実現を目指した活動が生まれ、それによって地域づくりが持続する可能性を見出すことができた。第四に、活動の持続可能性を支えるものとして、公共目的に駆り立てられた非営利活動が地域の文化への投資を通じてその文化的価値を高め、それが文化観光という営利活動を支え、それによって確保された収益が非営利事業を支えるという、文化を媒介にした非営利と営利の循環的あるいは相互依存的関係を見ることができた。

第二節　地域政策としての創造産業政策と創造都市

1　創造産業の可能性への期待と地域政策の役割

創造産業は、先進国の成長産業として世界的に高い関心を集めているが、国内ではようやく文化産業あるいは創造産業という概念が広まりつつある。政策的には、経済産業省のクール・ジャパンに見るように国策的観点から当該産業の輸出産業としての可能性への関心が高まりつつあるものの、地域政策的観点からこの産業が地域の産業として発展する可能性に対する関心は低い。これは、一つには、創造産業が東京やその周辺に大きく集中していることから、地方都市で展開する可能性にあまり期待がもてないためであると思われる。しかし、ヨーロッパでは、首都や第一都市以外でも創造産業の集積が見られ、[39] 国内においても近年のデジタル技術の発展やネット社会の進展により、これまでのような大都市圏への過度の集中を崩すような可能性も見え始めている。しかも、後述するように、創造産業にはそれ自体が加わることで地域経済のボリュームを厚くするだけでなく、既存産業に付加価値をつけたり、シンボリックな作用により地域経済を活性化させたりするような可能性を持っている。

国内では、このように地域政策としては創造産業に対してこれまであまり目が向けられて来なかったが、本節は、創造産業が地域に対してもつ可能性に期待し、地方都市において創造産業を育成・振興することを対象にすえて、その政策のあり方について検討を行う。焦点となるのは、創造産業の持つ産業的側面と文化的側面のうち、地域の社会的文脈に根付いている文化的側面をいかに支援すればいいかという問題である。本節では、この問題を重要な論点として検討を行う。ここで大きく関わるのが創造都市である。文化政策を軸にした総合的な都市（地域）政策としての創造都市には創造産業の育成・発展にはたす何らかの役割を期待することができる。そのため、創造都市の持つ可能性にも注目し、その意義・役割を再検討する。

2　創造産業とは何か

創造産業という産業概念は、英国の文化・メディア・スポーツ省（DCMS: Department of Culture, Media and Sport）が一九九八年に発表したMapping Documentという当該産業に関する調査報告書において、それまで多く用いられてきた文化産業という概念を拡張させ、その一つの重要な特徴である創造性を強調して使ったものである。したがって、そこで定義される内容は、多くは文化産業の定義に準じている。例えば、R・ケイヴスによると、創造産業は、「われわれが文化的、芸術的、あるいはエンターテインメント的価値を思い浮かべる財やサービス、いいかえれば『文化的』財やサービスを供給する産業」(Caves 2000)と定義される。この定義に見るようにその本質は基本的に文化産業と変わらず、広い意味での文化的価値を消費することを目的とする財やサービスの生産・供給に関わる産業ということができる。この文化的財やサービスは、D・スロスビーによると、その要件として、①その生産に創造性が投入される、②象徴的な意味を伝え、消費者はそれを享受する、③知的財産を多少なりとも含んでいる、という特徴を持っている(Throsby, *op.cit.*, pp. 23-4)[40]。

従来から使われてきた文化産業と基本的に変わらないにもかかわらず、創造産業という新しい用語が生まれたことになるが、その背景には、英国の政権当事者の思惑が働いていたと言われる。A・プラット(Pratt 2008)によると、creative(創造的)というタームは、当時、新しく政権の座に就いたブレアを党首とする労働党政権のネオリベラル的な政策課題に見合うものだった。そこでは、creative industries(創造産業)という表現によって、文化産業においてはコア的な存在とみなされている「公的に助成を受けた、非商業的な志向性をもったアート・セクター」とは異なる、「経済的、商業的、個人的な次元」を強調しようとするものだったのである[41]。

このような表現をめぐる議論を見てもわかるように、創造産業は産業的側面と文化的側面を持っており、両者が結合することによって、文化的側面が生み出す文化的価値から経済的価値を導出し、それを商業的な生産へと具現化することによって利益を引き出し、産業として成り立つのである。ここで重要なのが、この文化的価値をどのようにして生み出すかという問題であり、ここにこの産業を政策的に支援する場合の重要な論点が含まれている[42]。

表 4-1　国内主要都市のコンテンツ産業の市場規模

	全国	福岡市		札幌市		仙台市		東京都 23 区	
動画	43,452	850	(4)	582	(6)	434	(7)	14,754	(1)
音楽・音声	14,005	144	(7)	253	(4)	36	(11)	7,580	(1)
ゲーム	10,371	459	(3)	344	(5)	77	(8)	4,975	(1)
静止画・テキスト	53,016	1,369	(4)	1,080	(6)	642	(10)	18,239	(1)
コンテンツ市場合計	120,844	2,822	(5)	2,259	(6)	1,189	(10)	45,548	(1)

	横浜市		名古屋市		京都市		大阪市	
動画	823	(5)	1,140	(3)	393	(9)	2,717	(2)
音楽・音声	668	(3)	217	(5)	90	(10)	866	(2)
ゲーム	421	(4)	230	(7)	344	(5)	1,033	(2)
静止画・テキスト	1,210	(5)	2,080	(3)	990	(7)	5,155	(2)
コンテンツ市場合計	3,122	(4)	3,666	(3)	1,818	(7)	9,772	(2)

	川崎市		神戸市		広島市		北九州市	
動画	344	(10)	341	(11)	396	(8)	182	(12)
音楽・音声	217	(5)	144	(7)	108	(9)	36	(11)
ゲーム	38	(10)	77	(8)	—		—	
静止画・テキスト	328	(11)	702	(8)	695	(9)	273	(12)
コンテンツ市場合計	926	(11)	1,264	(8)	1,199	(9)	492	(12)

出典：福岡市コンテンツ産業実態調査.

3　創造産業立地の現状と変化の方向性

(1)　国内の創造産業の立地状況

創造産業は幅の広い概念であるため、建築や工芸・美術など人口に応じて供給が行われる分野に関しては比較的全国的な分散が見られる（吉本 2009）。しかし、この産業の中でも成長著しいメディア関連のコンテンツ産業等は世界的に見ても基本的にその国の首都等の一部の大都市に集中する傾向にある。これは、産業の国土的な構造に関わっており、英国のような首都ロンドンに大企業の本社や金融、メディア、情報産業等が集中している国でその傾向が強く見られ、他方で、ドイツのように連邦制を敷き全体的に産業が国土内に分散的に立地している国では、首都ベルリン以外でもフランクフルトやミュンヘン、ハンブルクのような地方圏の都市にもそのような産業の一定の集積が見られる。日本は英国以上に首都である東京に集中する傾向が強く、多くの企業が東京及びそ

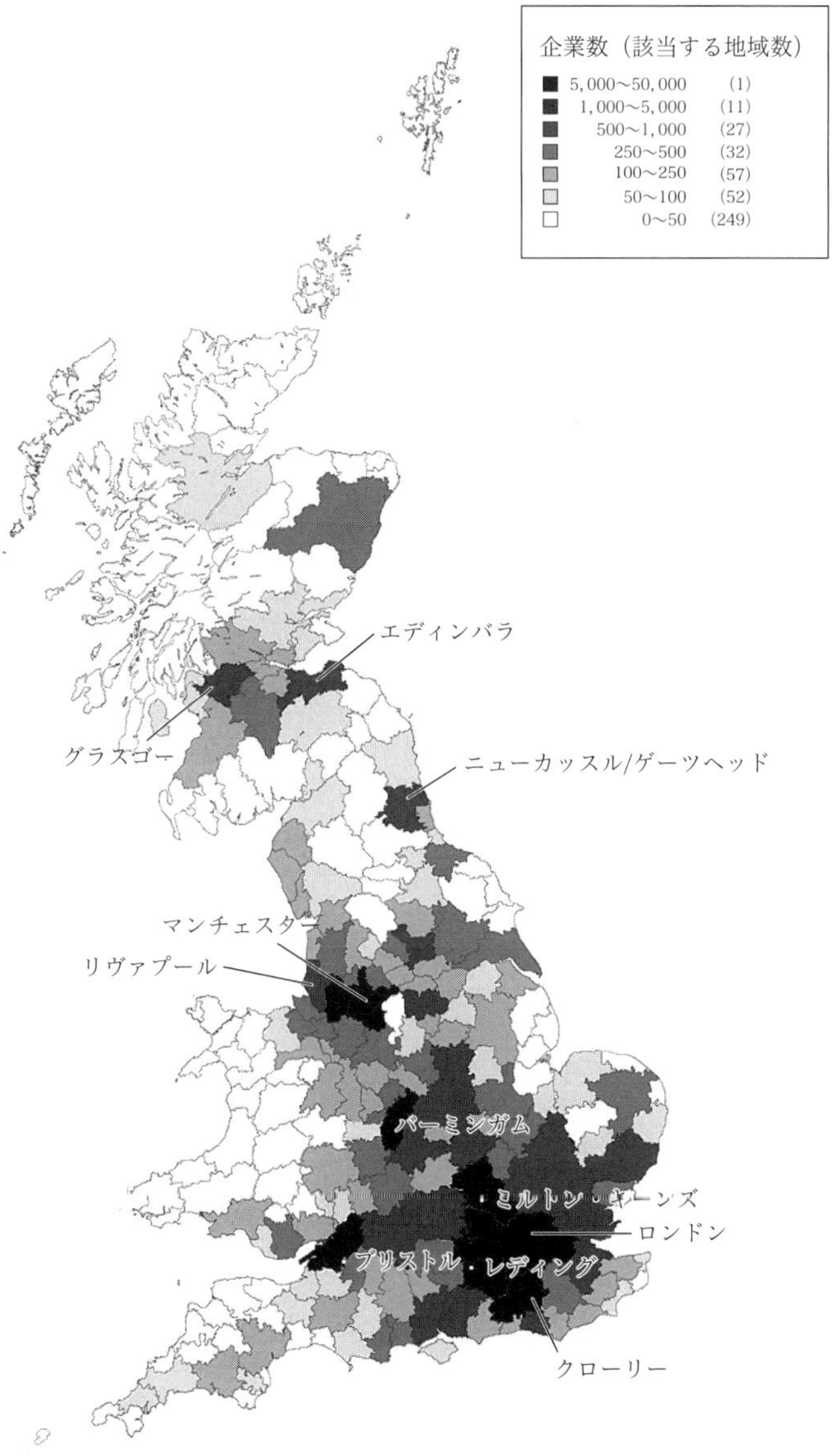

出典：The geography of creativity（2009）, p. 30, NESTA.

図 4-5　英国におけるソフトウェア，ゲーム及び電子書籍会社の分布

の周辺に立地している。(43)

長谷川・水鳥川(2005)によると、映画制作会社の約六〇%、アニメ制作会社の約八〇%、ゲーム制作会社の約八〇%が東京に立地している。生産額では、動画の三四%、音楽・音声の五四%、静止画・テキストの三四%、ゲームでは四八%を東京が占めている(福岡市コンテンツ産業実態調査 2012)。多くの地方都市はこの産業にはほとんど縁がないが、中枢都市には多少の集積が見られる。

(2) 海外の創造産業の立地状況

ここではヨーロッパを例にとるが、やはり創造産業は首都等の大都市に集中している。Creative Industries and Innovation in Europe(2013)のヨーロッパ四国(英国、スペイン、フランス、イタリア)での調査によると、いずれの国においても首都であり最大の都市が最大の集積拠点となっている。簡単に整理すると次のようになる。

・英国＝ロンドン(二八・七%)、マンチェスター(三・五%)、グラスゴー(二・三%)
・スペイン＝マドリッド(二七・八%)、バルセロナ(一四・七%)、バレンシア(三・八%)
・フランス＝パリ(一七・六%)、リヨン(三・七%)
・イタリア＝ローマ(一一・四%)、ミラノ(一三・三%)、トリノ(六・四%)

ただし、スペインやイタリアでは第二の都市も大きな集積を持っており、また、フランスでは首都であり最大の都市であるパリの集積度は英国や日本に比べて高くはない。

英国を取り上げると、企業の立地に焦点を当てた創造産業の地理的な分布については、ロンドンやその周辺部への集中が高いだけではなく、全体的に大都市に集中する傾向が強いが、他方でクリエイティブ・ポケットと命名された小都市での集積が全国にわたって見られる(De Propris, Chapain, Cooke, MacNeil and Mateos-Garcia

2009)。

(3) デジタル技術の発展とネット社会の進展による変化の方向性

ここまで見てきたような創造産業の立地状況は、今後、デジタル技術の発展とネット社会の進展により大きく変化していくものと予想される。音楽産業を例にとって考えると、この産業では国内ではレコード産業を中心にした東京一極集中構造が続いてきた。しかし、音楽コンテンツのネット配信が増加し、パッケージ販売が低下することで音楽産業の中心であるレコード産業の収益力が低下し、東京一極集中構造を支えていた音楽コンテンツの生産体制が再編され自立するアーティストや独立系のレーベルが増加している。今後の展開については、東京はマスマーケットを対象として依然として一大集積拠点としての位置は維持するものの、マスマーケットが現在その傾向が現れているように今後も縮小しニッチマーケットが全体として拡大するならば、自立するアーティストやレーベルが増加し続けると予想される。その場合、彼らが東京に立地しなければならない制約が弱くなるため地方への分散の可能性が高まると予想される。

4　創造産業政策の展開の現状

この節では、創造産業に関する政策について地域の政策としてどのように展開されているかに留意して海外及び国内の状況を概観する。

(1) 海外における創造産業政策の展開――英国やEU諸国の地方都市での試み

まず、英国については、クール・ブリタニアと称された海外への輸出展開をにらんだ国策としての創造産業政策に目が行くが、英国では、ブレア労働党政権によって創造産業政策が開始されて間もなくその地域的展開を検討している。他方で、八〇年代より衰退した産業都市の再生のために文化による都市再生の試み（culture-led urban regeneration）が行われて来たが、そこでは創造産業の育成・振興が自治体の政策として初めて取り上げられ、再生政策の重要な柱になっていたという経験がある。創造都市という概念は、この文化による都市再生の経験に基づいてランドリーを中心とした文化政策の研究グループの研究の中から生まれているものである(44)。

政策的には、全国的にはＤＣＭＳが主導して政策の方向性や支援の枠組みを打ち出しているが、地域的にはそれぞれの都市の基礎自治体（district）が主導して政策を進めている。基礎自治体は、日本の県に相当する広域自治体（county）や国の地方機関、地域の各種団体等と協力／協議しながら政策を展開している。なかでも国の芸術振興団体であるアーツカウンシル（Arts Council）が果たす役割は大きく、文化政策面については基礎自治体が展開する政策に協働することが多い。他にも創造産業全体、あるいは分野ごとに数多くの団体が調査研究や活動支援等を目的として活動している(45)。また、労働党政権時代には、国の地方機関として地方開発庁（RDAs: Regional Development Agencies）が大きな役割を担っていた。創造産業全体としてではなく、個別のサブセクターについては、映画・映像制作、音楽、ゲーム、デザイン等、領域ごとに主に自治体と関連する団体が連携するような形でそれぞれの政策が展開されている。

他のＥＵ諸国では、国境を前提としない政策展開を標榜しているため、創造産業政策についてもそれぞれの都市の自治体が主導的な立場に立って地域的な取り組みに力を入れており、ＥＵでは、それを支援するための組織（Creative Europe 等）や政策枠組みを設けている。創造都市については、英国に比べるとより明確な形で展開されている都市が多い。ただ、当然のことながら、創造都市を含めて創造産業政策としての取り組み方は、国によっても都市によっても大きく異なる。ＥＵ全体としては、創造産業に対してヨーロッパの重要な成長産業としての認識・期待が強くなってきており、それに応じて政策が強化される方向にある。

英国、その他のEU諸国、いずれにおいても自治体が中心的な役割を果たす中で、国家的な、あるいは、EUとしての支援組織や政策枠組みの協力のもとで政策が推進されている。政策展開においては創造性を高め引き出すことに目が向けられ、それに関わる形で産業的側面だけではなく文化的側面が重視され、そのため文化政策が重要な政策として位置づけられているという傾向がある。

(2) 国内

経済産業省の検討状況にも見るように（経済産業省 2013）、国策として海外輸出に大きな関心があり、国内での地域的な展開にはあまり目が向いていない。地域的には、多くの場合政令指定都市クラスの都市において創造産業の育成・振興のための政策が展開されているが、コンテンツ産業に焦点があてられる傾向が強く全体的には産業政策的色彩が濃い。現在では創造都市を標榜している都市も増えてきているが、現実には創造都市が唱えるような体系的な政策を展開している都市は多くない。その中では横浜市や金沢市、鶴岡市などでは、創造都市の考え方に基づき都市戦略における文化・芸術の役割を重視しているため文化政策的な政策が展開されており、それに関連する形で創造産業政策も行われている。しかし、金沢市のように伝統産業を現代の文化や技術と結びつけることでこの産業分野の新しい展開を進めているような例もあるが、多くは後述する横浜市のように苦戦していると言っていいだろう。中規模都市以下の地域、あるいは小規模な自治体でも創造産業の育成・振興を図ろうとしているところがあるが、多くは、アニメ、マンガ等の個別のサブセクターに的を絞って政策を展開している。

(3) 事例の検討――横浜市と福岡市

地域における創造都市の実際の取り組みの例として、首都圏の都市として創造都市政策を進めている横浜市と地方圏の都市でありながら一部の創造産業において顕著な発展を示している福岡市を取り上げてその実態を概観したい。

横浜市

横浜市では、当時の中田市長の強いイニシアティブのもと二〇〇四年より創造都市政策「クリエイティブシティ・ヨコハマ」を展開、その推進組織として文化芸術都市創造事業本部と創造都市推進課を設置した。その後市長の交代にも伴い改組が行われ、二〇一八年現在では文化観光局が政策の推進を担当している。創造都市政策は、もともとは関内を中心とした横浜都心部の衰退を食い止めるための活性化の方法の検討と長いデザイン行政の伝統とが合流して形成されたものである。そこでは、政策の主要な目標として次の四つを掲げている(46)。①アーティスト・クリエイターが住みたくなる創造環境の形成、②創造産業の集積による経済活性化、③魅力ある地域資源の活用、④市民が主導する文化芸術創造都市づくり。重要な施策として、国際的な文化イベント(横浜トリエンナーレ)の開催、芸術活動拠点施設の整備、アーティスト・クリエイター支援拠点の整備、創造界隈の形成、東京藝術大学大学院映像研究科の誘致等、が挙げられる。このように、横浜市の創造都市政策は、創造都市の主要な提唱者であるランドリーの考え方にかなり即する形で、明確に文化芸術支援を中心とした都市政策として展開されてきた。

しかし、アーティストやクリエイターの支援を目指した地区である創造界隈を中心にアーティストは育ち定着しているものの、創造産業としての事業は起業しても地域に定着せず、多くは拠点を東京に移してしまうという状況にある(47)。創造産業に対するビジネス面での直接的な支援策は二〇一三年より開始しており、既存の製造業系の技術とデザイナーを主とするクリエイティブ系のアイディア・デザイン力との協働をコーディネートする事業を行っている。現在では創造界隈の拠点形成とこのコーディネート事業が創造産業に対する主な支援策となっている。当初は、創造都市政策の中で後述する創造産業の文化的側面を重視した政策を中心に展開していたものが、産業的側面を重視した政策に傾斜しつつあると解釈することができる。時間をかけてアーティストやクリエイティブな活動を育てることも重要であるが、今重視しているのは、現在横浜で事業展開している人たちにビジネスとしてのチャンスを広げていこうということであると思われる。創造都市政策は当然のことながら創造産業の発展にも寄与するものと期待されており、その創造産業への影響、とりわけ創造都市政策の核となる文化政策の創造産業への関わりはどう評価すべきか問われるところである。横浜市はその点における重要なケースとして、今後調査を行うことは非常に意義深いことと思われる。

福岡市

福岡市は横浜市と比較すると、前掲のコンテンツ産業の市場規模で見るように絶対額では劣るが、人口規模や産業全体の生産額を考慮すると、逆に大きく上回っている。二〇〇九年の東京二三区を含む政令都市の創造産業の市場規模に関する調査では、横浜市は事業所数及び従業者数において自都市の全産業に対する割合として四・六%、五・二%、それぞれ特化係数が一・〇五%、一・二五%となっているが、福岡市では、事業所数の割合、従業者数の割合がそれぞれ六・三%、六・七%、特化係数がそれぞれ一・四四%、一・六六%となっている（ニッセイ基礎研究所 2009）。福岡市の場合は、事業所数の特化係数は東京二三区についで全国二位、従業者数では四位となっている。このような数値からわかるように福岡市は地方圏の都市としては創造産業が発展している都市ということができる。

福岡市では、「クリエイティブ・エンターテインメント都市」という標語を設けて経済観光文化局が創造産業支援に関わる政策を推進してきた。福岡市は、創造都市の考え方には関心を示しているものの、基本的には端的な形での創造産業の支援が中心となっている。他方で、芸術・文化の振興を目的とした支援策も展開しているが、創造産業との関係は明確には現れていない。重要な施策として、国際映画祭の開催、フィルムコミッションの展開、クリエイティブ系のイベントの開催・支援、クリエイティブ系のコミュニティ形成支援・交流拠点の提供、音楽イベントの開催（ミュージック・シティ天神他）、その他ファッション・デザインの推進事業等を行ってきた。現在では、創造産業を含めた福岡での起業を支援する「スタートアップ都市」というビジネス的な支援政策を開始しており、創造産業の支援における重要な政策となっている。

福岡市の創造産業への支援策は、詳しくはサブセクション6の事例研究の中で取り上げるが、基本的にはあくまで民間が主体であり、行政としては民間の動きを把握しながらその動きを支える、あるいはさらに進めるような形で支援を行なっている。民間の創造産業の主体的な動きを側面支援する役割を担っているということになる。

5　創造産業政策のあり方を検討する視点

既に触れたように、地方都市では創造産業を育成・振興することにおいて困難も伴う。政策的に支援を行う場合にはこの産業特有の性格を踏まえることが必要だが、では、どのような政策のあり方が望ましいのであろうか。この問題を考えるにあたっては、二つの点を踏まえる必要がある。一つは、当該都市の置かれている状況やその都市が創造産業にどのような役割を期待するかによって政策のあり方は当然異なること、もう一つは、サブセクターごとに産業の性格は異なるためどのような政策のあり方が適切かをこの産業全体に一般化して論ずることは難しい面があることである。ここでは、それらの点を考慮して、地方都市における創造産業政策のあり方についてどのように考えればいいか、どこに論点があるかについて論じる。

(1)　地域政策としての創造産業政策の意義と戦略の必要性

ここでは、地方都市において地域政策として創造産業に関わる政策を行うことがどのような意義を持っているのか、そしてその意義に照らしてどのように戦略を考えればいいのかについて検討してみたい。
まず、当然、この産業自体によって地域の産業ボリュームを増やし産業構成の多様化を図ることで地域経済を活性化するということがある。しかし、それだけではなく、創造産業にはその生み出す文化的価値により既存の産業の製品に付加価値をつけることによってその産業の活性化を図ることや、そのような文化的価値の持つシンボリックな作用により都市のイメージや市民の自分たちの都市に対する自己認識に影響をもたらすという効果を持っている。さらに、この産業によって人材や雇用の多様化を図ることによって地域の魅力やポテンシャルを増大させることや、シンボリックな作用によってツーリズムや外部からの消費を活性化すること、特定の地域／地区の再生、とりわけ特殊な事情を抱えている地区の再生を図るというような役割が期待できるのである。要するに、創造産業に関する政策を行うということは、その産業自体には大都市圏の地域に見るような発展は期待できないとしても、地域の実情に応じて多様な可能性をもっているということである。[48]
そのため、ある都市が実際に創造産業の育成・発展に関わる政策をとろうとする場合、[49]その都市が持っている資源や日本の都市システムの中でのその都市の位置づけ、産業等の状況を踏まえて戦略的に政策を検討し展開していかなければならない。創造産業をその都市の産業においてどう位置づけるか、どのような役割を期待するか、創造産業の中でもどの分野／セクターに焦点を当てるのか等について検討するのである。具体的には、一つの基幹産業を創出するのか、産業のバラエティを少しでも豊かにしようとするのか、その多様な波及効果を引き出すのか、文化コンテンツを利用して地域の魅力を高めるのか、地域のブランド化に活用するのか等を検討することになる。

(2) 創造産業政策の三つのアプローチ

創造産業政策の取り組みは、既に見てきたところから想像されるように、三つの基本的な政策アプローチから捉えることができる。A文化政策アプローチ、B産業政策アプローチ、C都市政策アプローチ、である。[50] Aは、芸術や文化を振興させることでそれ自体創造産業のコアの部分を発展させることになるが、同時に、クリエイターやアーティスト等のコンテンツ制作者の創造性をかき立てるのに寄与する。Bは、創造産業の主にビジネス的側面の支援に関わる。[51] Cは、都市政策として対応すべき環境やインフラ、各種公共施設等の整備を中心とした取り組み、あるいは、他の都市との競争に関わる都市のマーケティング等による取り組み方法を指す。

実際の政策では、ほとんどの取り組みにおいて単独のアプローチに絞っているものはなく、これらの三つのアプローチのどれに重点を置くか、どう組み合わせるかによって多様な政策タイプが形成されている。例えば、グロダッチ（Grodach 2013）[52]は、現実に行われている創造産業政策の取り組みを、文化従事者重視型モデル、産業政策重視型モデル、クリエイティブ・クラスモデル、文化計画モデルの四つのタイプに分類している。また、別の調査（Research and Creative Metropoles Project team 2010）[53]では、ヨーロッパの創造産業の支援策を分析して、空間志向政策型都市（City with a new face）、創造産業起業家的都市（CI Entrepreneurial City）、文化的創造都市（Cultural Creative City）に分類している。ここで言いたいのは、地域政策として創造産業政策に取り組む場合、創造産業が文化的側面と産業的側面という二つの側面を有していることから産業政策に加えて文化政策というアプローチが重要となること、地域での取り組みであることから都市政策的なアプローチを伴うということである。

(3) 創造産業の文化的側面と地域における文化生産

創造産業に関わる政策のあり方については、これまで多くの議論が積み重ねられ、政策の存在意義を問うものも含めて様々な切り口・視点から議論が展開されている。[54] 地域においてこの産業の育成・発展のために展開する場合の政策のあり方に関しては、基本的な論点として、第一に、既に本節で何度も触れてきた創造産業の文化的側面と産業的側面及び両者間の関係、第二に、地域において文化の生産をどう捉えどう支援するのかという問題、これらについて理解を深め検討することが必要である。前者は、創造産業固有の基本的性格に関わるものであり、この産業を捉える場合にも支援を行う場合にも避けて通れない問題である。後者は、前者で取り上げる創造産業の文化的側面が地域の文脈と密接な関係を持っていることから生じる問題であり、より端的には、創造産業が生産し伝えようとする文化的価値が地域のどのような状況において生み出されるのかに関わるものである。

まず、文化的側面と産業的側面については、創造産業、広くはクリエイティブ経済は、この両側面があって成り立っている産業あるいは経済ということができる。文化的側面とは、創造産業が扱う文化的財・サービスの商品的価値の主要な構成要素である文化的価値の創造、簡単に言えば、文化の生産に関わる側面であり、産業的側面とは、その文化的価値を活用してビジネスとして成り立つ形で文化的財・サービスを生産・供給する側面である。日本国内では傾向的には産業的側面についての議論が盛んであり、実際にこの産業をビジネスとしてどう育成するか、発展させるかに対する関心が強い。産業的側面に注力した政策や議論に対しては、この産業の利益の源泉であり基本的成立要件である文化の生産についてまず目が向けられるべきで、これをどう生み出し育て、そこからどう産業化していくかという順序で検討していくべきだという批判がある。文化の生産については、社会的概念としての創造性についての研究が適用されているが、政策的には文化の生産を支援する方法として文化政策の意義が論じられ、社会的に創造性を高めるために文化政策を体系的に展開する政策のあり方として創造都市が位置づけられている。

文化の生産やそれを生み出す創造性は、社会的に埋め込まれていると見られ（socially embedded）、それゆえ具体的な社会としての地域の文脈において検討する必要がある。クラスター形成の問題にも大きく関わるが、この問題に関する一連の研究では、文化の生産システムは地域の創造的活動を支える複雑な社会的関係に組み込まれていると論じている。これは、文化の生産に関わる様々な人材やコミュニティ、創造的活動を支える場所や環境、文化施設、教育・研究機関、文化の消費者の存在、これらの関係の中で展開される交流や活動が作り出す複雑な状況が織りなす一種のエコシステム（Pratt 2012: p. 323）と捉えることができる。また、生産される文化コンテンツは科学的・技術的な知識と異なり、文化とは人が行為を通じて経験する意味をめぐって構成されているものであるため、そのような意味を生み出す社会的背景・文脈と深い関わりがある。[55] スコット（Scott 2000）は文化産業の立地条件の一つとして商業化できる文化やイメージの蓄積を挙げている。[56] これは、地域において文化やイメージという象徴的価値が創造され蓄積されている状況と考えることができるが、それがどのようなものかについては、それぞれの地域の持つ社会的文脈の特殊性に依存しているという点で、ローカリティが生み出す文化ということができる。エコシステムにしてもローカリティが生み出す文化にしても、これらの視点が意味するのは、文化の生産について追究する場合には、まず地域に目が向けられるべきであり、地域の創造的活動を支える社会的文脈について分析することが必要であるということである。

6　地域の創造性と創造都市の可能性

ここでは、前サブセクションの最後に触れた地域の文化生産について検討する。まず、地域の創造的活動を支える社会的文脈を構成する重要な要素としてコミュニティを取り上げその役割について検討する。次に、地域の文化生産を支えるアクター間の関係の枠組みとして、地域のエコシステムに存在する〈場〉について検討する。さらに、そのような関係の枠組みの形成にとって重要な道具立てとして、場所と空間、プロジェクトとイベントの意義について検討する。これらを踏まえて、主に地域の文化生産を対象に創造産業を支援するアプローチについて検討し、創造都市の可能性についても論じる。最後にこれらについての理解に基づいて、簡単に事例を用いて検討した方法が実際にどのように展開しているのかについて検討する。

(1) コミュニティの役割

産業が地域的に発展していく場合は地域内での産業クラスター形成に目を向けることになるが、創造産業については文化的な創造と不可分であり、クラスターもこれを組み込んだものとなる。前章で地域のエコシステムについて触れたが、創造産業クラスターはこの地域のエコシステムの中で形成されていると見ることができる。このクラスターでは、この領域の各種アクターたち——文化の消費者／ユーザーやアーティスト・アート関係者、クリエイター、IT／ネット事業者・専門家、メディア関係者等——が、各種コミュニティを形成しながら、それぞれの活動や関係が交錯して創り出している、必ずしも経済活動として含めることができない状況——例えば、サブカル的な活動状況——が経済活動と交わりながら文化の生産を支えている。

ここで注目されるのが、各種アクターのコミュニティの存在である。コミュニティは、近年経営学においてしばしば取り上げられるようになってきた概念だが、創造性やイノベーションの研究、そこから創造産業の研究でも論じられるようになってきている。ここでのコミュニティの概念は、地域コミュニティに代表される、メンバーの非任意な参加に基づく伝統的なコミュニティ概念とは異なり、共通の目的や関心を媒介につながった人たちの間の、何らかの共同性を支え合う関係を有する集合体を意味しており、創造性の研究では、その中に見られる学習過程を通じて知が創造され、共有されていく機能に目が向けられている。このような機能から捉えたコミュニティを総称して知のコミュニティ（knowing community）と呼ぶが、そこには、実践のコミュニティ、認知的コミュニティ、専門家コミュニティなどの概念が含まれている（Cohendet et al. 2010）。知のコミュニティの内部において創造されコード化された知——ここでは文化——は、企業のようなフォーマルな存在に供給され商品化されることになる。その点においてコミュニティは、実際に知の創造を担う人材と企業とをつなぐ役割を果たしていると見ることができる。あるいは、創造産業の文化的側面を担い、文化の生産を促進させ、それを産業的側面に提供する役割を果たしていると解釈することもできる。なお、引用する議論に従って、知の創造、あるいは知識の創造という言葉を使っているが、文化も知あるいは知識の一部と捉え、そのまま文化の創造（あるいは生産）と読み換えられるものと解釈している。

P・コアンデが中心となって行っている創造都市の研究は、このようなコミュニティの役割について事例を用いて具体的な分析を行っている。[57] なお、ここでの創造都市は政策概念ではなく、創造産業を取り巻く都市の状態を表す概念である。その研究では創造都市を三層構造として捉え、上層を創造産業系の企業や各種団体（研究所、大学、文化芸術機関等）という公式的存在の領域、下層を創造的個人の領域――現在ではサブカルチャー的な活動をしている人たちが重要になってきている――、そして中層を数々のコミュニティが活躍する領域としている。コアンデらは中層が都市の創造産業の発展に果たす役割の重要性を強調し、中層は知識の探索（exploration）、あるいは文化の生産を行う下層と知識の活用（exploitation）を行う上層を媒介する役割を担うと論じる。それによって、企業等は、創造的な人たちの生み出した知識あるいは文化を受け取り、それらを磨き上げたり、統合したりして商品化することができる一方で、創造的な人たちは自分たちのアイディアが事業化されるという刺激を受けて創造的な活動に力を入れることができるのである。中層として捉えられる各種のコミュニティでは、知識や創造的技術・様式、ある種の生産文化が蓄積され、共通する知識・文化形成の基盤が形成される。その点において、アイディアの創造自体は創造的個人の領域だとしても、コミュニティはそのような創造のための材料・道具（既存の蓄積された知識や新しい情報、知識創造のための技術的知識／知的枠組み等）を提供したり、刺激を与えたり（新しい情報の注入、上層からの注文の媒介、メンバー間の相互評価等によって）、協働を促進したり、商品化しやすいように方向付けたり、ある種の色彩を与えたりする等によって文化の生産を促進する役割を果たしているのである。

しかし、コミュニティだけでは、文化生産に関わる地域のエコシステムは説明できない。コミュニティは、地域のエコシステムの中でキーとなる役割を果たしているが、クリエイター、アーティスト、企業、研究機関等の様々なアクターに加えて消費者／ユーザーも参加して、各種コミュニティを形成しながら複雑に関わり合いつつエコシステムを創り上げている文化創造の状況を説明するには限定的である。現在の文化生産に関わるエコシステムでは、必ずしもコミュニティのような明確な存在の内部だけではなく、コミュニティの枠を超えて様々なアクターが出会い、相互作用する中で文化が生産されている。このような文化生産の「状況」を捉え、説明するためには別の概念も検討する必要がある[58]。

また、コアンデらの説明では、地域内で既に創造産業の企業と創造的人材、そしてそれらを媒介するコミュニティの間で文化を生産し、それを商品化する関係が出来上がっている状況を説明しているが、必要なアクターがそろっていたところで、あるいはそれらが一定の結びつきを持っていたところで、必ずしも論じているような展開になるとは限らない。様々なアクターやコミュニティが関係を形成の上、相互作用を展開し、そこから文化創造の状況を創り出すためには、それをもたらす枠組み、そして道具立てを考える必要がある[59]。

(2) エコシステムを支える〈場〉の存在

まず、地域内の様々なアクターが相互作用し、その中から文化の生産を支えるような状況を創り出す枠組みについて考えてみたい。地域内のアクターは、それぞれ様々なネットワークに関わっていると考えていいであろう。しかし、単に結びついているだけで散漫なやり取りしか見られない状況であれば、そこから何かが生み出されるとは考えにくい。変化を生み出したり文化を創造したりするためには、ネットワークの中にある一定の状況が形成される必要があると考えられる。このような状況がより明確に安定的に関係の枠組みとして機能する場合、いわゆるプラットフォームといわれるものになる。これは、前節と同様に〈場〉の概念で考えることができる。

この概念の主要な論者の一人である野中郁次郎は、創造する力は単に個人にあるのではなく、個人と個人の関係、個人と環境の関係から生まれるという認識に基づき、そのような関係を〈場〉と捉え、性質が異なる多様な主体が〈場〉という知識空間を形成し、その中で相互作用する中で知識が創造されると論じる（野中他 1998）。野中によると、〈場〉という共同の空間で行われる相互作用の中で、暗黙知と形式知の相互作用による知識変換が起こり、それに伴って新たな知識が創造されるのである。もう一人の主要な論者である伊丹敬之の議論では、既に見てきたように、〈場〉という共有された枠組みを伴う状況における密度の高い相互作用の中から――〈場〉というコンテクストの共有度が高い状況[60]においては、目的が明快で、連帯感情を伴う相互作用が密に展開する――まず共通理解が増し、そこから心理的共振が起き、心理的エネルギーが生まれてくることによって、協調的・協力的行動が生み出されるというのである。野中の議論では〈場〉が直接的に知識創造の空間であることを論じているが、それに対して、伊丹の議論では、〈場〉は協調的・協力的行動を生み出す、あるいは促進するような枠組みであって、知識や文化の創造はそのような行動から導かれることになる。(1)で論じた議論に従えば、地域のエコシステムに文化生産にとって重要なアクターやコミュニティが存在したとしても相互作用を行い文化創造の状況に至るためにはそのための相互間の関係の枠組みが必要だということであり、その点では伊丹の論ずるような〈場〉が求められるということになる。もちろん、それが野中の言う直接的な知識創造＝文化創造の場になることも十分考えられる。

地域のエコシステムでは、文化の生産について地域内にこのような〈場〉が随所に展開していることが望ましい。創造産業のサブセクター、あるいは文化の領域・ジャンルに応じてそれぞれが〈場〉を持つということになるが、これらがさらに、有機的につながっていれば、相互に刺激を受けそれぞれの文化の創造に影響を与えることになる。実際に、現代のメディアの対象となる文化領域では、デジタル化した共通のメディア技術を使用していることもあり、異なる領域を超えて相互浸透あるいは共同して文化の生産を行うことがしばしば見られる。また、一つの領域においても、一つの〈場〉からスピンオフしたり、影響を受けたりすることによって新たな〈場〉が登場することで複数化し、それらがネットワーク化してその文化領域を発展させていくということが考えられる。札幌のＩＣＴ産業では、このような形で複数の〈場〉が形成され、ネットワーク化し、それがプラットフォームとなってＩＣＴ産業クラスターを形成・発展させてきた（金井 2005, 2012）。

(3) 場所と空間、プロジェクトとイベント

地域における文化の生産が展開し発展していくためには、前述の議論によると、文化的な活動に関わるアクター間において〈場〉といわれるような関係の枠組みが形成され、それが文化生産のプラットフォームとなることが重要であった。もちろん、直接的に〈場〉を創り出すことも可能だが、ここではそのような関係の枠組みとしての〈場〉を創り出し、支えるための道具立てについて考えてみたい。コンポーネントとして、場所・空間とプロジェクト・イベントを取り上げて検討する。

創造都市や創造産業政策の議論では、創造的な活動を育むような場所あるいは空間についての議論が数多く見られる。創造都市論の主要な論者である、ランドリー、フロリダ、佐々木雅幸は、いずれも創造の場あるいは創造的コミュニティとしてこの問題を取り上げている。ランドリー、佐々木の場合は、創造的な活動の拠点を、フロリダの場合は彼のいうクリエイティブ・クラスの人々、ここでいう創造的な活動に関わるアクターを引きつけ活動を支える空間／環境を意味している。論点は異なるところにあるものの、彼らが論ずる場所や空間は、アクターたちの関係の枠組みとしての〈場〉の形成にも関わっている。活動の拠点としての施設（練習場、スタジオ、その他公共施設・空間）やアクターが集まり交流する施設や空間（カフェ、レストラン、ギャラリー、その他公共施設・空間）では、創造的な活動に関わるアクターが情報を取得したり、意見を交換したり、異質なアイディアに出会ったり、議論を戦わせたりすることで、新しいアイディアが生まれたり・修正されたりするだけではなく、そのような交流を重ねることでアクター間のより密接な関係が醸成されるのである。そのような関係の中から文化の生産に関わる関係の枠組みとしての〈場〉が形成されてくると考えられる。(61)

〈場〉が自生的に形成される場合は、このような場所・空間がそのための環境を提供すると考えられるが、より意図的・積極的に〈場〉、あるいは〈場〉が生まれる状況を形成しようとする場合は、プロジェクトやイベントを実施する方法が考えられる[62]。プロジェクトやイベントについては、既に多くの創造都市や創造産業政策で同じ文化領域のアクター間をつなぐための方法として実施されている。コアンデらは、プロジェクトやイベントの役割について、創造的なアクターがプロジェクトあるいはイベントに関わる自分自身の作業の遂行を通じて自分のコミュニティだけでなく、他のコミュニティ、さらには異なるセクターのコミュニティのメンバーと相互作用する理想的なプラットフォームを提供すると論じる（Cohendet et al. 2011, *op.cit.*）。ここには地域外のコミュニティのメンバーとの相互作用も含まれるが、重要なのは地域内の数々のコミュニティのメンバーとの相互作用である。一時的、暫定的な〈場〉が創り出されるということになる。これ自体意味のあることであり、コミュニアン（Communian 2013）は、暫定的クラスター（Temporary Cluster）という表現でその価値を論じているが[63]、プロジェクトあるいはイベントの実現を目指してより密接な関係が築かれるため、ここから定常的な〈場〉が形成されるケースもしばしば見られる。プロジェクトやイベントが〈場〉の形成にとって重要なのは、参加するメンバーがプロジェクトやイベントの実施を通じて何らかの共同の価値の実現を目指して協力・協働するからである。本書の中で繰り返し論じてきたことであるが、価値の実現という実践を伴うことによって参加するアクター間に単なる結びつきを超えた関係が形成されることになると考えられるのである[64]。

(4) 地域の文化生産の支援と創造都市の可能性

以上の議論を踏まえて、また、文化の創造／生産を構成する要素を考慮して、地域の文化生産に焦点を置いた場合の創造産業支援の政策的取り組みとして何が求められるかについて考えてみたい。

まず、地域における文化の生産においてコミュニティやアクター間の関係の枠組みとしての〈場〉が重要な役割を果たしているとしても、それを形成することを目的として、民間のアクター の間に形成される関係に直接的に行政が関与することは望ましくない。政策的な支援としては、道具立てとして論じた場所や空間の形成や、プロジェクトやイベントの実施、あるいはそれらに対して協力・支援することが考えられる。このような支援方法であれば、行政が直接的に関与せずに基本的には文化の創造に関わるアクターの自律的な行動に委ねることができる。

次に、文化の創造・生産を構成する要素については、人材、文化活動／文化資源、生産関係及びそれを支える社会関係、制度、空間的環境（文化的インフラを主とし基本的な社会インフラを含む）を考えることができる。資本概念を使えば、それぞれ人的資本、文化資本、社会関係資本（ソーシャル・キャピタル）、制度資本、環境資本と見ることができる。このうち制度資本は基本的には地域行政の政策対象とならない。社会関係資本も文化の創造・生産の分野においては行政が直接介入することで自生的に形成されたアクター間の関係を歪める可能性があるため、前述したようにネットワーク形成の状況づくり等の側面的支援にとどまるべきと考えられる。他の三資本については、直接的なアプローチとしては、人的資本に対しては主に教育・人材育成、文化資本については文化活動への支援及び文化資源の獲得・蓄積等への支援、環境資本については文化・知識インフラ等への投資が考えられるが、これらは文化政策の基本的な政策メニューである[65]。その点において、文化政策は地域の文化創造・生産の構成要素に直接的に働きかける主要な政策手段として見ることができる。しかし、創造産業の文化生産は、このような直接関わる要素に支えられているだけではない。例えば、文化生産に関わるアクターたちは主に都市の中心部で活動や交流を行っているが、中心部の環境整備やアクセスの改善はそのような活動や交流を支えることになる。また、フロリダをはじめとして多くの論者が主張しているが、文化の生産に関わる人材は活動場所の選択において魅力的な生活環境に大きな価値を置く傾向を持つため、彼らを引きつけるために生活環境、消費環境――これらは広い意味での環境資本ということになる――を整備・充実するという政策が考えられる。

文化政策のように文化生産に関わる主要な要素に直接はたらきかけるアプローチだけでなく、文化生産を取り巻く状況がどのように形成されているのかという理解に基づいて周辺的な部分をも考慮した政策のあり方が求められるのである。

このような政策のあり方として創造都市を考えることができる。創造都市の役割を改めて検討すると、文化生産に直接的に関わる要素を豊かにする重要な方法である文化政策を組み込んで、文化活動への支援、社会関係への側面支援、文化・知識インフラや環境の整備――資本概念を使えば、人的資本、文化資本、社会関係資本、環境資本への投資――を中心に、文化生産に関わる周辺的要素を考慮に入れて、より総合的かつ体系的に検討された政策のスタイルが創造都市といえるのではないか。なお、多くの地方都市では、創造産業は地域経済の主役になることまでは期待できず、むしろツーリズムや消費と結びついて地域経済を活性化することやシンボリックな作用によって地域のイメージ、ブランド的価値に影響することに重要な役割が求められる。現実に国内でユネスコの創造都市ネットワークに登録している都市の多くは、登録の対象となっている創造産業のサブセクター自体の振興よりも、地域のブランドイメージの向上を目的としていると見られる。[66] その点においても創造都市が目指す都市の文化的環境の整備は重要なはたらきをすることが期待される。

(5) 事例研究――福岡市

以上の議論を踏まえて、地域の文化生産の形成・発展とそれを支える仕組みや取り組み、政策的支援のあり方について具体的な事例として福岡市を取り上げて検討してみたい。[67]

福岡市は既に見たように、地方圏の都市としてはコンテンツ産業を中心に創造産業あるいはクリエイティブ経済（以下では、福岡市のこのような産業に関わっている人たちが好んで使うこの言葉を用いる）が顕著に集積・発展している。現在ではゲーム産業の活躍が目覚ましいが、デザイン分野には過去からの長い蓄積があり、また近年では動画・画像制作においても躍進が見られる。他方で、音楽は著名なアーティストを多数輩出してきたことで知られているが、産業としての発展にはうまく結びついていない。福岡市のクリエイティブ経済が育まれている地域の状況において特徴的なのは、多数のコミュニティが存在し相互に関連し合って豊かなエコシステムを構成していることである。以下においては、その状況及びそれがどのような背景・道具立てによって生まれ、支えられているかについて、クリエイティブ経済の各種コミュニティの形成過程をたどりながら見ていきたい。

福岡市のクリエイティブ経済のコミュニティは、三つの流れに整理することができる。ゲーム制作、音楽とそれ以外である。ゲーム、音楽は独立した動きであり、他のコミュニティとの関係が薄い(68)。ここでは、この二〇年ほどの間に様々な取り組みとともに多くのコミュニティを派生させてきたもう一つの流れに焦点を当てて福岡のクリエイティブ経済のエコシステムの発展を見ていきたい(69)。

最初の重要な動きとしては一九九七年に映像の製作会社KOO-KIの創業を挙げることができる。その翌年には、福岡県はクリエイターに仕事を提供するのを目的としてMultimedia Alliance Fukuokaを設立する。さらに、九九年にはWebデザインのコンサルタントが中心となって福岡県の支援の下でデジタル人名2000（D２K）が設立される。その頃福岡では急速にクリエイターが増加しつつありエンジニアも多いものの、デジタル／ウェブビジネスに必要な起業家が足りない、あるいはその精神が欠けているとして、起業家を育成することを目的に設立されたものである。ここでは、二月に一回の頻度で勉強会を開催し、公式には通算八八回、非公式には一〇〇回を超える勉強会を通じて多くのコミュニティが生まれることになる。さらに、二〇〇三年には、ＡＩＰという団体が、ネットワークエンジニアを育成することを目的として大手のメーカーやＩＴヴェンチャーを中心にやはり福岡県の後援のもと設立される。次第にエンジニア（テクノロジー）だけでなくクリエイター（コンテンツ）も入れて、クリエイターとエンジニア両面の養成を図るようになる。ここでも基本的には勉強会の開催を中心としここから多くのコミュニティが生まれるが、ＡＩＰはＤ２Ｋで生まれたものも含めてコミュニティの交流の場、あるいはそのネットワークのハブ的役割を担うことになる。

〇五年には、ＡＩＰが非公式に担っていたコミュニティの形成・支援自体を目的として会員制のＡＩＰコミュニティが設立されるが、そこからさらに〇八年のＡＩＰカフェ設立、そのメンバーの中から〇九年スタートの水曜どうしよう会、一〇年設立の大名なう設立という連鎖的な動きを生み出すことになる。ＡＩＰカフェはＡＩＰコミュニティの会員を対象にしたコミュニティの拠点で、クリエイター、テクノロジー（エンジニア）や街の飲食店経営者たちが集い交流する場を提供している。水曜どうしよう会は、ＡＩＰカフェを拠点としたコミュニティの一つで、大学の教員・研究者、クリエイター、エンジニア、行政関係者、学生等が緩く集まる形態をとっている。ここからさらに新たな勉強会がスピンオフしている。大名なうは、当時の地域活性化事業の流れの中でこの動きに関心を持つＡＩＰカフェのメンバーの中から生まれた活動グループで、天神大名 wifi 化計画を中心とした取り組みを行ってきた。現在は活動を休止している。

Ｄ２Ｋ、ＡＩＰの流れに加えて、二〇〇七年には、Fukuoka Web Workers（FWW）、Ruby Business Commons（RBC）、Fukuoka Web Designers という団体が相次いで設立される。ＦＷＷは、ウェブ・ビジネスに関係するデザイナー、ＩＴ系の事業家・経営者、クリエイター、プログラマーをメンバーとするコミュニティ、あるいはそのようなコミュニティを結びつけるネットワーク的な組織である。ＲＢＣはウェブ・エンジニアの、Fukuoka Web Designers はウェブ・デザイナーの、それぞれ勉強会を中心としたコミュニティである。この流れの中から、翌〇八年には福岡 Ruby ビジネス拠点推進会議が設立される。[70] これは、福岡のクリエイティブ経済のブランド構築におけるフラッグシップ的な役割を狙ったものである。二〇一一年頃までは当時の福岡のクリエイティブ・コミュニティの拠点としての役割を果たすことになり、福岡のクリエイティブ系の人たちに大きな影響力を持っていた。しかし、その後急速にこの流れは停滞し、いずれも活動を事実上休止している。

以上のようなクリエイティブ系の活動支援団体の設立やそれに伴うコミュニティの動きは、背景として急速に進展するデジタル技術の進歩とネット環境の発展、そしてそれに伴うITビジネス、ウェブビジネスの発展を見ることができる。この動きに押されて一つの組織あるいは活動が現れると、それが契機になってその後の動きが続くという状況が展開していた。このようにコミュニティが連鎖的に叢生するような状況は二〇〇〇年代の後半にピークを迎えるが、その後は落ち着いていく。この頃SNSが日本にも登場し人と人とのつながり方に大きな変化をもたらすようになる。福岡のクリエイティブ系の人たちも当然その影響を受け、コミュニティ間においては個々のメンバーが他のコミュニティのメンバーとつながりやすい状況が生まれていた。

そのような状況下で、二〇一一年、福岡のその後のクリエイティブ・シーンに大きな影響力を与えることになる明星和楽が開催される。これは、AIP事務局長の村上純志氏の呼びかけがきっかけとなって開催されたもので、前述したようなD2K、AIP、FWW等の独立の流れを合流させ、エンジニア、クリエイター、事業家・企業経営者等のクリエイティブ・コミュニティが結集する機会を作ることを目的としていた。それまでも個人ベースでは行われていたコミュニティ間の交流を可視的な形で行える、現在の福岡のクリエイティブ・シーンが一堂に集える場が必要だったのである。テクノロジーとクリエイティブの祭典と称するこのイベントは、アメリカのオースティンで開催されてきたSXSW（South By South West）というクリエイティブのイベントに範を取り福岡にふさわしい形で実現したいという発想に基づいている[71]。行政では福岡県、福岡市、企業ではソフトバンク、日本マイクロソフト等の後援を受けた三日間にわたるこのイベントは盛況を博し、福岡のクリエイティブ・シーンの存在を全国的にアピールすることにもなる。同時に、コミュニティ間の交流、新たなネットワーク形成に大きく貢献する。明星和楽はその後もテーマを変えながらも毎年開催されることになる。

ここからさらに次の展開が続く。二〇一二年に、クリエイティブ系を中心に事業のスタートアップ支援のための組織、スタートアップ・サポーターズが福岡市のスタートアップ政策の始動[72]と連携して設立される。一四年には、そのための拠点としてスタートアップカフェが開設される。これは、基本的にはスタートアップの窓口で、

Fukuoka Growth Next 内のスタートアップカフェ

クリエイティブ系を中心に各種事業の起業家（志向者）に対して該当する事業の団体、コミュニティを紹介することを主な役割とするが、同時に各種コミュニティの拠点的存在としての役割も果たしている。同じ年の一四年には、福岡市主催のアジアンパーティも開始される。これは文化をテーマにしたイベントで、構成される三つの事業のうちの一つはThe Creatorsというタイトルの、文字通りクリエイティブ系のためのプログラムが展開されている。明星和楽が福岡内部のクリエイティブを主な対象にしているのに対して、これは対外的なアピールを主な狙いとしている[73]。一七年には、福岡市はスタートアップ支援をさらに発展させ、福岡市の商業中心地域に立地する大名小学校の跡地を再利用してFukuoka Growth Nextという官民協働型の複合的な施設を設置する。これにより、クリエイティブ系の活動は多面的に支援を受けることが可能になり、クリエイティブ・コミュニティの新たな拠点となることが期待されている[74]。

以上見てきたところを、福岡の文化生産のエコシステム形成を支えてきた支援のあり方、拠点形成やイベントの役割、行政の関与という点を中心に整理してみたい。まず、福岡の文化生産は、基本的には民間の自発的な動きが牽引して自生的にコミュニティとエコシステムが形成されてきたといえるが、随所でその動きを発展させるように官民含めた支援が行われてきた。多くは人材育成や勉強会、さらには拠点形成、イベントの開催という形でクリエイティブ系の人材供給及びコミュニティ形成を支える形で展開された。それが次の動きを生みだしながら、コミュニティの形成を促進してきた。その意味では、支援はクリエイティブな活動が発展する機会を創るという役割を果たしてきたということができる。機会を創る道具立てとして福岡市の経験では、勉強会、拠点形成・提供、イベント開催を見ることができるが、コミュニティに関しては、勉強会は主にコミュニティ形成に、拠点形成・提供はコミュニティの形成とともにコミュニティ間の交流促進、イベント開催はコミュニティ間の交流やネットワーク形成の機会を提供している。

〈場〉については、福岡のクリエイティブ系の動きは、その発展の流れの中で数々の〈場〉が形成され、それらがその後のクリエイティブ系の活動を生み出し発展させる役割を果たしてきたと解釈することができる。例えば、ＡＩＰからの連鎖的な新しい活動・コミュニティの形成や、明星和楽の開催、そしてそこからのスタートアップカフェの開設などの一連の動きには、福岡のエコシステムにおいて常連とも言える人たちが構成する〈場〉の存在を見ることができる。〈場〉は必ずしも空間的に設定された拠点を必要とするものではないが、ＡＩＰカフェやスタートアップカフェのような空間的拠点は、政策的に〈場〉を誘導しようとする場合に有効であると思われる。常設されているためコミュニティ活動や交流の拠点という機能を通じてアクター間の相互作用を促進し、〈場〉の形成あるいは展開に貢献することができる。それに対して明星和楽のようなイベントは――これ自体が福岡のクリエイティブ系の人たちの間で展開されていた〈場〉の重要な所産と思われる――、その個々のプログラムの企画・準備・運営という協働作業を通じて参加する人たちの間に密度の高い相互作用をもたらし、それによってプログラムが実現しているが、ここにそれぞれのプログラムに応じた〈場〉の形成を見ることができる。

もう一つ、明星和楽の開催が福岡のクリエイティブ系のエコシステムにとって非常に重要なのは、福岡内外の人々の認知に福岡のクリエイティブ系の存在を訴えることで、彼らのアイデンティティの形成に大きく影響したと考えられることである。それまでも活発な活動を行っていても福岡の他の活動にあまり目を向けず個々に展開していたため、異なる活動のコミュニティ間ではお互いの存在を知りながらもそれ以上の関係は希薄であった。

福岡のクリエイティブ系の人たちを一つのコミュニティとして括るようなアイデンティティが欠けていたということでもある。明星和楽はこのような状況を変えようとする試みでもあったわけだが、実際に福岡のクリエイティブ・シーンは可視化され、これによって当事者たちの自己認知に大きくはたらきかけることになったということができる。[75] 推論でしかないが、この後見られる福岡のクリエイティブ・シーンの活発な動きには、このような認知的な影響も少なからずはたらいているものと思われる。

創造都市的な政策として見た場合はどう評価できるであろうか。自治体としての福岡市は創造産業の発展を大きなテーマとしているため創造都市に対して関心がないとは思われないが、明確に創造都市という名を使った政策を掲げていない。[76] とりわけ創造都市の柱ともいえる文化政策との関連は必ずしも強くはない。しかし、創造都市をその都市の創造性を育むために人的資本、文化資本、社会関係資本、環境資本に適切な投資を行う取り組みとして捉えた場合、福岡市ではそのうち人材育成・学習及びコミュニティ形成及びそのネットワーク化への支援という形で、人的資本と社会関係資本への投資を中心に都市のクリエイティブ経済のエコシステム形成を支援してきたということができる。ただし、この支援は福岡市が主体となって行っているというよりも、行政としての福岡市は民間の動きに答える形でそれを側面支援するというスタイルをとっている。例えば、Fukuoka Growth Next のように官民協働で施設を設置した場合、場所やハードの施設は行政が支え、活動自体は民間が主体となって行うことで、コミュニティ形成支援のような行政では難しい問題にも対応できるのである。あくまで民間主体で、福岡市は民間が動きやすくなるように環境整備をしているということになる。[77]

7　まとめと展望

本節では、創造産業が地域に対してもつ可能性に期待し、地方都市において創造産業を育成・振興することに焦点を置いて、その政策のあり方について検討した。まず、創造産業は地域の実情に応じて多様な可能性を持っており、それぞれの地域の実情を考慮して戦略的に政策を検討し展開することが必要である。政策のアプローチとしては、創造産業を成立させる文化的価値の生産をいかに支援するかが重要で、文化を生み出す創造的活動を支える地域の社会的文脈に目を向けることが必要である。文化の生産は地域の様々なアクター間の活動や交流が作り出す複雑な状況が織りなす一種のエコシステムの中で行われるが、その中で各種のアクターが形成するコミュニティが重要な役割を担っている。そこで重要なのは、様々なアクターやコミュニティが関係を形成の上、相互作用を展開し、そこから文化の生産を支える状況を創り出すことであり、そのような状況を説明するアクター間の関係の枠組みとして、本節では〈場〉の概念を導入した。しかし、地域の文化生産の支援のための政策の方法としては、直接的に創造的なアクターや彼らのコミュニティ、そして〈場〉の形成を支援することではなく、むしろ側面からコミュニティや〈場〉の形成のための道具立てとしての場所や空間、プロジェクトやイベントを支援することが望ましい。文化の生産への支援という点において、創造都市は、文化生産に直接的に関わる要素を豊かにする重要な方法である文化政策を組み込んで、文化活動への支援、文化・知識インフラや環境の整備を中心に、文化生産に関わる周辺的要素を考慮に入れた、より総合的かつ体系的に検討された政策のスタイルということができる。

本節では、地域における文化の生産に焦点を置いて議論を行ってきたが、その生産のプロセスについては必ずしも十分に把握されてはいない。また、必要なアクターやコミュニティが揃っていても、さらには、アクター間の関係の枠組みとしての〈場〉が形成されていたとしても、文化の生産が十分に展開するとは限らない。何らかの状況あるいは機運といったものが影響していると考えられる。その点において最後に事例として取り上げた福岡市では、一連の動きが流れのように展開して現在のクリエイティブ経済を形成している。詳細な調査に基づく分析により要因や条件、メカニズム等を明らかにし、その成果を組み込む形で議論の再構成を図りたい。

注

（1）もちろん、後述する長浜の事例に見るように営利の経済活動を排除するものでなく、地域づくりの中核となる活動が理念志向であり、公的志向性をもった活動であるということである。

（2）動機づけについての研究では、人々の行動の動機づけを外在的動機と内在的動機の二つのカテゴリーに分類する議論がある（美濃・大石 2007）。これを地域づくり活動に適用した場合、主要な動機づけ要因については、外在的動機の要因として、利益、外部の評価・名声、内在的動機の要因としては、地域への思い・関心あるいは理念・ヴィジョンを挙げることができる。少し補足すると、第一に、民間活動である以上、公共的な側面を持っていたとしても利益は重要な動機づけになる。第二に、自発的な活動にとっては意志や情熱等の地域への何らかの思いが動機づけとして重要だが、より明確な形を取ると理念やヴィジョンとして表現される。

（3）ここには、もう一つ、地域づくり活動を行う人たちの一種の自己表現欲求が含まれている、あるいは重なっていると考えることができる。そして、その表現したい内容が活動において創造する価値として具体化されるのである。例えば、後述する別府市の地域づくりの主要なアクターである BEPPU PROJECT の創設者であり代表である山出淳也氏は、本来の職業である芸術家としての表現を地域づくりを通じて行っているということができる（山出氏へのインタヴュー（二〇一五年一一月一〇日）より）。

（4）社会的価値についての説明は、第I章の注5を参照。

（5）谷本（2006）、谷本ら（2013）を参照。なお、この議論はソーシャル・イノベーションについてのものであり、社会的価値の提供を伴う社会的企業の活動の形成を説明するものであるが、ここに見られる議論の構図は、基本的には社会的課題の解決を基本的動機として事業を組み立てようとしている点において、地域づくり活動の議論と同様のものと見ることができる。

（6）敷田ら（2012）は地域プラットフォームとして関連する議論を取り上げ整理しているので参照されたい。

（7）地域づくりのプラットフォームを含んだ地域づくり（まちづくり）の枠組みについての議論は、佐藤・早田（2005）、佐藤（2011）を主に参考としている。

（8）プラットフォームは必ずしも特定の組織を持つとは限らず、多くの場合複数の組織や委員会等の機会が事実上のプラットフォームとしての機能を果たしている。

（9）もちろん、敷田ら（*op.cit.*: p. 39）が論ずるように、組織形態が明確ではないプラットフォームには機能的な不十分さという問題が付きまとう。しかし、本節では、プラットフォームの運営上の問題ではなく、地域づくり活動の展開に伴うプラットフォームの形成・再構成というダイナミクスに関心があるため、それが組織としてのどのような形態や構造を取っているかは本節の目的からは外れる。

(10) この理論で使われている概念を指している場合にはそれを明確にするため、〈場〉と表記する。

(11) 〈場〉の概念は、メンバーを強く縛る枠組みではなく、共通のコンテクストに基づくメンバー間の相互作用により意味や価値を生成するという主張において実践的コミュニティの概念と近似しているが、ここでは空間的な概念をもち国内の地域づくりの研究に活用されてきた〈場〉の議論に基づいて議論を進めたい。

(12) 〈場〉における知識創造については、野中が竹内弘高と提唱したSECIモデルが有名である（Nonaka and Takeuchi 1995）。

(13) コンテクストに関わる議論の〈場〉の議論への連接については竹口（2013, 2014）を参考としている。

(14) 寺本は、これらの二つの機能に加えて、大石・種田・揚妻（2004）の議論を援用してコンテクスト形式性というコミュニケーションに型を与える機能を挙げている（寺本 2005）。ここではこの議論は直接関係しないため省略する。

(15) 〈場〉の概念に近似している実践的コミュニティ（注11を参照）においても、メンバー間の相互作用によってコンテクストが形成されるという主張を見ることができる（薄井 2010）。

(16) 以下の記述は、主に、二〇〇五年九月九日及び二〇〇六年三月二二日に行った、まちづくり役場理事長・山崎弘子氏へのインタヴュー、二〇一五年八月三日に行った、長浜まちづくり株式会社・吉井茂人氏へのインタヴュー、同日に行った長浜市役所産業経済部商工振興課主幹・石居敏晃氏へのインタヴュー及び次の資料に基づく。矢部拓也（2000, 2001）、出島二郎（2003）、山崎弘子（2002）、野嶋慎二・松元清悟（2001）、野嶋慎二（2001）。

(17) ただし、八四年策定の博物館都市構想の「長浜の文化や歴史を活かし、町全体を博物館のような魅力のある空間にする」という基本理念はその後の長浜のまちづくりに影響することになる。

(18) 黒壁の中心メンバーが企業家であることは、黒壁の事業に中心市街地の商店主とは異なる精神を注入することになったと思われる。

(19) 例えば、二〇〇五年九月に、フィギュア・コレクションのミュージアムとして「海洋堂フィギュアミュージアム黒壁」が長浜の中心市街地にオープンしたのは、フィギュア製作で有名な海洋堂が笹原氏のネットワークを通じて誘致されたからであるが、長浜での開館の一つの理由は、黒壁のまちづくりに興味を抱いていたからであるという（前掲の山崎弘子氏へのインタヴューによる)。

(20) 一九九八年に後述するまちづくり役場がオープンして以降は、まちづくり役場が長浜の地域づくりのネットワークにおいて調整役等の重要な役割を引き受けてきたが、依然として黒壁の果たす役割は大きい。

(21) 秀吉博のシルバーコンパニオンを務めた高齢者によるコミュニティ・ビジネス。おかず工房、野菜工房、リサイクル工房、喫茶井戸端道場から成る。

(22) 出島二郎を中心とするまちづくりの後継者を育成する学習会。行政の職員、企業経営者、会社員、大学院生などが参加していた。二〇一六年六月現在休眠状態である。

(23) 地域の活動のネットワークが次第につながっていく状況については、野嶋・松元 (2001) 及び野嶋 (2001) を参照している。

(24) 以下の記述は、主に、二〇一四年七月一四日に行ったBEPPU PROJECTの荒巻久美子氏へのインタヴュー、同日に行った別府商工会議所・小野氏へのインタヴュー、同日に行ったハットウ・オンパクの門脇邦明氏へのインタヴュー、二〇一五年一一月一〇日に行った、BEPPU PROJECT代表・山出淳也氏へのインタヴュー、二〇一五年一一月一六日に行ったハットウ・オンパク理事長・鶴田浩一郎氏へのインタヴュー、及び次の資料に基づく。NPO法人BEPPU PROJECT (2010、2016)、鶴田・野上 (2008)、野上 (2009)、浦 (2002)、田中 (2009, 2013)。

(25) 最盛期には、リストには五〇〇人近い人が名を連ね、一日一〇〇通を超えるメールのやり取りがなされていた。そこでは、「観光・商店街関係者から自治体職員、主婦、学生まで幅広い人々が地域の課題解決のために日夜意見を交わしていた」(野上 2009 p. 3)。

(26) 正式には、「よみがえるか竹瓦温泉――別府温泉再生の道――」である。

(27) 地区のウォーキング・ツアーは、当初竹瓦かいわい裏路地散歩として始まったが、その後、八湯の他の地区にも広がっていった。

(28) 温泉、健康、癒し、まち歩き、食などをテーマにした、商店等の個々の事業者が参加して小規模な体験型プログラムを提供する観光イベントで、参加する事業者がそれぞれ自分が企画した活動を展開するものである。その後、このイベントから成立した団体である、NPO法人ハットウ・オンパクがこのイベントを引き継いで実施している。

(29) とりわけ、ハットウ・オンパクの活動は、その提供するイベントに参加する人たちの企画内容を商品化して事業を育てることを一つの目的としており、ここから様々な活動が生まれている。

（30）前掲の山出淳也氏へのインタヴューによる。山出氏からは、街がキャンバスだという発言もあり、現代アートのアーティストとして、BP及びその別府市内でのアート活動の実践自体が彼のアーティストとしての表現と解釈することもできる。

（31）正式には、別府現代芸術フェスティバル「混浴温泉世界」。

（32）山出氏によると、このイベントでは、アートの持つ媒介する力により、人々を「つなぐ」ということを一つの目的としている（前掲のインタヴューによる）。

（33）これは、二〇〇八年に認定された別府市中心市街地活性化基本計画に基づく事業で、platform では、BPのようなアート活動だけでなく、市民・学生の交流及び学習（現在は活動休止）、高齢者の交流やまちの情報発信、工芸品の製作・販売等が行われている。

（34）別府アート・マンスを契機に始めた活動が多い。代表的な活動として、NPO法人YUKAI、べっぷ風呂じぇくとを挙げることができる。

（35）その後ソーシャル・メディアが発展してきたこともあり、現在はほぼ休眠状態になっている。

（36）第I章で参照したソーシャル・イノベーションのプロセスとは別に、大室は事業の形成から関係の場が形成されるというプロセスを論じており（大室 2006）、長浜のケースはそれに該当すると解釈できる。

（37）八湯独立宣言以来の地域づくりの主要な構成メンバーであり、現在は、ハットウ・オンパクの理事を務める鶴田氏や野上氏は、地域づくりの関係者たちの間で「まちづくり哲学」が形成されてきたことを論じており、その重要な構成要素として温泉文化の再生を挙げている（鶴田・野上 2008）。

（38）このケースは次ページのような図で説明される。

（39）Boix et al.（2013）, De Propris et al.（2013）, De Propris et al.（2009）を参照している。

（40）The Work Foundation, NESTA（2013）によると、創造産業は、「表現的価値に基づくアイディアを商業化」（p. 19）することによって成り立つという点に大きな特徴を持つ。この点について補足すると、創造産業に対して、創造性がこの産業を説明するキー概念であると理解し、そこから創造性が重要な役割を果たしている産業であれば創造産業として捉えられるとするような理解がしばしば見受けられる。二〇一五年七月に開催された文化経済学会の分科会でも、概念をめぐって討論が行われたが、そこでは、参加者の中に、かなり技術的な性格を持つ産業でも人の創造性を必要とすることから、前述のような理解に基づく主張をする人がいた。これは、フロリダのクリエイティブ・クラスの概念が文化的価値には限定されず創造性を基準として自然科学研究や技術開発に関わる人たちも含んでいることからきていると思われる。

　クリエイティブ・クラスは産業概念ではないにもかかわらず、創造性で共通しているためそのまま創造産業に見合うものとする誤解が生まれてしまったと考えられる。

(41) このような側面を反映してか、創造産業という概念が包摂するサブセクターは、文化産業のそれに加えて経済的色彩の強い（その提供する財の構成において文化的価値よりも経済的価値の占める割合が高い）サブセクターを含むようになっている。文化産業を構成する具体的な産業としては、ファッション、デザイン、テレビ・ラジオ、映像・映画、ビデオ製作、ゲームソフト製作、音楽、演劇、美術・工芸品制作などが挙げられている。これに対して創造産業は、DCMSのMapping Document（1998）に基づくと、文化産業を構成する産業に加えて、広告、建築設計、コンピュータ・ソフトウェア製作、出版などが含まれている。

(42) 創造産業の個々のサブセクターの成り立ちについて、スロスビーの同心円モデルはこのような文化的価値と経済的価値の相対的な関係から説明している（Throsby *op. cit.*）。佐々木はスロスビーの議論を受けてこのモデルを図示している（佐々木 2007: p. 53）。

(43) やや古くなるが、プラットの研究（2000）によると、コンテンツに関わる創造産業については、英国のうちでもイングランドに限定すると、ロンドンの雇用者数はイングランド全体の約四分の一を占め、日本における関東地方の位置づけに相当する南東地方を加えると、ロンドン及びその周辺地域で四四%を占めることになる。

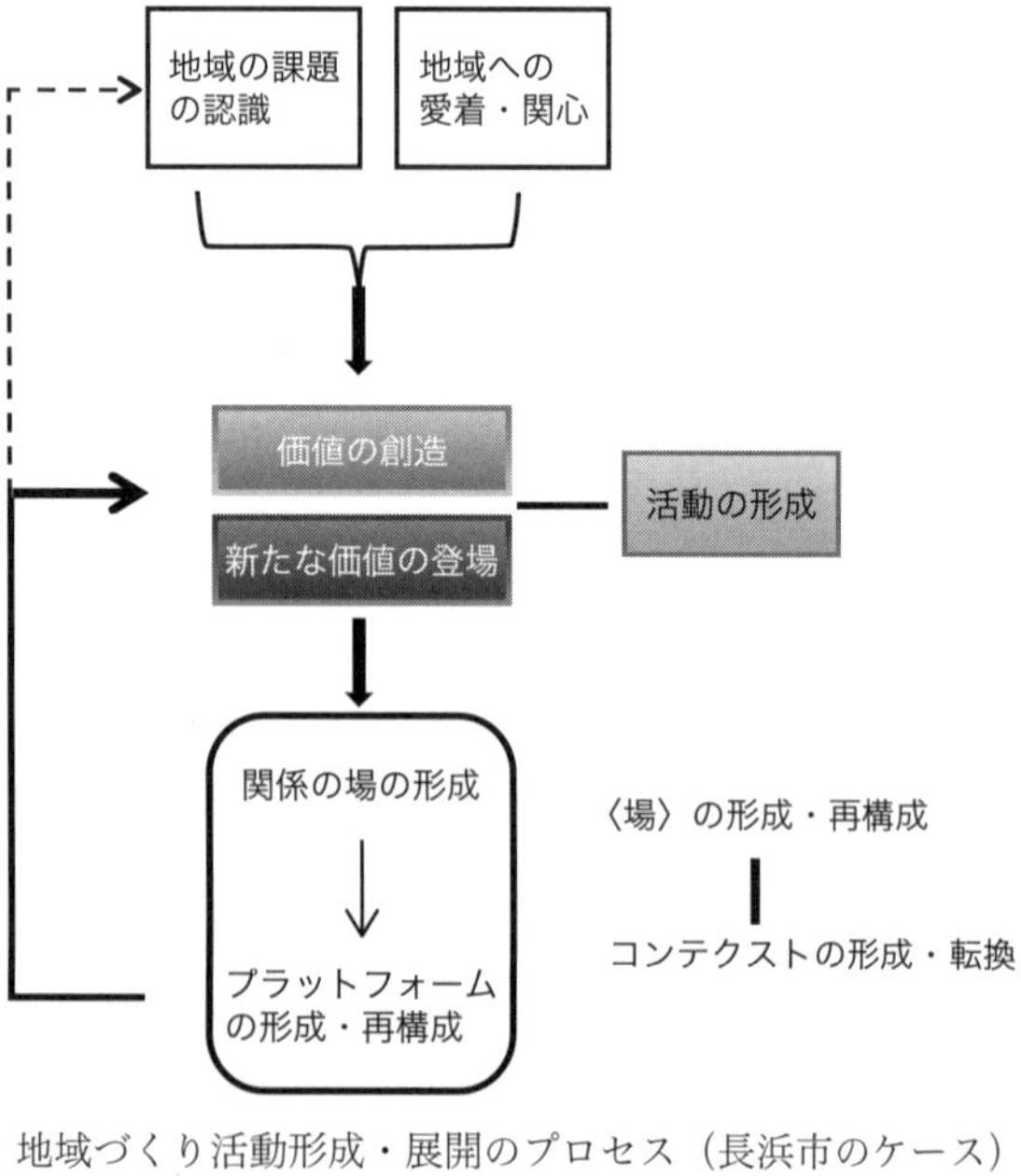

地域づくり活動形成・展開のプロセス（長浜市のケース）

(44) このように現在使われている創造都市という概念は英国で生まれてきたものであるが、プラットによると、英国では明確に創造都市とうたっている自治体の政策はない (Pratt 2010: p. 14)。

(45) 例えば、支援に関わる組織としてはCreative Industries Federation、Creative Industries Council、調査研究に関わる組織としては掲載している資料の出典元であるNESTA等がある。

(46) 当時の創造都市に関する諮問機関である文化芸術・観光振興による都心部活性化検討委員会が二〇〇四年一月一四日に横浜市に提出した提案書「文化芸術創造都市—クリエイティブ・シティ・ヨコハマの形成に向けた提言書」に基づく。

(47) 横浜市創造都市推進部(当時)の大蔭直子氏(二〇一五年二月二四日)、NPO法人・BankArt副代表の溝端俊夫氏へのインタビュー(二〇一五年二月二四日)に基づく。

(48) 創造都市政策が政策担当者によってどのような理由で実施されているかについてはEvans(2009)が整理している。

(49) 一般的に人口・産業規模、産業・技術の内容・種類、交通・交流のボリューム・拠点性、教育・研究の活動及びインフラの状況等が挙げられるが、創造産業については、それらに加えて文化・エンターテインメント、メディア機能等が重要である。これらが創造産業にとって必要な人材の厚み・多様性を提供し、文化・経済・交流の各活動を支える。

(50) これは、もちろん既存の文化政策そのものではない。ただし、創造産業の育成・発展に直接関わる政策ではなくても、長い時間をかけて地域の文化的蓄積に資するという意味では、多くの文化政策は含まれると見ていいのかもしれない。具体的な政策メニューについては、後述の注54を参照されたい。

(51) 色々なタイプの支援があるが、主なものとして、①ビジネス・スキルの支援、②技術的支援、③活動拠点の支援(不動産面での支援)、③ネットワーク形成の支援、④他分野の事業者とのマッチング、⑤資金的支援、等が挙げられる。

(52) 最初の二つは、それぞれ文化政策、産業政策を主にして構成される政策タイプである。クリエイティブ・クラスモデルは、フロリダのいうクリエイティブ・クラスの人たちを惹きつける都市の環境整備を重視する方法である。消費的要素を重視するためプラットらは消費的アプローチとしている。都市の生活環境整備、生活の質の向上が政策の主要なテーマになっていることから創造都市の主張として解釈される傾向にある。文化計画モデルは、ランドリーの主張する創造都市の概念に近い。そもそも創造都市という政策概念が「芸術文化が持つ創造的なパワーを活かして社会の潜在力を引き出そうとする」(佐々木 2001)ことに核心があり、そのため文化政策を重視しているため、文化政策タイプと重なる点も多い。ただし、文化インフラの充実を強調しており、より戦略的・総合的に文化を媒介項に他の領域の政策と結びつけて都市をガバナンスしていこうとするところに特徴を持つ。クリエイティブ・クラスモデルと同様生活環境の整備を重視している

(Grodach 2013)。

(53) 空間志向政策型都市は、創造産業を発展させるために都市の空間整備を重視している政策タイプを指しており、創造産業起業型都市は産業政策重視型、文化的創造都市は文化政策重視型の政策タイプである。

(54) 地域においてこの産業の育成・発展のために展開する場合の政策のあり方に関しては、次のような論点を挙げることができる。

地域政策として展開する場合に関心を集めるのが、いかにこの産業を地域に集積させるかというa 地域的集積性の問題である。これは、しばしば創造産業クラスターの問題として捉えられる。これに関連して、そのような集積を可能にする条件として、b 創造性を育む環境及びその形成が問われている。これは、クリエイティブ・ミリュー、あるいは創造的環境として論じられているものであり、フロリダのクリエイティブ・クラス論にもつながっている。創造産業の基本的性格に関わり、この産業を捉える場合にも支援を行う場合にも重要なのが本文の中で論じている、c 創造産業の文化的側面と産業的側面及び両者間の関係である。ここから創造産業特有の問題に関わる論点として、d 文化政策の役割、e 産業構造及び仕事の性格、f 既存産業との関係/協働、g 消費と生産の関係及び消費者の役割、h 営利と非営利の関係、という論点が導かれる。

創造産業は一定の地理的空間、とりわけ都市の中心部に集まる傾向が強いため、i 都市内での空間的分業あるいは役割分担、政策の地域的焦点化という論点が浮かんでくる。創造産業においても、グローバルな展開やそこでの位置づけ等を考慮に入れる必要があるが、その場合、逆にローカルで(=特定の地域において)文化の生産を行い創造産業の事業を営んでいることの意味が問われるのであり、そこからj グローバルとローカルの関係性という論点が出てくる。k 教育及び人材育成は、創造産業に限らない問題だが、この産業においてはとりわけ文化生産に関わる領域が重要であり、この産業特有の問題が現れている。産業に対する行政の政策支援はどの分野においても難しい面があるが、創造産業は個人の創造性が産業を支える重要な要素であるためとりわけその傾向が強く、l 行政の介入のあり方が大きな論点となる。これに関連して、支援の仕方、支援組織のあり方として、m インターミディアリーの役割が問われる。最後に、創造産業の事業者を中心に、それに関わる人たちやコミュニティ、研究教育機関、文化施設、行政等の間でどのような関係を形成し政策を展開していけばいいかというn ガバナンスの問題がある。

(55) Cohendet et.al. (2010) を参照している。そこでは、ここで論じている文化コンテンツに対して「創造的なプロセスで開発される知識の種類」としており、「純粋に科学的でも産業的なものでもなく象徴的なものであり、それゆえ、非常に文脈特殊的であり、地域に応じて大きく異なる」(p. 93) と論じている。

(56) これは、文化資本の形成・蓄積と見ることができる。詳しくは、Throsby (2001)、拙者 (2006) を参照されたい。

(57) ここでは、次の資料を参照している。Cohendet and Simon (2008), Cohendet, Grandadam and Simon (2009, 2010, 2011)。

(58) その一つとして検討したいのがポピュラー音楽の研究の中から生まれたシーンという概念である。シーンは、現在の文化の生産に消費者あるいは、オーディエンス、ユーザーが大きく関与するようになった状況を説明する。例としてポピュラー音楽シーンについて説明すると、特定の地理的範囲の中で、オーディエンス、生産者、演奏者等が、お互いの役割の間の境界を曖昧にして、親密な関係を創り上げて行っている活動の状況のことで、音楽のジャンルや好み、スタイルに応じたグループを形成する一方で、他のグループとはゆるいネットワーク関係を作っていることを特徴としている。シーンは、その内部で情報交換、技術的サポート、ジャーナルの作成、レコーディング活動などを行っており、また、それぞれ自らの示差的な特徴、伝統、アイデンティティを持ち、他のシーンやその他外部との間に境界を形成しているが、境界は固定的なものではなく、状況や時間によって変わっていく性格のものである。シーンは、ローカルに閉じているわけではなくグローバルな音楽シーンとは様々な形で交流を行い、外部の音楽から多大な影響を受けながらも、コミュニティ、地域の遺産、地域の歴史的特殊性、地域的アイデンティティやその音楽活動の歴史的な経緯に結びついている。詳しくは、拙者 (2005, 2010) を参照されたい。

(59) 西澤は、地域におけるハイテク産業形成を図るための議論としてクラスター論を批判し、「クラスターという企業集積を前提とするのではなく、集積をもたらすメゾ組織の構築を問わなければならない」と論じているが (西澤 2012: p. 41)、ここでの文化生産を取り巻く状況についての議論も同様である。

(60) 金井 (2000) によれば、ネットワークに一般的にみられる結びつきが持つ弱連結に対して〈場〉はアクター間の中連結によって成り立っているため、ネットワークに比べてコンテクストの共有度が高いという特徴を持っている。

(61) これについては、Cohendet et al. (2011, *op.cit*) が、知識形成の認知的なプラットフォームを提供するものとして空間 (spaces) を定義し、異なるコミュニティ間の相互作用を促進するという機能を果たす上で特定の場所 (places) に依存していると論じている。

(62) ここでは、プロジェクトとは、定常的には行われていない特定の活動や事業を企画・実現しようとする取り組みを指し、イベントとは、そのような取り組みのうち特定の場所や空間において行われるものを指す。

(63) コミュニアンは、プロジェクトやイベントが一種のクラスターを暫定的に創出し、それを通じてクリエイティブのアクターに他のアクターと協働あるいは接触する機会を与え、そこからネットワーク形式や学習の推移に発展する可能性を論じる（Communian *op. cit.*）。

(64) アクター間の密接な相互作用を伴う関係の形成において何らかの価値の実現を伴う実践が必要であることについては、Brown and Du Guid（1991）及び拙者（2007）を参照されたい。

(65) 都市の政策として行われる創造産業に関連した文化政策の具体的な内容を整理すると次のようになる。a 文化活動への支援、b 文化施設の整備・運営、c 文化活動拠点の整備、d 文化教育の展開、e アーティストの人材育成支援、f 文化イベントの開催あるいは協力／支援。

(66) この点において海外では登録された創造産業を活用して創造都市の政策展開を図っている都市も多い。例えば、英国のヨーク市はメディアアートで、ブラッドフォード市では映画で創造産業振興を中心とした創造都市政策を推進している。

(67) 以下の記述は、特定非営利活動法人ＡＩＰ・事務局長（当時）の村上純志氏へのインタヴュー（二〇一六年二月二三日）、公益財団法人福岡アジア都市研究所の中島賢一氏へのインタヴュー（二〇一六年五月一三日、二〇一八年六月一日）、福岡市経済観光文化局国際経済・コンテンツ部の堀浩信氏へのインタヴュー（二〇一八年五月三一日）に基づく。

(68) 当然福岡市内のクリエイティブ経済の他の分野にも直接間接に影響を与えている。

(69) ゲーム制作及び音楽については、ここで簡単に説明したい。福岡市のこの分野において全国的な市場という点においては最も大きな市場規模を持っているゲーム制作であるが、一九七九年にシステムソフトというパソコンの戦略ゲームを制作するソフト会社が市内に生まれたことに始まる。これがその後の福岡のゲーム制作産業の流れを生み出す。ここからスピンオフしてレベルファイブを含めた多くのゲーム企業が誕生する。また、同じ年にはクリエイティブ系の専門学校であるデジタルハリウッド福岡が設立される。ここからはその後の福岡のクリエイティブ系の人材を多く輩出することになり、ゲーム制作を含めた福岡のクリエイティブ経済の流れに大きな影響を与えることになる。その後、九八年にはレベルファイブが設立、二〇〇四年には人材確保を目的としたゲーム企業の団体であるＧＦＦ（ゲーム・ファクトリー・フレンドシップ）が設立され、行政はこのような動きを後押しするように、二〇〇五年に福岡県が福岡ゲーム産業振興機構を設立する。他方、音楽で目立った動きとしては、ミュージックシティ天神を挙げることができる。これは二〇〇二年開始以来現在まで続いている。当初は市民の取り組みとして始まったものだが、その後音楽の産業化を狙った官民の連携したイベントとして展開する。前述のように福岡でミュージシャンは生まれるがそれが産業化されていないためである。しかし、目立った成果が上がっているとはいえない。

(70) Rubyとは一九九五年に開発されたプログラミング言語の一つで、日本国内で開発されたものとしては初めて国際認証を受けている。ここでの一連の動きはこのプログラミング言語の開発・活用を契機として展開してきたものということができる。

(71) 明星和楽実行委員会「明星和楽2011実施報告」に基づく（最終アクセス二〇一八年六月一五日、http://2012.myojowaraku.net/documents/myojowaraku2011report.pdf）。

(72) この年、福岡市は同様の趣旨でスタートアップ宣言をする。

(73) もちろん、明星和楽が対外アピールという点でも大きな成果があったように、アジアンパーティもクリエイティブ系のネットワーク形成にも貢献している。

(74) 支援内容の一つコミュニティ支援については、移動して入居したスタートアップカフェが重要な役割を担うことになる。

(75) ここまで福岡のクリエイティブ経済を支える人たちの活発な動きを見てきたが、この中で足りないのが文化の消費者の関わりである。現在では、クリエイティブ経済においてオタクと呼ばれる人たちを中心に文化の消費者が果たす役割が大きくなってきている。福岡においてはオタクリエイターグループ等の団体も活動しているが、全体的には目立った存在にはなっていない。

(76) 福岡市は、政策としての創造都市というよりもむしろコアンデが論ずるような実態としての創造都市を福岡市なりの姿で実現させていると見た方がいいのではないかと思われる。

(77) 前掲の福岡市の堀氏へのインタヴューに基づく。

むすびにかえて

本書は、今日地域再生や活性化において文化が活用され、文化政策や創造都市、文化プロジェクトとして様々な取り組みが行われている状況に対して、文化の持つ社会的意義や社会に対して作用する力に対する基本的な理解に基づいて、文化政策等の取り組みとその地域への貢献、とりわけ地域再生・活性化に対する貢献について検討・考察するための視点を提示することを目的とするものである。そのため、文化概念や文化の社会的作用についての捉え方等の基礎的な議論から始まり、文化政策や創造都市、文化プロジェクトという主要な研究対象についての概念的な議論を加えた上で、文化政策等の実際の経験を取り上げ分析を行っている。本書は文化を活用した政策的取り組みによる地域再生や活性化に対する貢献について表面的な成果のみを求めるものではなく、その可能性に過剰に期待するものでもない。序論でも論じたように、文化に対して地域に変化の契機をもたらす可能性を看取するものであり、文化政策や創造都市のような文化を使った政策的取り組みが地域再生・活性化にどう関わるのか、どう進めればいいのか、その効果・影響をどう見るべきか、そこにはどのような問題が生じるのか等について検討を試みたものである。

本書で行ったそのような議論から主に次のような知見を得ることができた。

まず、創造都市について、厳密に定義されていないため様々な解釈がされているこの概念について議論を整理し、今日の都市に求められている自立性という視点から都市のガバナンス論として捉え、その要件について検討するとともに、運動論的側面に注目し、個々の要素のゆらぎがシステム全体の変化を導くという一種の自己組織化過程として解釈しそのプロセスについて論じた。個々の活動の創造的といえるような自発的な取り組みの発生が他の活動の共振を導き、結果としてまち全体を変える力になる可能性と変化のメカニズムを説明する方法として提示した。また、創造都市を幸福を支える都市という観点から理想都市との比較を通してその可能性を検討した。理想都市では機能的に都市を整備し、優れた生活環境を提供することで人々に幸福を与えようとした。市民は主体的に幸福を創り出すのではなく提供されたものを享受する立場であった。それに対して創造都市は、市民がその創造性を発揮して自律と協働に基づくガバナンスによって創り上げられるものであり、そこでの人々の幸福とはこのような創造的な活動を通じた自己実現を意味しており、創造都市はそのような機会を提供する。その点において、創造都市では幸福についてもあくまで市民個人が自分の力で創り出すものであり、創造都市はその機会を広げる役割を担うに過ぎないという理解を得た。

次に、アートプロジェクトがもたらすと考えられている地域の人々の間における協働及びソーシャル・キャピタルの形成への影響がどう説明されるかについて考察を行った。アートプロジェクトの文化・アートとしての特性がどのように協働の形成に作用するかということに論点を置き、アートに内在する文化的価値の持つ意味作用やアートの持つ媒介性に注目し、これらの作用によって人々の参加を促し共通する目的に向かって参加者・関係者間の協働関係の形成を促進する可能性が生まれるという解釈を得た。ソーシャル・キャピタルの形成については、それに必要な相互作用をそのような協働関係が生み出すことによって寄与することになる。ソーシャル・キャピタルの形成にとって重要な相互作用のあり方については、〈場〉の議論の適用の可能性について論じた。このアプローチの可否を含めた検討は今後の課題である。

第三に、文化と都市再生をめぐる持続可能性について検討を行った。第一点として、経済目的と文化の価値との関係については、経済目的を優先させその道具として文化を利用するというアプローチではなく、文化それ自体の創造、文化の価値を高めることを目的として文化への投資を行っている政策では、文化自体が魅力を維持、高めるだけでなくその結果として経済的な活性化を導くことを論証した。理論的にも経済的価値を生み出す文化的価値が維持されているため都市の発展に持続性を与えることになると説明することができるが、現実に事例の分析を通じて検証した。第二点は、文化政策は市民に対して何らかの意味の提示を行うことになるため、市民の声を広く反映させるべきであり、コンセンサスの得られない文化であればそれによる再生政策は持続できないのではないか、という問題である。取り上げた英国の二つの事例では地域社会に大きな変化が求められているような状況にあり、文化政策の提示する公共の文化においては市民の声を広く反映させることよりも、変化を導くために社会に息吹を与える、新しい見方・考え方を提示することが重要であった。しかし、その場合でも文化政策は意味の押し付けではなく市民の解釈に開かれていることが必要で、政策が提示する文化はその解釈を包括するようなテーマ、メッセージを示せることが求められるという解釈を得た。

第四に、文化プロジェクトの効果・影響の捉え方や運営のあり方等の問題について、国際的に有名なヨーロッパ文化首都を取り上げ二〇〇八年開催の英国のリヴァプール市のケースを対象に検討を行った。まず、第一の点として、ヨーロッパ文化首都の効果・影響の中でも特に関心を集める創造産業への影響に焦点を当てると、これ自体は明確に検証することはできないが、ヨーロッパ文化首都のような文化プロジェクトは、それ自体において直接的な効果を生み出すことを期待するのではなく、戦略的に創造産業を育成・発展させようとする取り組みを推進させるための重要な契機をもたらす手段としての可能性に価値を見出すことができる。第二の点として、プロジェクト全体に関わるガバナンスに関しては、事例として取り上げた二〇〇八年のリヴァプールのケースでは、プロジェクトの運営が混乱し行政主導のガバナンスが崩壊することで、文化芸術や都市再生に関わる主要なアクターが参加する政策ネットワークというガバナンス形態を生み出したという歴史的事実が見出せた。そこには都市再生というリヴァプールの大きな戦略目的を抱えた文化政策の展開は行政だけでは対応できず、市としても関係する他の団体が参加して構成するガバナンスが必要であるという認識が伏線として存在していたことが指摘できる。第三の点は、成功と評されるリヴァプールの経験からモデルを導くことができるかという問題である。文化首都の重要な目的である都市再生には、長期的にはその都市自体の変化、都市再生への取り組みの姿勢やそれを支え・推進するための協働関係の構築や体制づくり、さらには自己認識や精神面の変化こそが求められる。その点においてヨーロッパ文化首都のような文化プロジェクトは、開催都市の持つ固有の条件・特性を考慮し地域戦略の中に明確に位置付けられれば、包括的で大規模な文化プロジェクトであるがゆえに文化の持つ力を大きく動員することが可能であるため、開催都市にそのような大きな変化をもたらし、都市再生を推進する契機をもたらすという可能性、その意味では一つのモデルを提示したということができる。

第五に、文化観光を取り上げ、その持続可能の問題を文化観光を支える地域づくり活動に焦点を当て論じた。ここでは、地域づくりの〈場〉の役割と社会的価値の創造の意義が議論の中心になる。文化観光を支える文化的価値はこの社会的価値の創造に関わっている。地域づくりに関わる人たちの関係の場やプラットフォームが関係者間の共通認識の形成や価値の創造において重要な働きをするが、関係の場やプラットフォームの持つ機能は理論的には〈場〉の概念によって説明される。文化観光の地域づくりのようなプロジェクトは何らかの社会的価値を実現しようとする取り組みであり、そこでは社会的価値の創造や実現をめぐって〈場〉のコンテクストが形成あるいは再構成される。地域づくりの〈場〉においては、新しい価値が外部から登場することによってコンテクストの転換あるいは再構成が生じ、そこから新しい社会的価値の実現を目指した活動が生まれ、それによって地域づくりが持続する可能性が見出せる。また、大きく視点を換えると、活動の持続可能性を支えるものとして、公共目的に駆り立てられた非営利活動が地域の文化への投資を通じてその文化的価値を高め、それが文化観光という営利活動を支え、それによって確保された収益が非営利事業を支えるという、文化を媒介にした非営利と営利の循環的あるいは相互依存的関係を発見することができた。

最後に、地方都市において創造産業を育成・振興することを論点として、その政策のあり方について検討したが、ここでも〈場〉の概念が重要な役割を担っている。政策のアプローチとしては、地域の文化生産に目を向けることが重要であり、創造産業を成立させる文化的価値を生み出す地域のエコシステムを見る必要がある。文化の生産は地域の様々なアクターやそれらが形成するコミュニティの活動や交流が作り出す複雑な状況が織りなす一種のエコシステムの中で行われる。そこでは様々なアクターやコミュニティが関係を形成の上、相互作用を展開し、文化の生産を支える状況が形成されることが必要であり、そのためにはそのような状況をもたらすアクター間の関係の枠組みとしての〈場〉が重要な役割を果たす。政策的には、直接的に〈場〉の形成を支援することではなく、そのための道具立てとしての場所や空間の形成、プロジェクトやイベント支援が求められる。文化の生産への支援という点において創造都市に目を向けると、文化生産に直接的に関わる要素を豊かにする方法である文化政策を組み込んで、文化活動への支援、文化・知識インフラや環境の整備を中心に、文化生産に関わる周辺的要素を考慮に入れた、より総合的かつ体系的に検討された政策としての価値を見出すことができた。

整理すると、改めて文化概念や文化の社会的作用についての基礎的な認識が本書全体を通じて重要な役割を果たしていることを見ることができる。文化政策や文化プロジェクトが地域再生や活性化に対して持つ意義や生み出す問題点、あるいはそこで見るべき課題等を論ずるにおいて、これらの基礎的な認識が適切な理解や重要な解釈、あるいは新たな捉え方を引き出すことを助けている。また、文化の社会的作用に関わる中心的な概念である文化的価値の意義、それに基づく社会的価値の創造、文化政策・プロジェクトの意味的側面、アクター間の関係の枠組みである〈場〉の概念は本書の中で繰り返し登場しており、その点において章や節に応じてかなり異なるトピックを扱っているものの、基本的に共通のアプローチによって論じられていることを物語っている。

本書はもともとここ六年程の研究の過程で生み出された成果をもとに構成されたものである。研究内容は、基本的には地域づくりをベースに文化政策や創造都市に関わっているが、文化観光や創造産業政策まで領域を超えて関心の赴くままに研究を行ってきたことが反映されている。そのため本書の内容も、学問的には文化政策、創造産業論、地域づくり論とやや広い範囲の領域にまたがっている。しかし、改めて書籍として取りまとめてみると、領域の違いを超えて、文化を見る視点、文化が持つ社会への作用の認識という基本的な部分を強調している点において本書全体に通底していることが強く感じられた。また、書籍を刊行するにあたって改めて書き下ろした部分も多い。第Ⅰ章の基礎論は、多岐にわたる論文から構成されている本書全体を一つの書籍として貫く基本的な考え方・視点を提示するために書かれた。第Ⅱ章第一、二節、第Ⅲ章第一節は、文化政策や文化プロジェクトについての基本的な理解と認識を押さえるためにまとめた部分である。また、第Ⅲ章第三節は、文化プロジェクトと地域再生・活性化との関係を論ずるためには是非論及したいと考えていた英国リヴァプール市のヨーロッパ文化首都について、これまで数年にわたって行ってきた調査をもとにこの機会に論文化したものである。

社会も対応する政策もますます急速度で変化し、それに対する研究上の知見も日々更新されていく現代にあって、過去に行った研究の価値が急速に色あせていく懸念を抱かざるを得ない。しかし、現在、政府による地方創生のかけ声が声高になり、地域の側では地域再生や活性化の方策を懸命に模索し、その中で文化に大きな役割を期待しようとする姿を見ると、地域政策の専門家として、しかも文化に関わる政策を研究する立場としては何らかの価値ある提言を提供したいと考える。そのとき改めて感じるのは、文化に関わる政策のあり方やその可能性を検討する上で不可欠なのは文化の社会的作用についての基本的な理解と認識の必要性である。それが欠如した場合は、期待した成果が現れないどころか思わぬ副作用を生み出すことにもなるのは本書で論じてきたとおりである。本書は、そのような文化に対する基本的な理解と認識に立脚して文化に関わる政策を検討した成果に基づいて書かれたものである。当然のことながら政策研究の一端である以上実践に応用されてこそ価値が現れるものであるため、拙いながらも現実の政策の検討に貢献できれば幸いである。

本書の作成にあたっては、本書のもとになる研究において協力をしていただいた方々及び、研究の時間と機会を与えてくれた熊本大学、とりわけ所属する大学院人文社会科学研究部に感謝を表したい。本書の重要な部分を占める事例の調査にあたっては、Christopher Bailey 氏、BEPPU PROJECT 代表・山出淳也氏、リヴァプール市役所の Martin Thompson 氏、Sean Durney 氏、福岡市役所の中島賢一氏をはじめとする多くの方々の協力をいただいており、それぞれ感謝を申し上げたい。また、熊本大学の職員であり博士課程の大学院生でもある藤山泰成氏、大学院社会文化科学研究科の職員・法花津晃氏には多忙の中にもかかわらず参考文献リストの作成や校正作業に協力していただき、感謝を申し上げたい。最後に、本書刊行にご協力いただき、編集の労を採っていただいた日本経済評論社の清達二氏に感謝を申し上げたい。

初出一覧

第Ⅰ章　第一節　書き下ろし
　　　　第二節　書き下ろし
第Ⅱ章　第一節　書き下ろし
　　　　第二節　書き下ろし
　　　　第三節「ガバナンス論としての創造都市の可能性と実現のプロセス―熊本市での取組みを事例として―」、日本都市社会学会年報、第三二号、二〇一四年一〇月
　　　　第四節「理想都市から創造都市へ―二一世紀の幸福を支える都市の条件―」、高橋隆雄編『将来世代学の構想』、九州大学出版会、二〇一二年四月
第Ⅲ章　第一節　書き下ろし
　　　　第二節「文化と都市再生をめぐる持続可能性からの考察―英国の政策的経験から―」、社会文化研究（熊本大学社会文化科学研究科）、第一二号、二〇一四年三月
　　　　第三節　書き下ろし
第Ⅳ章　第一節「文化観光の持続可能性と地域づくりについての考察―事例の比較検討を通して―」、熊本法学、第一三七号、二〇一六年一〇月。「地域づくり活動の持続可能性についての検討――地域プラットフォームの形成と再構成に焦点を置いて――」、地域デザイン（地域デザイン学会）、第九号、二〇一七年三月
　　　　第二節「地域政策としての創造産業政策のあり方についての考察―創造都市の再検討―」、熊本法学、第一三六号、二〇一六年三月

なお、収録にあたっては、ベースになった論文を大幅に補筆修正した。

the San Francisco Bay Area', *Hitotsubashi Journal of Commerce and Management*, 41 (1), pp. 1-17.
Taylor, P., Davies, L., Wells, P., Gilbertson, J. and Tayleur, W., 2015, *A review of the Social Impacts of Culture and Sport*, Department for Digital, Culture, Sport and Media, UK.
The Independent, 2009, 'Andy Burnham: Every city should have a chance to be a British City of Culture', *Independent 8 January 2009*, retrieved online on 30 April, 2018 from
https://www.independent.co.uk/voices/commentators/andy-burnham-every-city-should-have-a-chance-to-be-british-city-of-culture-1231928.html
The Research and Creative Metropoles Project team, 2010, *How to support creative cities? Good practices from European cities*, The Cultural and Creative Cities Monitor, retrieved online on 21 March, 2015, from
http://publications.jrc.ec.europa.eu/repository/bitstream/JRC107331/kj0218783enn.pdf
The Work Foundation, Nesta, 2013, *Staying Ahead: the economic performance of the UK's creative industries*, Department for Digital, Culture, Sport and Media, UK.
Thompson, M., 2010, 'Liverpool 08: A Tool for Urban Regeneration?', conference paper to *Ravello Lab 2010*, October 21-23, Ravello, Italy
Throsby, D., 2001, *Economics and Culture*, Cambridge: Cambridge University Press (＝中谷武雄・後藤和子監訳, 2002,『文化経済学入門―創造性の探究から都市再生まで―』日本経済新聞社)
———, 2010, *The Economics of Cultural Policy*, Cambridge: Cambridge University Press
Williams, R., 1981, *The Sociology of Culture*, Schocken Books
Zukin, S., 1995, *The Culture of Cities*, Blackwell Publishing

What can be learned from Europe?', in Kong, L. and O'Connor, J. (eds.), *Creative Economies, Creative Cities: Asian-European Perspectives*, Geojournal Library, pp. 9–23

————, 2010, 'Creative cities: Tension within and between social, cultural and economic development – A critical reading of the UK experience', *City, Culture and Society* 1, pp. 13–20

————, 2011, 'The cultural contradiction of the creative city', *City, Culture and Society*, 2 (3), pp. 123–130

Radaelli, E., 2011, 'Analyzing the "creative city" governance: Relational processes in Columbus, Ohio', *City, Culture and Society*, 2, pp. 85–91

Redmond, P., 2013, *UK City of Culture 2017*, 23 January 2013DCMS Blog, retrieved online on 23 April, 2018 from https://dcmsblog.uk/2013/01/uk-city-of-culture-2017/

Richards, G. and Palmer, R., 2010, *Eventful cities: Cultural management and urban revitalization*, Amsterdam: Butterworth-Heinenmann

Rhodes, R.A.W., 1996, 'The New Governance: Governing without Government', *Political Studies*, 44, pp. 652–657

————, 1997, *Understanding Governance: Policy Networks, Governance, Reflexivity and Accountability*, Open University Press

Rhodes, R.A.W. and Marsh, D., 1992, 'New Directions in the study of policy networks', *European Journal of Political Research*, 21 (1/2), pp. 181–205

Sacco, P. and Blessi, G.T., 2009, 'The Social Viability of Culture-led Urban Transformation Processes: Evidence from the Biococca District, Milan', *Urban Studies*, 46 (5–6), pp. 1115–1135

Scott, A., J., 2000, *The Cultural Economy of Cities: Essays on the Geography of Image Producing Industries*, Sage Publications

————, 2006, 'Creative Cities: Conceptual Issues and Policy Questions', *Journal of Urban Affairs*, 28 (1), pp. 1–17

Sen, A., 1995, *Inequality Reexamined, Russell*, Sage Foundation（＝池本・野上・佐藤訳, 1999,『アマルティア・セン『不平等の再検討』岩波書店）

Shapiro, C. and Varian, H., R., 1998, *Information rules: A strategic guide to the network economy*, Harvard Business School Press（＝千本倖生・宮本喜一訳, 1998,『ネットワーク経済の法則：アトム型企業からビット型産業へ　変革期を生き抜く72の指針』IDG）

Stolarick, K. and Florida, R., 2006, 'Creativity, connections and innovation: a study of linkages in the Montreal Region', *Environmental Planning A*, 38 (10), pp. 1799–1817

Tanimoto, K. and Doi, M., 2007, 'Social Innovation Cluster in Action: A Case Study of

(1/2), pp. 3-13
O'Connor, J., 2005, 'Developing Cultural Industries in St Petersburg' in Hartley, J. (ed.), *Creative Industries*, Oxford: Blackwell, pp. 244-258
———, 2009, 'Creative industries: A new direction?', *International Journal of Cultural Policy*, 15 (4), pp. 387-402
OECD, 2002, *Urban Renaissance Glasgow: Lessons for Innovation and Implementation*, OECD Publications
Paddison, R., 1993, 'City Marketing, Image Reconstruction and Urban Regeneration', *Urban Studies*, 30 (2), pp. 339-349
Palmer/Rae Associates, 2004, *European Cities and Capitals of Culture*, Brussel: Palmer/Rae Associates
Palmer, R. and Richards, G. (eds.), 2007, *European Cultural Capital Report 1*, Arnhem: ATLAS.
———, 2009, *European Cultural Capital Report 2*, Arnhem: ATLAS.
Palmer. R., Richards. G and Dodd., D. (eds.), 2012, *European Cultural Capital Report 4*, Arnhem : ATLAS
Parkinson, M. and Bianchini, F, 1993, 'Liverpool: A tale of missed opportunities?' in Bianchini, F. and Parkinson, M. (eds), *Cultural Policy and Urban Regeneration*, Manchester: University Press, pp. 155-177
Parsons, T., 1961, 'Culture and Social System', in Parsons, T., Shils, E., Naegele, K., J. and Pitts, J., R. (eds.), *Theories of Society: Foundations of Modern Sociological Theory*, The Free Press, pp. 963-993 (＝丸山哲央訳, 1991,『タルコット・パーソンズ　文化システム論』ミネルヴァ書房)
Peck, J., 2005, 'Struggling with the Creative Class', *International Journal of Urban and Regional Research*, 29 (4), pp. 740-770
———, 2011, 'Creative Moments, working culture, through municipal socialism and neoliberal urbanism', in McCann E.J., and Ward, K. (eds.), *Mobile urbanism: cities and policymaking in the global age*, University of Minesota Press, pp. 41-70
Power, D. and Scott, A., J., 2004, *Cultural Industries and the Production of Culture*, Routlcdgc
Pratt, A., 2000, 'New media, the new economy and new spaces', *Geoforum*, 31 (4), pp. 425-436
———, 2004, 'Creative Clusters: Towards the governance of the creative industries production system?', *Media International Australia*, pp. 50-66
———, 2008a, 'Creative Cities?', *Urban Design Journal*, 105, pp. 35-38
———, 2008b, 'Creative Cities: the Cultural Industries and the Creative Class', *Geografiska Annalar: Series B, Human Geography*, 90 (2), pp. 107-117
———, 2009, 'Policy Transfer and the Field of the Cultural and Creative Industries:

心理学』産業能率短期大学出版部）
Maver, I., 2000, *Glasgow*, Edinburgh University Press
Middleton, C. and Freestone, P., 2008, 'The Impact of Culture-led Regeneration on Regional Identity in North east England', presented to Regional Studies Association International Conference, *The Dilemmas of Integration and Competition*
Miles, M., 2005, 'Interruptions: testing the Rhetoric of Culturally Led Urban Development', *Urban Studies*, 42 (5-6), pp. 889-911
Miles, S., 2005, 'Our Tyne: Iconic Regeneration and the Revitalisation of Identity in Newcastle -Gateshead', *Urban Studies*, 42 (5-6), pp. 913-926
Miles, S. and Paddison, R., 2005, 'Introduction: The Rise and Rise of Culture-led Urban Regeneration', *Urban Studies*, 42 (5-6), pp. 833-839
Mommaas, H., 2004, 'Cultural Clusters and the Post-industrial City: Towards the Remapping of Urban Cultural Policy', *Urban Studies*, 41 (3), pp. 507-532
Mooney, G., 2004, 'Cultural policy as urban transformation? Critical reflection on Glasgow, European City of Culture, 1990', *Local Economy*, 19 (4), pp. 327-340.
Myerscough, J., 1991, *Monitoring Glasgow 1990, Report prepared for Glasgow City Council*, Strathclyde Regional Council and Scotish Enterprise
Newcastle City Council and Gateshead Council, 2009, *NewcastleGateshead: The making of a cultural capital*, ncjMedia
Newman, T., Curtis, K. and Stephens, J., 2003, 'Do community-based arts projects result in social gains? A review of literature', *Community Development Journal*, 38 (4), pp. 310-322
Nonaka, I. and Takeuchi, H., 1995, '*The Knowledge-Creating Company: How Japanese Companies Create the Dynamics of Innovation*', Oxford University Press.
Nonaka, I. and Konnno, N., 1998, 'The Concept of 'Ba': building a foundation for knowledge creation', *California Management Review*, 40 (3), pp. 40-54
North East England, 2009, *A decade of World-Class Culture*, North East England, unpublished
Northall, P., 2008, 'Culture Led Regeneration and Local Art Communities', *Local Work*, December 2008, CLES
O'Brien, D., 2010, 'No cultural policy to speak of – Liverpool 2008. Journal of Policy Research in Tourism', *Leisure & Events*, 2 (2), pp. 113-128.
————, 2011, 'Who is in change: Liverpool, European Capital of Culture 2008 and the governance of cultural planning', *Town Planning Review*, 82 (1), pp. 45-59.
————, 2014, *Cultural Policy: Management, value and modernity in the creative industries*, Routledge
O'Brien, D. and Miles, S., 2010, 'Cultural policy as rhetoric and reality: a comparative analysis of policy making in the peripheral north of England', *Cultural Trends*, 19

pirical Evidence and Theoretical Considerations, Campus Verlag, pp. 25-59
Kroeber, A. L. and Parsons, T., 1958, 'The concepts of culture and of social system', *The American Sociological Review*, 23, pp. 582-583
Kooiman, J., 2003, *Governing as Governance*, Sage Publications
Kooiman, J. and Jentoft, S., 2009, 'Meta-Governance: Values, Norms and Principles, and the Making of Hard Choices', *Public Administration*, 87 (4), pp. 818-836
Kusek, D. and Leonald, G., 2005, *The Future Music*, Berklee Press (= yomoyomo 訳, 2005,『デジタル音楽の未来』翔泳社)
Landry, C., 2000, *Creative City: A Toolkit for Urban Innovations*, Earthscan Publication (=後藤和子監訳, 2003,『創造的都市――都市再生のための道具箱』日本評論社)
Lange, B., 2011, 'Re-scaling Governance in Berlin's Creative Economy', *Culture Unbound*, 3, pp. 187-208
LARC, 2018, *Liverpool Arts Regeneration Consortium*, retrieved online on 21 January, 2014, from https://larc.uk.com
Liverpool Culture Company, 2002, *Liverpool, the world in one city: Liverpool 2008 Capital of Culture bid*, Liverpool Culture Company
――――, 2003, *Liverpool, the world in one city: the story unfolds*, Liverpool Culture Company
――――, 2005, *Strategic Business Plan*, Liverpool Culture Company
Leyshon, A., 2009, 'The Software Slump?: digital music, the democratization of technology, and the decline of the recording studio sector within the musical economy', *Environmental Planning A*, 41, pp. 1309-1331
Liu, Y., 2014a, 'Socio-Cultural Impacts of Major Event: Evidence from the 2008 European Capital of Culture, Liverpool', *Social Indicators Research*, 115 (3), pp. 983-998
――――, 2014b, 'Cultural Events and Cultural Tourism Development: Lessons from the European Capital of Culture', *European Planning Studies*, 22 (3), pp. 498-514
――――, 2016a, 'Cultural Event and Urban Regeneration: Lessons from Liverpool as the 2008 European Capital of Calture', European Review, 24 (1), pp. 159-176
, 2016b, 'Event and Quality of Life: A Case Study of Liverpool as the European Capital of Culture', *Applied Research Quality Life*, 11, pp. 707-721
――――, 2017, 'The impacts of cultural event on networking: Liverpool's cultural sector in the aftermath of 2008', *Impact Assessment and Project Appraisal*, 35 (2), pp. 118-127
Luhmann, N., 1984, *Social Systems*, Suhkamp.
Markusen, A., 2010, 'Organizational complexity in the regional cultural economy', *Regional studies*, 44 (7), pp. 813-828
Maslow, A., 1954, *Motivation and Personality*, Harper (=小口忠彦訳, 1987,『人間性の

———, 2010a, *Creating an Impact: Liverpool's experience as European Capital of Culture, Liverpool: Impacts 08*, retrieved online on 21 January, 2014, from http://iccliverpool.ac.uk/wp-content/uploads/2013/04/GarciaEtal2010Creating_an_Impact-Impacts08.pdf
———, 2010b, *Neighbourhood impacts: A longitudinal research study into the impacts of the Liverpool European Capital of Culture on local residents*, Liverpool: Impacts 08, retrieved online on 21 January, 2014, from https://www.liverpool.ac.uk/media/livacuk/impacts08/pdf/pdf/Neighbourhood_Impacts.pdf
———, 2010c, *Volunteerting for culture: exploring the impact of being an 08 Volunteer*, Liverpool: Impacts 08, retrieved online on 21 January, 2014, from http://iccliverpool.ac.uk/wp-content/uploads/2014/12/VolunteeringForCulture.pdf
———, 2010d, *Media Impact Assessment: Evolving Press and Broadcast Narratives on Liverpool from 1996 to 2009*, Liverpool: Impacts 08, retrieved online on 21 January, 2014, from https://www.liverpool.ac.uk/media/livacuk/impacts08/pdf/pdf/Media_Impact_Assessment_part_2.pdf
Institute of Cultural Capital, 2018, *Institute of Cultural Capital*, retrieved online on 1 June, 2018, from http://iccliverpool.ac.uk/
Jacob, D., 2010, 'Constructing the creative neighborhood: hopes and limitations of creative city policies in Berlin', *City, Culture and Society*, 1, pp. 193–198
Jacobs, J., 1961, *The Death and Life of Great American Cities*, Random House.（＝黒川紀章訳，1966,『アメリカ大都市の死と生』鹿島出版会）
Jeffcutt, P. and Pratt, A., 2002, 'Managing Creativity in the Cultural Industries', *Creativity and Innovation Management*, 11, pp. 225–233
Jessop, B., 1998, 'The Rise of Governance and Risks of Failure: the Case of Economic Development', *International Social Science Journal*, 50（155）, pp. 29–45
———, 'The Dynamics of Partnership and Governance Failure', *Department of Sociology, Lancaster University*, retrieved online on 15 June, 2016 from https://www.lancaster.ac.uk/fass/resources/sociology-online-papers/papers/jessop-dynamics-of-partnership.pdf
Jones, P. and Wilks-Heeg, S., 2004, 'Capitalizing culture', *Local Economy*, 19（4）, pp. 341–360.
Kay, A., 2000, 'Art and community development: the role the arts have in regenerating communities', *Community Development Journal*, 35（4）, pp. 414–424
Kenis, P. and Schneider, V., 1991, 'Policy networks and policy analysis: scrutinizing a new analytical toolbox', in Marin, B. and Mayntz, R.（eds.）, *Policy Networks: Em-*

tions of the "creative industries" approach to arts and media policy making in the United Kingdom', *International Journal of Cultural Policy*, 11, pp. 15-29.
Geertz, C., 1973, *The Interpretation of Cultures*, Basic Books Inc.（＝吉田禎吾訳, 1987,『文化の解釈学』岩波書店）
Giddens, A., 1991, *The Consequenses of Modernity*, Stanford University Press（＝松尾精文・小幡正敏訳, 1993,『近代とはいかなる時代か？―モダニティの帰結―』而立書房）
Glasgow City Council and Scottish Enterprise Glasgow, 2004, *Glasgow Economic Monitor Spring 2004*, Glasgow City Council
Glasgow City Council, 2003, *Upbeat Glasgow 2003*, Glasgow City Council
――――, 2004, 'factsheet', *Glasgow City Council*, retrieved online on 3 November, 2004 from http://www.glasgow.gov.uk/
Grodach, 2013, 'Cultural Economic Planning in Creative Cities: Discourse and Practice', *International Journal of Urban and Regional Research*, 37（5）, pp. 1747-1765
Hall, P., 1996, '1994-96 from new town to Sustainable Social City', *Town and Country Planning*, 65（11）, pp. 295-297
――――, 2000, 'Creative cities and economic development', *Urban Studies*, 37（1）, pp. 639-649
――――, 2010,「創造性が都市を動かす」, 横浜市・鈴木伸治（編著）『創造性が都市を変える』学芸出版社, pp. 17-54
Harvey, D., 1989, 'From managerialism to entrepreneurialism: the transformation in urban governance in late capitalism', *Geofiska Annaler, series B, Human Geography*, 71（1）, pp. 3-17
Hesmondhalgh, D. and Pratt, A., 2005, 'Cultural industries and cultural policy', *International Journal of Cultural Policy*, 11, pp. 1-14
Howard, E., 1902, *Garden Cities of To-morrow*, S.Sonnenshein（＝長素連訳, 1968,『明日の田園都市』鹿島出版会）
Hunker, H.L.（ed）, 1964, *Erich W. Zimmermann's Introduction to World Resources*, Evanston（＝ジンマーマン・ハンカー（編）, 石光亨（訳）, 1985,『資源サイエンス・人間・自然・文化の複合』三嶺書房）
Impacts 08, 2009a, *Liverpool's creative industries: Understanding the Impact of Liverpool European Capital of Culture 2008 on the city region's creative industries*, Liverpool: Impacts 08, retrieved online on 21 January, 2014, from
http://www.liv.ac.uk/impacts08/Publications/projectreports.htm.
――――, 2009b, *Liverpool arts sector, sustainability and experience: how artists and arts organisations engaged with European Capital of Culture 2008*, Liverpool: Impacts 08, retrieved online on 21 January, 2014, from
http://www.liv.ac.uk/impacts08/Publications/projectreports.htm.

Evans, G., 2001, *Cultural Planning*, Routledge
———, 2005, 'Measure for measure: evaluating the evidence of culture's contribution to regeneration', *Urban Studies*, 42 (5/6), pp. 959-985
———, 2009, 'Creative Cities, Creative Spaces and Urban Policy', *Urban Studies*, 46 (5-6), pp. 1003-1040
Evans, G. and Shaw, P., 2004, *The contribution of culture to regeneration in the UK: a review of evidence*, Metroplitan University
Evans, R.I., 1967, *Dialogue with Erik Erikson*, Praeger Publishers (=岡堂哲雄・中園正身訳, 1981,『エリクソンは語る――アイデンティティの心理学』新曜社)
Ferilli, G., Sacco, P.L. and Noda, 2015, 'Culture driven policies and revaluation of local cultural assets: A tale of two cities, Otaru and Yubari', *City, Culture and Society*, 6, pp. 135-143
Florida, R., 2002, *The Rise of the Creative Class*, Basic Books (=井口典夫訳, 2008,『クリエイティブ資本論――新たな経済階級の台頭』ダイヤモンド社)
———, 2008, *Who's your City?: How the Creative Economy is Making Where to Live, the Most Important Decision of Your Life*, Basic Books (=井口典夫訳, 2009,『クリエイティブ都市論』ダイヤモンド社)
Florida, R. and Jackson, S., 2008, 'Sonic City: the evolving economic geography of the music industry', *Journal of Planning Education and Research*, 29 (3), pp. 310-321
Florida, R. Mellander, C. and Stolarick, K., 2010, 'Music scenes to music clusters: the geography of music in the US, 1970-2000', *Environmental Planning A*, 42, pp. 785-804
Frith, S., Cloonan, M. and Williamson, J., 2009, 'On music as a creative industry', in Pratt, A., C. and Jeffcutt, P. (eds.), *Creativity, Innovation and the Cultural Economy*, Routledge, pp. 74-89
Gabor, 1972, *The Mature Society, Martin*, Secker & Warburg (=林雄二郎訳, 1973,『成熟社会』講談社)
Garcia, B., 2004a, 'Cultural Policy and Urban Regeneration in Western European Cities: Lessons from Experience, Prospects for the Future', *Local Economy*, 19 (4), pp. 312-326
———, 2004b, 'Urban Regeneration, Arts Programming and Major Events: Glasgow 1990, Sydney 2000 and Barcelona 2004', *International Journal of Cultural Policy*, 10 (1), pp. 103-118
———, 2005, 'Deconstructing the City of Culture: The Long-term Cultural Legacies of Glasgow 1990', *Urban Studies*, 42 (5-6), pp. 841-868
Garcia.B., Melville.R., and Cox, T., 2010, *Creating an impact: Liverpool's experience as European Capital of Culture. Liverpool*: Impacts 08.
Garnham, N., 2005, 'From cultural to creative industries. An analysis of the implica-

City, Culture and Society, 2, pp. 151-158

Cohendet, P. and Simon, L., 2008, 'Knowledge-Intensive Firms, Communities, and Creative Cities', in Amin, A. and Roberts, J., *Community, Economic Creativity, and Organization*, Oxford University Press, pp. 227-253

Communian, R., 2010, 'Rethinking the Creative City: The Role of Complexity, Networks and Interactions in the Urban Creative Economy', *Urban Studies*, 48 (6), pp. 1157-1179

———, 2016, 'Temporary Clusters and Communities of Practice in the Creative Economy: Festivals as Temporary Knowledge Networks', *Space and Culture*, 20 (3), pp. 329-343

Comunian, R. and Mould, O., 2014, 'The weakest link: Creative industries, flagship cultural projects and regeneration', *City, Culture and Society*, 5, pp. 65-74

COoL, 2018, *Creative Organizations of Liverpool*, retrieved online on 21 January, 2014, from https://cool-collective.co.uk

Cox, T. and O'Brien, D., 2012, 'The "scouse wedding" and other myths: reflections on the evolution of a "Liverpool model" for culture-led urban regeneration', *Cultural Trends*, 21 (2), pp. 93-101

Currid, E., 2007, 'How Art and Culture happen in New York: Implication for the Urban Economic Development', *Journal of the American Planning Association*, 73 (4), pp. 454-467

Currid, E. and Wiiliams, S., 2010, 'The geography of buzz: art, culture and the social milieu in Los Angeles and New York', *Journal of Economic Geography*, 10, pp. 423-451

DCMS, 1998, *Creative Industries Mapping Document*, DCMS

———, 2000, *Creative Industries: The Regional Dimension*, DCMS

———, 2009, *UK. City of Cultural working group report June 2009. London*: DCMS

———, 2014, *UK. City of Cultural consultation document December 2014,* DCMS

———, 2017, *UK. City of Cultural 2017 Guidance for Bidding Cities,* DCMS

De Propris, L., 2013, 'Creative Industries in the United Kingdom', in Lazzeretti, L. (cd.), *Creative Industries and Innovation in Europe*, Routledge, pp. 103-117

De Propris, L., Chapain, C., MacNeil, S. and Mateos-Garcia, J., 2009, *The Geography of Creative Industries*, NESTA

Doucet, B., 2009, 'Global Flagships, Local Impacts', *Urban Design and Planning*, 162 (3), pp. 101-107

Ebert, R., Gnad, F. and Kunzmann, K., 1994, *The Importance of 'Cultural Infrastructur'' and 'Cultural Activities' for Creative City*, Comedia

EKOS, 2012, *The Creative Sector in Newcastle and Gateshead: Report for Newcastle City Council*, unpublished

石井洋二郎訳, 1989,『ディスタンクシオン：社会的判断力批判』新評論社)
———, 1986, 'The Form of Capital', in Richardson, J.G. (ed.), *Handbook of Theory and Research for the Sociology of Education*, Greenwood Press, pp. 241-258
Boyle, M. and Hughes, G., 1994, 'The Politics of Urban entrepreneurialism in Glasgow', *Geoforum*, 25 (4), pp. 453-470
Brown, J. S. and Du Guid, P., 1991, 'Organizational Learning and Communities of Practice: Toward a Unified View of Working, Learning, and Innovation', *Organizational Science*, 2 (1), pp. 40-57
Brown, A., O'Connor, J., and Cohen, S., 2000, 'Local music policies within a global music industry: cultural quarters in Manchester and Sheffield', *Geoforum*, 31, pp. 437-451
Campbell, P., 2011a, 'Creative industries in a European Capital of Culture', *International Journal of Cultural Policy*, 17 (5), pp. 510-522.
———, 2011b, 'You say "creative", and I say "creative"', *Journal of Policy Research in Tourism, Leisure & Events*, 3 (1), pp. 18-30.
———, 2014, 'Imaginary Success?—The Contentious Ascendance of Creativity', *European Studies*, 22 (5), pp. 995-1009
Campbell, P., Cox, T., Crone, S. and Wilks-Heeg, S., 2015, *Cultural Value: 'Evidence of Things That Appear Not?'*, Arts and Humanities Research Council
Caves, R.E., 2000, *Creative Industries: Contract between Arts and Commerce*, Harvard University Press
Centre for Cultural Policy Research, University of Glasgow, 2004, *The Cities and Culture Project: The Long Term Legacies of Glasgow 1990 European Cities of Culture*, University of Glasgow
Centre for Public Policy, Northumbria University, 2006, *CISIR Report on Research Findings*, unpublished
Chapain, C., and Comunian.R, 2009, 'Creative cities in England: Researching realities and images', *Built Environment*, 35 (2), pp. 220-237
Cohen, S., 1999, 'Scenes' in Horner, B. and Swiss, T. (eds.), *Key Terms in Popular Music and Culture*, Oxford: Blackwell Publishers, pp. 239-250
———, 2007, *Decline, Renewal and the City in Popular Music Culture: Beyond the Beatles*, Ashgate
Cohendet, P., Grandadam, D. and Simon, L., 2009, 'Economics and the ecology of creativity: evidence from the popular music industry', *International Review of Applied Economics*, 23 (6), pp. 709-722
———, 2010, 'The Anatomy of the Creative City', *Industry and Innovation*, 17 (1), pp. 91-111
———, 2011, 'Rethinking urban creativity: Lessons from Barcelona and Montreal',

Bailey, C., Miles, S. and Stark, P., 2004, 'Culture-led Urban Regeneration and the Revitalisation of Iden- tities in Newcastle, Gateshead and the North East of England', *International Policy of Cultural Policy*, 10 (1), pp. 47–65

Bailey, C., 2006, 'Cultural values and culture led regeneration - the case of Newcastle-Gateshead', *presented to 14th International conference of the ACEI*

Bakhshi, H., Freeman, A. and Higgs, P., 2013, *A Dynamic Mapping of the UK's Creative Industries*, NESTA

Banks, M., Lovatt, A., O'Connor, J. and Raffo, C., 2000, 'Risk and trust in the cultural industries', *Geoforum,* 31, pp. 453–464

Baumol, W.J. and Bowen, W.G., 1966, *Performing Arts, The Economic Dilemma: A Study of Problems common to Theater, Opera, Music and Dance*, MIT Press (池上淳・渡辺守章監訳 , 1994,『舞台芸術：芸術と経済のジレンマ』芸団協出版部)

BBC, 2018, 'Does being a UK city of Culture create a lasting legacy?', *BBC news 23 April 2018*, retrieved on 30 April, 2018, from https://www.bbc.co.uk/news/uk-england-43485141

Beaumont, P., 2005, 'Cultural and Regeneration in Gateshead', presented to *Cityscape 4 - Rijeka*

Bell, D. and Oakley, K, 2015, *Cultural Policy*, Routledge

Benson, J. K., 1994 (2nd), 'Il reticolo interorganizzativo come un economia.politica', in Zan, S. (ed.), *Logiche di azione organizzativa*, Il Mulino, Bologna, pp. 131–160

Bianchini, F. and Parkinson, M., 1993, *Cultural Policy and Urban Regeneration – the West European experience, Manchester University Press*

Boix, R., Lazzeretti, L., Capone, F., De Propris, L. and Sanchez, D., 2013, 'The Geography of creative industries in Europe: Comparing France, Great Britain, Italy and Spain', in Lazzeretti, L. (ed.), *Creative Industries and Innovation in Europe*, Routledge, pp. 23–44

Boland, P., 2010, '"Capital of Culture — you must be having a laugh!" Challenging the official rhetoric of Liverpool as the 2008 European cultural capital', *Social & Cultural Geography*, 11 (7), pp. 627–645

Booth, P. and Boyle, R., 1993, 'See Glasgow, see Culture', in Bianchini, F. and Parkinson, M., (eds.), *Cultural Policy and Urban Regeneration – the West European experience*, Manchester University Press, pp. 21–47

Borén, T. and Young, C., 2013, 'Getting Creative with the "Creative City"? Towards New Perspectives on Creativity in Urban Policy', *International Journal of Urban and Regional Research*, 37 (5), pp. 1799–1815

Börzel, T. A., 1998, 'Organizing Babylon-On the different conceptions of policy networks', *Public administration*, 76 (2), pp. 253–273

Bourdieu, P., 1979, *La distinction: critique sociale du jugement*, Editions de Minuit (=

造―」，文化経済学，5巻2号，pp. 55-71
――――，2006b，「地域の主題化とソーシャル・キャピタルの形成――意味の視点からの考察」，日本都市学会年報，40号，pp. 130-140
――――，2009a，「文化産業政策と創造的環境の形成―英国シェフィールドとマンチェスターを事例として―」，日本都市学会年報，43号，pp. 236-249
――――，2009b，「都市の自己イメージの変化と都市再生――英国グラスゴー市の文化政策の経験より」，熊本法学，118号，pp. 221-278
――――，2010，『都市の自己革新と文化―ひとつの都市再生論―』日本経済評論社
――――，2012a，「創造都市の戦略的視点からの検討―地方都市における実践に向けて―」，熊本法学，125号，pp. 52-22
――――，2012b，「理想都市から創造都市へ―21世紀の幸福を支える都市の条件―」，高橋隆雄（編著）『将来世代学の構想―幸福概念の再検討を軸として―』九州大学出版会，pp. 77-107
――――，2013，「音楽産業の地理的展開に関する考察―地方都市への分散の可能性をめぐって―」，熊本法学，129号，pp. 82-46
――――，2014a,「文化と都市再生をめぐる持続可能性からの考察―英国の政策的経験から―」, 社会文化研究、第12号、pp. 25-50
――――，2014b,「ガバナンス論としての創造都市の可能性と実現のプロセス―熊本市での取組みを事例として―」，日本都市社会学会年報，32号，pp. 45-64
――――, 2015, 'Self-Sustainability and Formation of the Public Sphere in Community Development Movement: One perspective exploring the mechanism of regional regeneration using a creative city policy', 熊本法学, 133号, pp. 146-172
――――，2016a,「地域政策としての創造産業政策のあり方についての考察―創造都市の再検討―」，熊本法学，136号，pp. 226-260
――――，2016b,「文化観光の持続可能性と地域づくりについての考察―事例の比較検討を通して―」，熊本法学，137号、pp. 121-162
――――，2017，「地域づくり活動の持続可能性についての検討―地域プラットフォームの形成と再構成に焦点を置いて―」，地域デザイン，9号，pp. 33-53
渡邊洋子，2013，「『祭り』という文化伝承・継承空間」，円環する教育のコラボレーション，18巻，pp. 120-131

Abbing, H., 2002, *Why Are Artists Poor? The Exceptional Economy of the Arts.* Amsterdam University Press.
Amin, A. and Roberts, J., 2008, 'The Resurgence of Community in Economic Thought and Practice', in Amin, A. and Roberts, J., *Community, Economic Creativity, and Organization*, Oxford University Press, pp. 11-34
Arcodia, C. and Whitford, M., 2006, 'Festival Attendance and the Development of Social Capital', *Journal of Convention and Event Tourism*, 8 (2), pp. 1-18

美濃哲郎・大石史博（編），2007,『スタディガイド心理学』ナカニシヤ出版
毛利嘉孝，2012,『増補　ポピュラー音楽と資本主義』せりか書房
諸富徹，2010,『地域再生の新戦略』中央公論新社
敷田麻実・森重昌之・中村壮一郎，2012,「中間システムの役割を持つ地域プラットフォームの必要性とその構造分析」，国際広報メディア・観光学ジャーナル，14 号，pp. 23-42
矢部拓也，2000,「地方小都市再生の前提条件―滋賀県長浜市第三セクター『黒壁』の登場と地域社会の変容」，日本都市社会学会年報，18 号，pp. 51-66
――――，2001,「中心市街地の衰退と再生のメカニズム」，第 74 回日本社会学会大会発表原稿
山崎弘子，2002,「第 3 セクター㈱黒壁の戦略とまちづくり運動―非営利組織『まちづくり役場』誕生に至る道―」，地域政策研究，18 号，pp. 51-66
山田浩之，2016,「都市祭礼と文化経済学」，山田浩之（編著）『都市祭礼文化の継承と変容を考える―ソーシャル・キャピタルと文化資本―』ミネルヴァ書房，pp. 10-19
山本哲士，1999,『文化資本論』新曜社
横浜市 ,2017,『横浜市中期 4 カ年計画 2014-2017 平成 28 年度取り組み状況』横浜市
――――,2018,『平成 30 年度事業概要　文化観光局』横浜市
吉澤弥生，2007,「文化政策と公共性：大阪市とアート NPO の協働を事例に」，社会学評論，58 巻 2 号，pp. 170-187
――――，2011,『芸術は社会を変えるか ?: 文化生産の社会学からの接近』青弓社
吉田隆之，2012,「アートプロジェクトによる人的協力・ネットワーク及びソーシャルキャピタルのプロアクティブ化：あいちトリエンナーレ 2010 長者町会場を事例に」，文化経済学，9 巻 1 号，pp. 90-100
――――，2015,『トリエンアーレは何を目指すのか――都市型芸術祭の意義と展望』水曜社
――――，2018,「芸術祭によるソーシャル・キャピタルのプロアクティブか―あいちトリエンナーレ 2010・2013 と 2016 の比較―」，文化経済学，15 巻 1 号，pp. 102-118
若林直樹，2003,「社会ネットワーク組織間での信頼性――『埋め込み』アプローチによる経済社会学的考察――」，社会学評論，54 巻 2 号，pp. 159-174
――――，2009,『ネットワーク組織――社会ネットワーク論からの新たな組織像』有斐閣
渡部薫，2004,「『経済の文化化』と生産における価値の変容」，文化経済学，4 巻 2 号，pp. 49-59
――――，2005,「都市の創造性と文化消費―消費者の文化創造能力からの考察―」，文化経済学，4 巻 4 号，pp. 31-41
――――，2006a,「都市の変容と文化資本―活動の創発とネットワークによる文化の創

育振興会
野上泰生，2009,「オンパク：地域人材・資源を活用した重層的なイベント戦略」,『コミュニティ・デザインと地域振興』，pp. 1-9，http://japan.onpaku.jp/assets/galleries/99999/pdf.（2015年11月6日アクセス）
野嶋慎二・松元清悟，2001,「まちづくり市民組織の発足と展開のプロセスに関する研究—長浜市中心市街地の事例—」，日本都市計画学会学術研究論文集，36号，pp. 7-12
野嶋慎二，2011,「多様な市民組織による持続的な地域発意—事業の連動とそのプログラム—」都市計画，50巻5号，pp. 23-26
野中郁次郎・パトリック・ラインメラ・柴田友厚，1998,「知識と地域」，オフィスオートメーション，19巻1号，pp. 3-13
野中郁次郎・紺野登，1999,『知識経営のすすめ——ナレッジマネジメントとその時代』筑摩書房
野中郁次郎・紺野登，2000,「場の動態と知識創造：ダイナミックな組織知に向けて」，伊丹敬之・西口敏弘・野中郁次郎（編著）『場のダイナミズムと企業』東洋経済新報社，pp. 45-64
野呂田純一・椎野信雄，2014,「現代アートによる地域・都市間の〈関係性〉の組み換えの可能性」，湘南フォーラム，18号，pp. 89-101
日端康雄，2008,『都市計画の世界史』講談社
福岡市 ,2018,『福岡市のスタートアップ支援の取り組み』，福岡市
————,2018,『「クリエイティブ・エンターテインメント都市・ふくおか」を目指して』福岡市
福原義春・文化資本研究会，1999,『文化資本の経営』ダイヤモンド社
別府市中心市街地活性化協議会，2012,『別府市中心市街地活性化基本計画（改訂版）』
牧田正裕，2010,「人を磨き，地域を磨く八湯のまちづくり～温泉地再生に向けての取組みと中心市街地のいま～」，プレゼンテーション資料（2015年11月30日，本人より取得）
————，2012,「アートプロジェクトと『まちづくり』：別府からのレッスン」，都市計画，61巻3号，pp. 72-75
増田聡，2008,「「音楽のデジタル化」がもたらすもの」，東谷護（編著）『拡散する音楽文化をどうとらえるか』勁草書房，pp. 3-23
松本文子・市田行信・吉川郷主・水野啓・小林愼太郎，2005,「アートプロジェクトを用いた地域づくり活動を通したソーシャル・キャピタルの形成」，環境情報科学論文集，19号，pp. 157-162
宮島喬，1993,「文化」（見出し項目），森岡清美他（編）『新社会学辞典』有斐閣，pp. 1291-1293
三浦俊彦・原田保，2012,「コンテクストデザインに至る理論の流れ」原田保・三浦俊彦（編著）『コンテクストデザイン戦略』芙蓉書房出版，pp. 23-74

武邑光裕，2013，「トランスメディアとしての創造都市――メディア・アーツ都市の創造経済」，創造都市ネットワーク日本，pp. 1-16
田中美子，1997，『地域のイメージ・ダイナミクス』技報堂出版
田中健夫，2009，「大分県別府市 別府現代芸術フェスティバル 2009」，地域創造，pp. 16-21
――――，2013，「温泉都市を舞台にアートによる新たな観光を創造 別府現代芸術フェスティバル 2012『混浴温泉世界』」，地域創造，pp. 28-34
谷本寛治（編著），2006，『ソーシャル・エンタープライズ―社会的企業の台頭―』中央経済社
――――，2013，「ソーシャル・イノベーションの可能性」，谷本寛治・大室悦賀・大平修司・土肥将敦・古村公久『ソーシャル・イノベーションの創出と普及』NTT 出版，pp. 3-45
谷本寛治・大室悦賀・大平修司・土肥将敦・古村公久，2013，『ソーシャル・イノベーションの創出と普及』NTT 出版
津田大介・牧村憲一，2010，『未来型サバイバル音楽論』中公新書
鶴田浩一郎・野上泰生，2008，「地域の輝きを育てる『オンパク』モデル」，『NIRA モノグラフシリーズ』，pp. 1-28，http://www.nira.or.jp/pdf/case13.pdf（2015 年 11 月 6 日アクセス）
出島二郎，2003，『長浜物語：町衆と黒壁の 15 年』NPO 法人まちづくり役場
寺尾仁，2014，「大地の芸術祭と人々――住民、こへび隊、アーティストが創り出す集落・町内のイノベーション」，澤村明（編著）『アートが地域を変えたか――越後妻有の芸術祭の十三年 2010-2012』慶應義塾出版会，pp. 101-146
寺本義也，2005，『コンテクスト転換のマネジメント―組織ネットワークによる「止揚的融合」と「共進化」に関する研究―』白桃書房
寺本義也・原田保，2006，『無形資産価値経営―コンテクストイノベーションの原理と実践』生産性出版
徳安彰，1985，「行為における“意味”と文化システム―パーソンズとルーマン―」，思想，730 号，pp. 301-315
友岡邦之，2009，「地域戦略に動員される文化的資源――文化的グローバリゼーションの陰画としての自治体文化政策」，社会学評論，60 巻 3 号，pp. 379-395
中山亜美，2018，「サイト・スペシフィック」、アートスケープ：http://artscape.jp/artword/index.php/，2018 年 3 月 15 日に最終アクセス
西垣通，2004，『基礎情報学―生命から社会へ―』日本経済新聞社
西澤昭夫，2012，「クラスター政策から地域エコシステム構築策へ」，西澤昭夫他，『ハイテク産業を創る地域エコシステム』有斐閣，pp. 39-62
西村幸夫（編著），2009，『観光まちづくり―まち自慢からはじまる地域マネジメント』学芸出版社
根木昭（編著），2007，『文化政策の展開：芸術文化の信仰と文化財の保護』放送大学教

古賀広志，2007,「情報戦略におけるコンテクスチャルデザインの射程」，小松陽一・遠山暁・原田保（編著）『組織コンテクストの再構成』中央経済社，pp. 92-118
後藤和子，2009,「北欧の文化政策と創造的都市の試み」，佐々木雅幸・川崎賢一・河島伸子（編著）『グローバル化する文化政策』勁草書房，pp. 156-167
小長谷一之，2007,「創造都市と創造都市の戦略」，塩沢義典・小長谷一之（編）『創造都市への戦略』晃洋書房，pp. 17-42
佐々木雅幸，1997,『創造都市の経済学』勁草書房
————，2001,『創造都市への挑戦』岩波書店
————，2007,「創造都市の系譜と日本における展開」，佐々木雅幸・総合研究開発機構『創造都市への展望—都市の文化政策とまちづくり—』学芸出版社，pp. 30-56
笹島秀晃，2012,「創造都市と新自由主義—デヴィッド・ハーヴェイの企業家主義的都市論からの批判的視座—」，都市社会学年報，41 号，pp. 3-13
さいたまトリエンナーレ実行委員会，2016,『さいたまトリエンナーレ 2016 開催報告書』さいたま市
財団法人地域創造，2010,『文化芸術による地域政策に関する調査研究』財団法人地域創造
佐藤健二，2007,「文化資源学の構想と課題」，山下晋司（編）『資源化する文化』弘文堂，pp. 27-59
佐藤滋・早田宰（編著），2005,『地域協働の科学—まちの連携をマネジメントする—』成文堂
佐藤滋（編著），2011,『まちづくり市民事業—新しい公共による地域再生—』学芸出版社
佐藤仁，2008,「今なぜ資源配分か」，佐藤仁（編著）『資源を見る眼——現場からの分配論』東信堂，pp. 3-31
澤村明（編），2014,『アートが地域を変えたか——越後妻有の芸術祭の十三年 2010-2012』慶應義塾出版会
新川達郎，2004,「パートナーシップの失敗—ガバナンス論の展開可能性」，日本行政学会（編）『ガバナンス論と行政学（年報行政研究 39）』ぎょうせい，pp. 26-47
鷲見英司，2014,「越後妻有大地の芸術祭とソーシャル・キャピタル」，澤村明（編）『アートが地域を変えたか——越後妻有の芸術祭の十三年 2010-2012』慶應義塾出版会，pp. 63-99
瀬戸内国際芸術祭実行委員会・北川フラム（監修），2017,『瀬戸内国際芸術祭 2016 公式記録集』現代企画室
竹口弘晃，2013,「地域の文化的資源の顕在化に関する研究—『文化の資源化』と『コンテクスト転換』による価値の発言の視点から—」，文化政策研究，7 号，pp. 81-98
————，2014,「地域の文化資源をめぐる社会的実践の理論的構築に向けた予備的考察」，文化政策研究，8 号，pp. 109-122

大室悦賀，2006,「ソーシャル・イノベーションが変える社会」，谷本寛治（編著）『ソーシャル・エンタープライズ―社会的企業の台頭―』中央経済社，pp. 47-93
岡田智博，2013,『IT 関連クリエイティブ産業の発展と創造クラスターの相関関係――アムステルダム・札幌・モントリオールの都市事例を参考に』東京藝術大学博士論文，博音 242
風間規男，2011,「公的ガバナンスと政策ネットワーク―複雑系理論を手がかりとして―」，新川達郎（編著）『公的ガバナンスの動態研究』ミネルヴァ書房，pp. 113-148
――――，2013,「新制度論と政策ネットワーク論」，同志社政策科学研究，14 巻 2 号，pp. 1-14
金井一頼，1999,「地域におけるソシオダイナミクス・ネットワークの形成と展開」，組織科学，32 巻 4 号，pp. 48-57
――――，2005,「産業クラスターの創造・展開と起業家行動――サッポロ IT クラスター形成プロセスにおける企業家活動のダイナミクス」，組織科学，38 巻 3 号，pp. 15-24
――――，2012,「起業家活動と地域エコシステム構築プロセスのミクローメゾ統合論」，西澤昭夫他『ハイテク産業を創る地域エコシステム』有斐閣，pp. 231-266
金子郁容，1986,『ネットワーキングへの招待』中央公論社
河島伸子，2002,「イギリスの文化政策」，上野征洋（編著）『文化政策を学ぶ人のために』世界思想社，pp. 272-284
川原晋，2011,「まちづくり市民事業の形成プロセスと各担い手の役割」，佐藤滋（編著）『まちづくり市民事業』学芸出版社，pp. 175-190
関東学院大学・相模湾三浦半島アートリンクプロジェクト，2016,『葉山芸術祭データブック 1993-2015』関東学院大学・相模湾三浦半島アートリンクプロジェクト
――――，2017,『SaMAL Book 2017』関東学院大学・相模湾三浦半島アートリンクプロジェクト
――――，2018,『相模湾・三浦半島アートリンク（SaMAL）2017 アートプロジェクトの調査・検証・評価報告書：地域住民主体のアートプロジェクトのためのツール開発』関東学院大学・相模湾三浦半島アートリンクプロジェクト
北川フラム，2015,『ひらく美術――地域と人間のつながりを取り戻す』筑摩書房
北川フラム・大地の芸術祭実行委員会（監修），2016,『大地の芸術祭 越後妻有アートトリエンナーレ 2015 地球環境時代のアート』現代企画室
木本玲一，2008,「ポピュラー音楽とネットワーク」，東谷護（編著）『拡散する音楽文化をどうとらえるか』勁草書房，pp. 25-46
――――，2012,「00 年以降の音楽産業」，人間社会科学研究，9 号，pp. 27-40
熊倉純子（監修・編著），2014,『アートプロジェクト―芸術と共創する社会―』水曜社
熊倉純子・長津結一郎・アートプロジェクト研究会，2015,『「日本型アートプロジェクトの歴史と現在　1990 年→ 2012 年」補遺』Tokyo art reseach Lab

参考文献

あいちトリエンナーレ実行委員会（編），2016,『あいちトリエンナーレ 2016 虹のキャラヴァンサライ 創造する人間の旅』平凡社

生明俊雄・稲垣秀人，2012,「激変する音楽事業の環境とこれからの日本の音楽産業」，広島経済大学経済研究論集，34 巻 4 号，pp. 21-36

池上惇，2003,『文化と固有価値の経済学』岩波書店

伊丹敬之，1999,「場のマネジメント序説」，組織科学，26 巻 1 号，pp. 78-88

————，2000,「さまざまな『場』」，伊丹敬之・西口敏弘・野中郁次郎（編著）『場のダイナミズムと企業』東洋経済新報社，pp. 1-43

伊丹敬之・西口敏弘・野中郁次郎（編著），2000,『場のダイナミズムと企業』東洋経済新報社

稲葉陽二，2016,「都市祭礼とソーシャル・キャピタル」，山田浩之（編著）『都市祭礼文化の継承と変容を考える—ソーシャル・キャピタルと文化資本—』ミネルヴァ書房，pp. 20-43

今田高俊，1986,『自己組織性—社会理論の復活—』創文社

————，2005,『自己組織性と社会』東京大学出版会

上野征洋・荒川裕子・片山泰輔・河島伸子・伊藤裕夫・谷川真美・尾野正晴・小林真理・中川幾郎・阿蘇裕矢・瀬沼克彰・池村六郎・野村卓志・犬塚潤一郎・友岡邦之，2002,『文化政策を学ぶ人のために』世界思想社

薄井和夫，2010,「マーケティング現場における状況的特異的知識—関係性理論および実践コミュニティ論の射程—」，同志社商学，61 巻 6 号，pp. 98-114

浦達雄，2002,「別府温泉における新しい観光の動向—別府八湯竹瓦倶楽部の活動を中心として—」，https://www.google.co.jp/webhp?sourceid（最終アクセス 2016 年 7 月 20 日）

NPO 法人 BEPPU PROJECT, 2010,『混浴温泉世界—場所とアートの魔術性—』河出書房新社

NPO 法人 BEPPU PROJECT, 2016,『NPO BEPPU PROJECT URL』，http://www.beppuproject.com/（2016.7.20 アクセス）

大石悦子・種田和加子・揚妻祐樹，2004,『コントラテクスト論—con/text の〈中で / 中から / 中へ〉—人称／声は行為となるか—』高文堂出版

大久保昌一，1989,『有機的都市論』学芸出版社

————，2002,『都市論の脱構築』学芸出版社

太田浩史，2008,「Newacastle/Gateshead 建築とアートのデリバリー」，伊藤香織・柴牟田伸子監修『シビックプライド』宣伝会議，pp. 32-47

［欧文］

[ま行]

[や行]

[ら行・わ]

[な行]

[は行]

［た行］

［さ行］

索引

［あ行］

［か行］

著者紹介

渡《わた》部《なべ》 薫《かおる》

熊本大学大学院社会文化科学研究科教授．東京生まれ．東京大学文学部卒業（社会学），ケンブリッジ大学修士（M.Phil.），千葉大学博士（学術）．富士総合研究所，大成建設都市開発本部等を経て現職．専門は地域政策，都市論．現在の主要な関心は，地域づくりのガバナンス，文化プロジェクトと地域再生．主な著書・論文に，『都市の自己革新と文化』（日本経済評論社），『成熟都市東京のゆくえ』（共著，ぎょうせい），『将来世代学の構想』（共著，九州大学出版会），「文化観光の持続可能性と地域づくりについての考察」（熊本法学会），「ガバナンス論としての創造都市の可能性と実現のプロセス」（日本都市社会学会），「都市の自己イメージの変化と都市再生」（熊本法学会）など．

文化政策と地域づくり
英国と日本の事例から

2019年3月29日　第1刷発行

定価（本体4600円＋税）

著　者　渡　部　　薫
発行者　柿　﨑　　均
発行所　株式会社 日本経済評論社
〒101-0062 東京都千代田区神田駿河台 1-7-7
電話 03-5577-7286　FAX 03-5577-2803
E-mail：info8188@nikkeihyo.co.jp
振替 00130-3-157198

装丁・渡辺美知子　　印刷・文昇堂／製本・誠製本

落丁本・乱丁本はお取り換え致します　Printed in Japan

ISBN978-4-8188-2509-3 C3036

多元的都市化と中国の発展　李強編著／蒋芳婧訳／橋谷弘解説　本体六〇〇〇円
地方版エリアマネジメント　上野美咲著　本体二五〇〇円
イギリスの都市再生とサイエンスパーク　鈴木茂著　本体四八〇〇円
再開発は誰のためか　岩見良太郎著　本体三五〇〇円
長い18世紀イギリスの都市化　小西恵美著　本体七五〇〇円
観光デザインとコミュニティデザイン　小川功著　本体五二〇〇円
都市の自己革新と文化　渡部薫著　本体四〇〇〇円